지방재정학개론

우명동 지음

일반적으로 재정현상이란 공권력단체가 공공수요를 충족시켜주기 위해 필요한 재화 또는 용역을 공권력의 강제를 통해 획득 · 관리 · 처분하는 행위를 일컫는다. 그런데 흔히 공권력단체는 중앙정부와 지방정부로 구성되어 있는 바, 특히 지방재정이라 하면 그 중에서 지방정부가 자기 관할 영역 내에서 공적 수요를 충족시켜주기 위해 필요한 재화 또는 용역을 획득 · 관리 · 처분하는 행위를 일컫는다.

도서출판 해남

저자소개

고려대학교 상과대학 경영학과 졸업
고려대학교 대학원 경제학과 졸업(경제학 석사 및 경제학 박사)
영국 런던대학교(SOAS) 경제학과 객원교수
미국 아메리칸대학교(AU) 경제학과 객원교수
네덜란드 에라스무스대학교(ISS) 객원교수
한국재정학회 감사
한국재정정책학회 회장
한국지방재정학회 회장
현 성신여자대학교 경제학과 교수

저(역)서 및 논문

『공공경제학』(공역)(박영사, 1986)
『현대국가의 재정위기』(역)(이론과 실천, 1990)
『재정학방법론과 재정론』(해남, 1999, 2002)
『지방재정론』(해남, 2001)
『조세론』(해남, 2002, 2007)
『국가론-재정이론 차별성의 근원』(해남, 2005)
『재정학』(해남, 2007)
『서울재정사』(공저)(서울특별시사편찬위원회, 2007)
『미래한국의 조세재정정책』(공저)(한국노동연구원, 2007)
『한국의 재정 60년: 건전재정의 길』(공저)(매일경제신문사, 2011)
외 다수

지방재정학개론

초판1쇄 인쇄 2016년 2월 22일
초판1쇄 발행 2016년 2월 29일

저 자 우명동
발행인 노현철
발행처 도서출판 해남

출판등록 1995. 5. 10 제 1-1885호
주 소 서울특별시 서대문구 충정로 38-12(충정로 3가) 우리타워 6F
전 화 739-4822 **팩스** 720-4823
이 메 일 haenamin30@naver.com
홈페이지 www.hpub.co.kr

ISBN 978-89-6238-096-5 93320

머리말

1980년대 이래로 시장 논리의 전 지구적 확산 과정으로서 '세계화'가 가속화되고 있으며, 그러한 시장 논리가 국가 차원을 넘어서 지역과 지역이 대면하는 소위 '지방화' 과정이 더불어 진행되고 있다. 이러한 세계화와 지방화 과정이 함께 진전되면서 각국의 지역 경제는 세계 경제의 변화에 크게 영향을 받기에 이르렀으며, 이러한 상황에 직면하여 '지역'의 중요성이 커지고 지방 분권화에 대한 요구가 점점 커지고 있다. 국내적으로도 1961년 5.16군사정변과 더불어 폐지되었던 지방자치 제도가 1991년에 지방의회가 구성되고, 1995년에 지방자치 단체장의 직선이 이루어지면서 새롭게 부활된 지 20여 년이 지나고 있다. 이렇게 대내외적으로 지방 분권 내지 지방자치에 대한 중요성이 커지면서, 그러한 "지방자치에 대한 물적 기초"의 역할을 수행하는 '지방재정'에 대한 관심이 안팎으로 더욱 고양되어 오고 있다.

그런데 이러한 지방재정은 특정 지역 내의 주민의 생활이나 생산 활동에 보다 직접적으로 영향을 주는 생활 정부로서의 지방정부의 행위이기 때문에, 특히 지방자치 시대를 살아가는 우리들로서는 지방재정을 둘러싸고 전개되는 다양한 문제의 성격을 이해하는 것이 우리들의 생활과 관련해서 매우 중요한 과제라 할 수 있을 것이다. 흔히 '정부'라 일컫는 경우도 구체적으로 보면 중앙정부와 지방정부로 나누어져 있으며, 따라서 정부가 공적 기능을 수행한다고 하는 경우도 구체적으로 들어가 보면 어느 단계의 정부가 어떤 기능을 수행하는지가 다르고, 각 단계의 정부에 배분된 재원도 서로 다르게 되어 있다. 이것이 어떻게 되어 있느냐에 따라 정부의 공적 기능 수행 방식이나 내용이 달라지게 되는 것이다. 이런 사실은 우리 생활 주변에서 흔히 목격하는 일상적인 장면들이다. 보육 서비스가 그러하며 노령 생활 지원 서비스가 그러하다. 아울러 일자리 창출 내지 지원 서비스가 그러하며 교육 서비스 또한 그러하다. 지방재정의 문제는 이렇게 바로 직접적인 우리들의 생활의 문제인 것이다. 따라서 이러한 문제의 성격을 이해하는 것은 단지 지방재정 문제 관련 전문가나 연구자들에게만 국한된 것이 아니다. 일반 시민들 입장에서도 각자가 살고 있는 지역의 문제, 지방재정의 문제와 관련하여 자신의 권리와 의무 관계를 분명히 인식함으로써 자신이 살고 있는 지역을 기반으로 자신의 능력을 계발하고 사회의 발전에 도움을 줄 수 있는 역할을 수행할 수 있어야 할 것이다. 이러한 사실은 사회인으로서 갖추어야 할 소양을 함양하기 위해 배움의 과정에 있는 학생들 또한 마찬가지라 할 것이다.

이러한 지방재정을 둘러싸고 전개되는 논리의 윤곽을 소개하고자 하는 책들은 이미 많이 출판되어 있다. 저자도 일찍이 『지방재정론』(2001, 해남)을 출간하여 지방자치 시대의 지방재정에 대한 이해를 돕고자 한 적이 있다. 그런데도 불구하고 굳이 본서를 발간하게 된 데에는 몇 가지 이유가 있다.

『지방재정론』을 집필할 때에는 지방재정 관련 문제를 다루는 경제학적 문헌들이 워낙 일방적으로 하나의 견해(근대 경제학적 관점)만 소개하고 있던 당시의 연구 분위기에 대한 대응 차원에서 서로 다른 견해를 대조해서 제시하여 독자들에게 객관적 시각을 갖게 하고자 하였다. 지금도 그러한 연구 분위기가 크게 변화한 것은 아니지만, 그러한 서술 방식이 저자의 의도에도 불구하고 배움의 과정에 있는 학생들에게는 다소 부담이 되었던 것이 사실이다. 늦은 감이 없지 않지만 지금이라도 독자들의 그러한 부담을 덜어 주고자 한 것이 본서 집필의 하나의 이유이다. 본서에서는 그러한 의도를 잠재적으로 갖고 있으면서도 오랜 기간 학생들과 관심 있는 연구자들과 더불어 같이 학습하고 의견을 나누어 오면서 지방재정 문제를 다루는 경우 핵심적인 내용이라고 판단되는 부분을 중심으로 보다 일반적으로 수용되고 있는 견해를 먼저 정리해서 제시하였다. 이어서 그러한 내용에 대한 비판적 견해를 추가해서 제시함으로써, 지방재정 관련 현실 문제에 대한 설명력을 보강하기 위해서는 어떤 점을 유념해야 할 것인지에 대한 독자들의 사고 지평의 확장에 도움을 주고자 하였다.

다음으로 내용 면에서는 먼저 본서는 상대적으로 지방재정 행위의 경제적 성격에 더 비중을 두고 있다. 무릇 지방재정 행위는 "지방정부의 경제 행위"로 정의되는바, 한편으로는 '지방정부'의 행위이기 때문에 정치적 내지 행정적 성격을 띠고 있으며, 또 한편으로는 지방정부의 '경제 행위'로서 지역 주민들의 경제 행위에 영향을 주고받는 행위이기 때문에 경제적 성격도 띠고 있는 다분히 '복합적 성격'을 갖는 행위이다. 이와 같은 지방재정의 성격에 비추어 볼 때 지방재정 관련 문제를 이해하기 위해서는 이 두 측면에 대한 이해가 요구된다 할 것이다. 어느 한 측면을 놓칠 경우 지방재정이 갖는 현실적이고 구체적인 의미를 놓칠 우려가 크다고 판단된다. 이런 맥락에서 볼 때, 기존의 지방재정 관련 문헌들이 주로 법적 · 정치적 · 행정적 측면에 치우치고 있는 것으로 판단되어, 독자들에게 지방재정이 갖는 경제적 성격을 좀더 부각시켜 지방재정에 대한 보다 복합적이고 포괄적인 이해에 기여할 수 있도록 하고자 하였다.

마지막으로 본서는 종전과 같이 우리나라 현실의 제도나 정책 문제를 구체적으로 다루지 않고 있다. 다른 나라도 일정 부분 유사하겠지만, 특히 우리나라는 새롭게 지방자치가 부활되어 그 외형이 크게 변화하고 있을 뿐 아니라 내용면에서도 빠른 변화를 겪고 있다. 심지어는 한 해에 몇 번씩 바뀌는 경우도 있다. 이런 상황을 고려해 볼 때 지방재정 문제를 관류하는 질서나 법칙을 설명하는 과정에서 제도나 절차에 관한 내용까지를 포함하는 것은 오히려 독자들을 더 혼란스럽게 할 수도 있다고 판단된다. 그것은 그러한 현실적인 내용을 포함시키려 하면 그 순간 그 내용이 옛것이 되고 마는 경우가 비일비재하여 오히려 독자들로 하여금 주요 내용에 대한 인식에 혼선을 줄 수도 있을 것이기 때문이다. 이런 이유로 본서에서는 특별한 경우가 아니면 현실의 제도나 절차 등은 제외시키고 지방재정 행위를 관류하는 기본적인 질서 체계나 논리를 중심으로 제시하여 지방재정 현상의 기본 틀을 이해하는 데 도움을 주고자 하였다. 이러한 이해가 선행되면 다양하게 변해 가는 법적 또는 제도적 틀이나 절차적인 사항은 독자들이 필요한 시기와 관심 분야에 따라 관련 내용을 점검하여, 기본적인 논리적 틀에 견주어 볼 때 현실의 제도나 절차가 왜 특정한 모습을 취하고 있으며 어떤 연유로 변화해 가고 있는지를 보다 수월하게 이해할 수 있을 것이라 판단하였다.

모쪼록 본서가 독자들의 지방재정 관련 문제에 대한 기본적인 이해에 도움을 주고, 나아가 우리나라 지방재정의 건전한 발전과 실질적 지방 분권의 확충에 조금이나마 도움을 줄 수 있기를 기대하면서 머리말에 대신하고자 한다.

2016년 2월
유난히 추운 겨울날
북가좌동 서재에서
우명동 씀

차례

제1부 지방재정의 개념과 필요성

제4부 지방세입-자체재원

제9장 지방세외 수입

제10장 지방채

제6부 지방재정 건전성과 지속 가능성

제1부

지방재정의 개념과 필요성

제1부에서는 지방재정 문제의 이해를 위한 출발점으로서 지방재정의 개념과 성격을 살펴보고, 이어서 지방자치와 지방재정과의 관계에서 지방재정 활동이 갖는 사회 경제적 근거를 밝힌다. 이어서 지방재정 활동과 지역 경제 활동 사이에 작용하는 상호 순환 메커니즘을 이해함으로써 다시 한번 지방재정 활동의 필요성을 새롭게 인식하고자 한다.

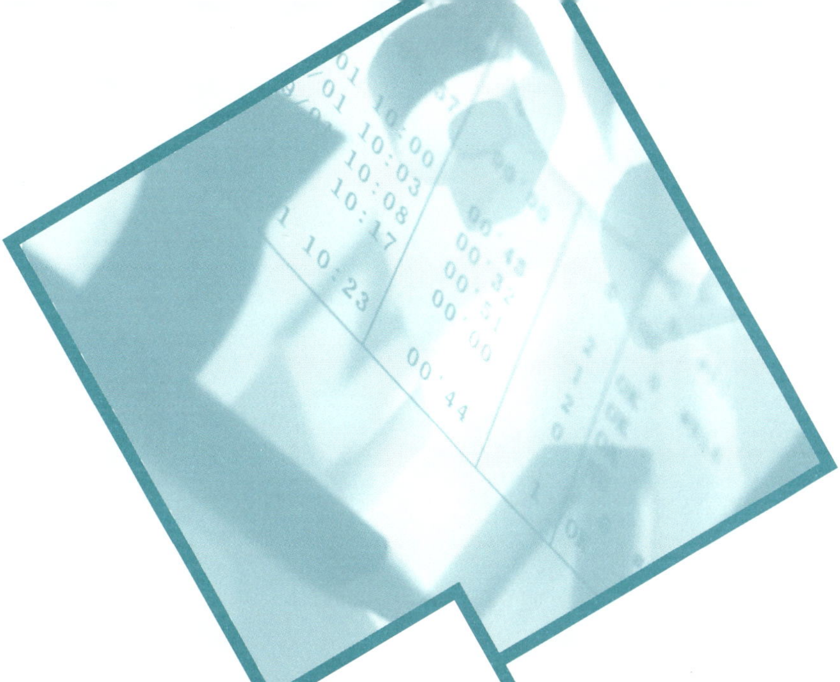

Chapter 1

지방재정의 개념과 성격

1

지방재정의 개념과 성격

본 장에서는 지방재정의 개념과 성격, 나아가서 지방재정 학습에서 유념해야 할 내용을 설명함으로써 앞으로의 논의의 기초를 삼고자 한다.

지방재정은 "지방정부의 경제 행위"를 일컫는다. 따라서 지방재정은 한편으로는 '경제적 행위'로서의 성격을 띠고 있으며, 다른 한편으로는 지방정부의 행위이기 때문에 '정치적 행위'로서의 성격도 가지고 있다. 본 장에서는 먼저 지방재정이 갖는 이러한 특성에서 기인하는 두 성격의 복합적 성격 내지 사회적 성격을 이해하고, 이어서 그 역사적 제약성을 이해한다.

한편, 지방재정은 서로 다른 지역을 관할하는 지방정부들의 재정 행위라는 점으로 인해 중앙정부의 재정 행위와는 다른 차별성을 갖고 있다. 이러한 특성에 대한 이해는 앞으로 지방재정 관련 문제를 이해하고 대처해 나가는 데 중요한 의미를 갖게 된다. 이러한 특성을 경제적인 성격 면에서의 차별성과 정치적 성격 면에서의 차별성으로 나누어 살펴보고자 한다.

제 1 절 지방재정 행위의 개념과 성격

일반적으로 '재정 현상'이란 "공권력 단체가 공공 수요를 충족시켜 주기 위해 필요한 재화 또는 용역을 공권력의 강제를 통해 획득 · 관리 · 처분하는 행위"를 일컫는다. 그런데 흔히 공권력 단체는 중앙정부와 지방정부로 구성되어 있는

바, 특히 '지방재정'이라 하면 그 중에서 "지방정부가 자기 관할 영역 내에서 공적 수요를 충족시켜 주기 위해 필요한 재화 또는 용역을 획득 · 관리 · 처분하는 행위"를 일컫는다. 다른 한편, '재정 현상'이란 "공권력 단체의 활동을 위한 예산을 편성, 심의 · 의결 및 집행하는 행위"를 일컫기도 한다. 이는 개괄적으로 보면 지방재정 현상의 경우에도 마찬가지임은 물론이다.

이제 이하에서 지방재정 활동에 대한 위와 같은 개념 속에 내재되어 있는 성격을 좀더 구체적으로 검토해 보도록 하자.[1)]

1. 지방재정 행위의 복합적 성격

위와 같은 정의 중 전자의 재화 또는 용역을 획득하고 관리 · 처분하는 행위라는 정의는 원래 '경제 행위'라는 것이 우리 인간의 물질적 생활에 필요한 재화 또는 용역을 생산하고 교환 · 분배 · 소비하는 행위를 일컫는다는 점에 비추어 보면, 지방재정 현상도 다분히 '경제적 성격'을 띠고 있다는 점을 이해할 수 있다. 특히, 이와 같은 지방재정 현상은 주민들이 생산해 놓은 재화 또는 용역을 강제적으로 획득 · 관리 · 처분하는 과정에서 민간 경제 활동의 전반적인 수준이나 그 구조적 특성에 영향을 미치며, 거꾸로 그러한 민간 경제 활동의 전체 수준이나 구조적인 특성에 의해 영향을 받기도 한다는 점에서 지방재정 현상의 경제적 성격은 더욱 뚜렷해진다 할 것이다. 바로 이러한 점 때문에 지방재정 행위가 갖는 의미를 파악하기 위해서는 특정 지방정부가 관할하는 재화 또는 용역이 어디에서 얼마나 획득되며 어느 분야에 얼마나 쓰여서, 결국 그러한 활동이 관할 지역 주민의 생산 · 교환 · 분배 · 소비 활동에 어떠한 영향을 미치고 있는지에 대한 경제학적 분석을 필요로 하게 된다는 점을 유념할 필요가 있다.

한편, 지방정부 예산의 편성, 심의 · 의결 나아가 집행하는 일련의 행위로 정의되는 두 번째 개념은 바로 지방재정 활동이 지방정부의 활동으로서 '정치적 성격' 내지 '행정적 성격'을 띠고 있다는 것을 알 수 있다. 이러한 측면에서 보면

1 이하에서 논의하는 지방재정 행위의 사회적 성격과 역사적 성격에 대해서는 국가 활동 일반에 관한 관점에서의 우명동(2005, pp. 8-15)의 견해를 지방재정 행위의 맥락에서 재서술한 것임을 밝혀 둔다.

그림 1-1 지방재정 행위의 복합적 성격

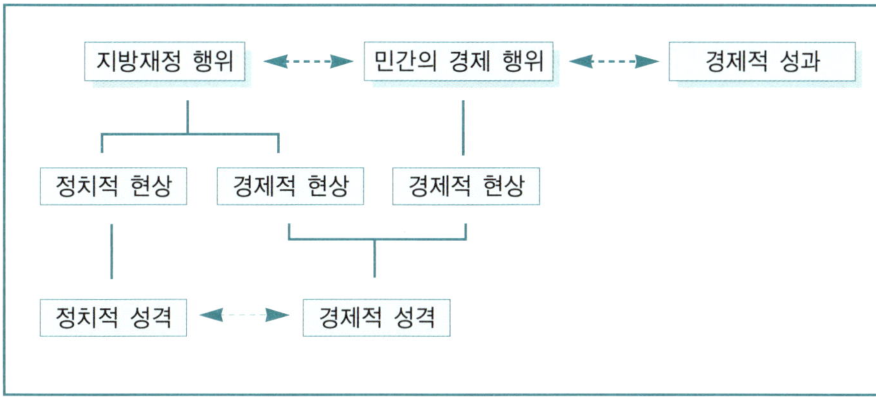

지방재정 활동을 파악함에 있어서 예산의 편성, 심의 · 의결 및 집행이라는 예산의 전 과정에 대한 절차상의 민주성, 그리고 투명성 등을 면밀하게 검토할 필요가 있다는 점을 유념할 필요가 있다.

그런데 지방재정 행위의 성격을 규정짓는 하나의 측면으로서 이와 같은 지방정부의 정치적 성격은 지방정부가 중앙정부로부터 얼마나 독자적인 권한을 이양받아서 행사하고 있는지, 이양받은 권한을 행사함에 있어서 관할 지역 사회의 의사를 온전히 반영하여 행사하는 민주적인 정부인지 아니면 독점적 권력체로서 지방의 특정 세력 내지 전국적인 권력의 이해에 지배되어 권력을 행사하고 있는지 등에 따라 달라질 것이다. 한편, 지방재정 행위의 성격을 규정짓는 또 하나의 측면으로서 전자의 경제적 성격은 지역 경제의 상태에 따라 달라질 것이다. 지역 사회는 경우에 따라서는 주민들이 가지고 있는 인적, 산업적 자질에 바탕을 두고 그들의 능력에 따라 자유롭고 동등하게 경제 과정에 참여할 수 있는 자유로운 지역 사회일 수도 있고, 다른 한편 특정 세력들에 의해 지역의 경제 행위가 좌우되는 자유롭지 못하고 단층화된 비균질적인 지역 사회일 수도 있다. 이러한 지역 사회의 특성은 지방재정 행위에 영향을 주고 그 역도 성립함은 물론이다. 이와 같이 지방재정 행위라는 것은 정치적 성격과 경제적 성격을 동시에 지니고 있는 '복합적' 성격을 갖는 행위라는 사실을 이해하는 것이 중요하다.

그런데 이러한 지방재정 행위는 이 두 측면의 단순한 합의 개념으로서의 복합적인 성격을 갖는 것이 아니라, 두 성격이 서로 영향을 주고받는 '상호 제약적인 관계'에 놓여 있다는 점을 이해하는 것이 더욱 중요하다. 말하자면, 지방정부가 독자적이고 민주적인 성격을 띠는 경우 그러한 지방정부 활동의 대상으로서 지역 사회의 경제 활동도 지역 사회 구성원들이 자신의 자질과 능력에 따라 자유롭고 동등하게 이루어지고 있을 때, 양 부문 간의 관계가 상호 조응하여 지방재정 활동이 지역 사회에서 의도하는바 기능을 수행해 나갈 수 있을 것이다. 반면 지방정부가 비민주적이고 특정 세력이나 중앙정부를 비롯한 외부의 힘에 의존하는 성격을 띠고 있는 경우, 그러한 지방정부 활동의 대상으로서의 지역 사회의 경제 활동도 특정 계층 내지 전국적 이해에 종속된 성격을 띠면서 지방재정 활동이 의도하는 사회 내지 경제 구조를 강화시켜 나가는 데 기여하게 될 것이다.[2)] 물론 현실적으로는 과도기적으로 두 측면이 서로 조응하지 못하는 경우가 있을 수 있다. 그러한 경우는 그 사회의 정치 부문과 경제 부문 사이에 갈등을 일으키면서 지방재정 행위가 의도하는 정책 기능을 수행해 내기가 어려워지게 된다. 그러나 그 경우에는 정치 부문과 경제 부문들 사이에 갈등과 대립 그리고 조정의 과정을 거치면서 궁극적으로는 새로운 형태의 재정행위를 만들어 가게 되는 것이다. 이런 맥락에서 지방재정 행위가 갖는 정치적 성격과 경제적 성격은 '상호 제약적인 관계'에 놓여 있는 것으로 파악된다.

이렇게 지방재정 행위가 특정 지역 사회의 정치적 성격과 경제적 성격의 상호 제약적인 관계에 영향을 받으면서 그 모습을 드러낸다는 것은, 다시 말하면 지방재정 행위가 해당 지역 사회의 구조적 특성에 영향을 받는다는 것을 의미하고, 이러한 맥락에서 지방재정은 흔히들 '사회성'을 띠는 것으로 인식되고 있다. 지방재정 행위가 갖는 이러한 '복합성' 내지 '사회성'을 이해하지 아니하고 지방정부의 정치적 성격만을 파악하거나 아니면 그 경제적 성격만을 파악하게 되면 지

2 일반적으로 경제 활동 과정에서 나타나는 기업과 기업, 산업과 산업 등 경제 제 부문들 사이의 관계를 '경제 구조'라 칭하며, 정치적 관계를 포함한 사회 전반의 제 부문들 사이의 관계를 '사회 구조'라 일컫는다. 그런데 한 사회의 경제 구조와 사회 구조는 서로 영향을 주고받는 관계에 놓여 있는바, 특히 한 사회의 경제 구조가 그 사회의 정치 부문을 비롯한 사회 구조 전반의 제약을 받으면서 행해진다는 점에서 '사회 경제 구조'라 일컫기도 한다(이에 대한 보다 자세한 논의는 우명동, 2005, pp. 13-15 참고).

방재정 행위가 갖는 성격을 온전하게 이해하기 어렵다는 점을 유념할 필요가 있다.

2. 지방재정 행위의 역사적 성격

위에서 지방재정 현상은 정치적 성격과 경제적 성격의 상호 제약적인 관계 속에서 모습을 드러내는 사회성을 띠는 행위로서, 지역 사회 경제의 구조적 특성에 의해 그 성격이 규정된다는 사실을 이해하였다. 그런데 이와 같은 지역 사회 경제의 구조적 특성은 현상적이고 평면적으로 관찰될 수 있는 성질의 것이 아니다. 그것은 그러한 지역 사회 경제의 구조적 특성을 규정짓는 정치와 경제의 상호 관계가 한 순간에 정책 담당자의 의지에 의해 일시적으로 형성된 것이 아니라 오랜 역사적인 흐름의 과정에서 형성된 것이기 때문이다. 그렇기 때문에 지방재정 행위의 성격을 규정짓는 특정 지역 사회 경제의 구조적 특성은 역사적으로 그 근원을 갖는 특정한 경로를 가지고 있음을 유념할 필요가 있다.

무엇보다 지역 사회 경제의 구조적 특성은 한 나라의 정치적 분권의 역사적 경로에 따라 크게 영향을 받기 마련이다. 말하자면, 오랜 집권적인 역사적 전통을 가진 나라에서는 지방정부는 자치권을 가지기 어려울 뿐만 아니라 외형상 자치권을 가지고 있다 하더라도 실질적으로는 지방정부의 권한 행사가 중앙의 의지나 전국적인 경제적 세력에 의해 영향을 받는 사회 경제 구조가 자리잡고 있을 가능성이 크다. 이런 경우 그러한 지방정부에 의한 재정 행위로서의 지방재정 행위의 성격은 자유롭고 동등한 민주적인 성격을 띠기 어려울 수밖에 없으며, 이 경우 그러한 지방정부의 행위에 영향을 받는 지역의 사회 경제 구조 또한 자유롭고 동등한 경제 활동이 보장된 균질적인 형태를 띠기 어렵기 마련이다. 뿐만 아니라 그러한 집권의 역사적 전통이 깊은 나라일수록 지역의 기존의 사회 경제 구조 또한 그러한 집권적 의지가 반영된 비균질적인 형태를 취하고 있을 가능성이 크다. 이 경우 이러한 왜곡된 지역 사회 경제 구조 자체가 지방정부의 행위를 비균질적인 형태로 유도하는 힘으로 작용하게 될 가능성이 크다. 이렇게 볼 때 지방재정 행위의 성격을 파악하기 위해서는 그 성격을 규정짓는 지역 사회 경제 구조 형성의 역사적 경로를 먼저 파악할 필요가 있음을 유념할 필요가 있다.

제2절 지방재정 학습에서 유의 사항

지방재정 문제를 다루어 나감에 있어서는 지방재정의 성격이 중앙정부의 재정 행위의 경우와 일정한 차별성을 보인다는 점을 유념할 필요가 있다. 이제 이하에서 그러한 차별성을 경제적 성격 측면과 정치적 성격 측면으로 나누어 살펴보고자 한다.

1. 경제적 성격 면에서 유의 사항

지방정부가 관할하는 특정 지역의 경제는 무엇보다 다른 지역과는 차이가 나는 특정 지역만이 갖는 특별한 성격을 가지고 있을 수 있다는 점을 인식할 필요가 있다. 먼저 특정 (단계) 지방정부의 관할 범위 자체가 다를 수 있고, 더 중요하게는 관할 지역의 인적, 물적 자원의 특성이 다를 수 있다. 예를 들어, 도시 지역과 비도시 지역, 농촌 지역과 연안 지역, 산간 지역과 공업 지역 등 각 지역이 갖는 자연적, 산업적 특성이 그 지역의 경제 활동의 특성을 규정짓는 데 중요한 역할을 한다는 점을 유념할 필요가 있다.

나아가 특정 지역의 인적 · 물적 자원은 자원에 따라 다소 차이는 있겠지만 지역과 지역들 사이에서 이동이 상대적으로 자유롭다는 점이 지방재정의 경제적 성격을 이해하는 데 있어서 특별한 의미를 내포하고 있다는 사실을 이해할 필요가 있다. 물론 오늘날과 같은 소위 '세계화 시대'에는 국가들 사이에도 경제적 자원의 이동이 크게 자유로워짐으로써 국가 차원에서 재정 행위의 성격을 분석하기 위해서도 종전과는 다른 접근이 요구된다는 점에서 보면 크게 다를 바 없는 것으로 볼 수 있다. 그러나 아무리 자원의 이동이 자유로워져도 국가들 사이에서의 자원 이동은 지역들 사이에서의 자유로운 이동에 비하기는 어렵다 할 것이다.

(1) 지역 특성의 차이에 따른 차별성

먼저 중앙정부와 지방정부는 관할 영역의 크기에 차이가 있기 때문에 해당 정부에 요구되는 경제적 기능에 차이가 나게 된다는 사실을 유념할 필요가 있다. 나아가 도시 정부와 비도시 정부, 도시 중에서도 중소도시와 대도시 정부, 비도시 중에서도 산간 지역과 농촌 지역 또는 해안 지역 등 지역이 갖는 자연적 · 사회 경제적 조건의 차이에 따라 당위적으로나 현실적으로 관할 정부가 공급하는 재화 또는 용역의 유형에 차이가 나기 마련이다. 이러한 상황을 고려해 보면, 중앙정부에만 초점을 맞추어 공공 서비스 공급 문제를 다룰 때에는 공공재와 민간재 또는 혼합재 등의 구분이 중요한 의미를 지니지만, 중앙정부와 지방정부 모두를 염두에 두고 공공 서비스 공급 문제를 다룰 때에는 전국적 공공재와 지역적 공공재, 나아가 어느 규모의 지역에 필요한 공공재인지 등 지역적 특성을 반영한 서비스의 구분이 중요한 의미를 갖게 된다. 이에 대한 보다 자세한 내용은 후술하는 지방정부의 경제적 기능을 다룰 때 소개하기로 한다.

다른 한편 조세 수입의 규모나 구조 면에서도 지방정부의 관할 범위나 지역의 사회 경제적 특성 등의 구분이 중요한 의미를 지닌다. 그것은 어느 단계 또는 어떤 유형의 지방정부인가에 따라 해당 지방정부의 단계나 유형에 부합하는 조세 수입의 규모나 구조가 당위적으로나 현실적으로 서로 다르게 나타나게 될 것이기 때문이다. 이에 대해서는 후술하는 지방세 원칙과 지방세 체계 논의에서 보다 구체적으로 다룰 예정이다.

(2) 경제적 효과의 누출과 주입 문제

한편, 지방정부의 경제 행위가 민간 경제에 주는 영향은 무엇보다 특정 지역의 인적 · 물적 자원의 이동이 자유롭다는 점으로 인해 그 경제적 효과가 다른 지역으로 누출 또는 다른 지역으로부터 주입되는 효과가 나타날 수 있다는 사실을 유념할 필요가 있다. 말하자면, 지방정부 지출의 경제적 효과는 이와 같은 지역 간의 누출과 주입 현상으로 인해 중앙정부에서 나타나게 될 정책 효과, 즉 지출의 승수 효과와는 차이가 날 수 있다는 점을 인식하여야 한다.

뿐만 아니라, 유사한 맥락에서 특정 지방정부 경제 활동에 소요되는 비용이나 그 결과 나타나는 편익이 지역 간의 서로 다른 자연적 특성 등으로 인해 다른 지역으로 확산되는 효과(spill over effect)가 나탈 수 있다는 사실도 더불어 유념할 필요가 있다. 이러한 문제는 후술하는 지방재정과 지역 경제의 상호 순환 메커니즘 논의에서 보다 자세하게 다룰 예정이다.

또 한편으로 이와 같은 지역 간 인적 · 물적 요소의 자유로운 이동 가능성으로 인해 특정 지방정부에서 부과하는 조세를 다른 지역 주민이나 기업이 부담할 수도 있고, 그 역도 성립할 수 있다. 말하자면, 소위 '조세 수출'이라 일컬어지는 조세 부담의 지역 간 이전 현상이 일어날 수 있다. 아울러 지방정부들 사이에는 지역 경제 활성화에 도움이 되는 각종 인적, 물적 자원의 유치를 위한 '조세 경쟁' 활동이 전개될 수도 있다. 이에 대해서는 후술하는 지방세 특수 문제에서 다루기로 한다.

2. 정치적 성격 면에서 유의 사항

지방재정은 중앙정부가 아니라 지방정부의 경제 활동이라는 점에서 그것이 갖는 의미를 파악함에서 있어서 정부 구조 내지 정부 간 관계 문제에 대해 특별히 유념해야 할 필요가 있다. 한 나라의 정부는 중앙정부 하나만 존재하는 것이 아니며, 서로 다른 단계의 정부로 구성되어 있다. 중앙정부와 지방정부가 그러하며, 나라에 따라서는 지방정부도 상위 지방정부와 하위 지방정부로 서로 다르게 존재하면서 서로 다른 경제적 기능을 수행한다.

사실이 이러하므로 지방재정 문제를 다룸에 있어서는 서로 다른 단계의 정부들이 정치 내지 행정적, 나아가 재정적 권한을 어떻게 나누어 행사하는 구조를 택하고 있는지에 따라 지방재정의 성격이 크게 달라질 수밖에 없다는 사실을 인식하는 것이 중요하다. 어떤 나라는 완전한 집권 정부 구조를 택할 수 있을 것이며, 또 어떤 나라는 완전한 분권 정부 구조를 택할 수도 있다. 물론 그 결합형이라 할 수 있는 결합형 정부 구조, 즉 연방 국가적 성격을 띠고 있을 수 있다.[3]

3 이와 같은 '정부 간 관계'를 논의할 때 정치학적 견해와 경제학적 견해 사이에 차이가 있다는 점을 유념해 둘 필요가 있다. 정치학적으로는 각급 정부의 의사 결정권이 헌법 내지 법적으로 얼마나 어떻게 보장되어

완전한 집권적 정부의 경우는 현실적으로 지방정부가 있어도 행정 구획 분할적인 물리적인 의미로만 존재하는 경우이다. 이 경우 중앙정부와 지방정부의 관계는 종속적이며 과세권과 세출권 등은 중앙정부가 단독으로 결정만 하고 지방정부는 단순히 집행만 담당하는 형태를 취하는 정부 구조이다. 이런 경우에는 지방재정론을 별도로 다룰 실익이 없다 할 것이다. 그것은 이 경우 지방재정 활동은 중앙정부의 의지에 따라 그 성격이 정해질 것이기 때문이다. 한편, 완전한 분권적 정부의 경우는 완전한 분권 정부들로만 구성된 정부 구조로서, 이는 중앙정부가 불필요한 정부 구조이다. 이 경우 재정 활동의 경제적 성격은 지방재정 현상을 취급하는 것으로 충분하다 하겠다. 마지막으로 결합형 정부의 경우는 중앙정부와 지방정부가 각각 일정한 범위 속에서 상호 독립적인 의사 결정권을 갖는 정부 구조를 일컫는다. 재정적으로도 상호 독립된 과세권과 세출권을 나누어 가지는 형태이다. 이 경우는 상급 정부가 하급 정부와 어떻게 권한을 나누어 행사하는가도 중요하지만 주어진 권한을 얼마나 자유롭게 행사하는가에 따라서도 그 경제적 의미가 달라지게 된다. 이 경우에는 중앙정부와 지방정부의 재정 행위 모두를 분석함으로써만 재정 행위의 경제적 성격을 파악할 수 있게 되는 것이다. 요약컨대, 지방 예산의 순환 과정에 대한 상급 정부의 개입 내지 통제의 규모나 형태에 따라 하급 정부의 재정 행위의 성격이 달라질 것이라는 사실을 유념할 필요가 있다. 이 문제는 지방재정 문제를 다룸에 있어서 중요한 이론적 기초를 제시해 주고 있는 '재정연방주의'와 관련된 문제로서, 이어지는 여러 논의들에서 구체적으로 다루어지고 있다.

아울러 유사한 맥락이지만 단순한 정부 간 권한 배분의 틀뿐만 아니라 그러한 틀에 대한 의사 결정 과정과 같은 지방 재정 행위에 대한 거버넌스 문제 또한

있느냐 하는 점이 중요하게 다루어지는 데 반해, 경제학적으로는 그러한 권력이나 권한의 배분 정도와는 관계없이 현실적으로 중앙과 지방이 어떠한 기능을 서로 나누어서 공급하고 있는지 여부가 중요하게 다루어진다. 이렇게 볼 때 정치학적으로 연방 국가라 하면 헌법 또는 법적인 권한을 나누어 갖는다는 엄밀하고 형식적인 의미가 있는 데 반해, 경제학적으로는 헌법 또는 법적인 관점과는 일정한 거리를 두고 지방정부에게 어떠한 기능이 얼마나 부여되어 있는지를 파악하는 것이 중요한 의미를 갖는다. 그러므로 정치학적, 법학적 관점보다 경제학적 관점에서 볼 때 연방 국가적 성격을 띠고 있는 경우가 더 많다 할 것이다(이에 대한 좀 더 구체적인 설명으로는 W. E. Oates, 1972, pp. 14-20 참고).

이와 관련하여 일반적으로 정부 구조는 정치, 경제, 사회, 문화, 그리고 지정학적 요인 등 여러 요인들과 역사적 특성 등에 의해 결정되는 성향을 띠는 것으로 볼 수 있을 것인바, 경제학적 관점에서는 주로 경제적 요인에 초점을 맞추고 있다는 사실도 유념해 둘 필요가 있다.

지방재정의 성격을 구명하는 데 특별한 의미를 지닐 것이라는 사실도 유념할 필요가 있다. 이 내용은 정부 간 재정 관계 자체 못지않게 중요한 의미를 지니는 것으로서, 본서에서는 해당 부분에서 중요하게 다루고 있으니 유념하기 바란다.

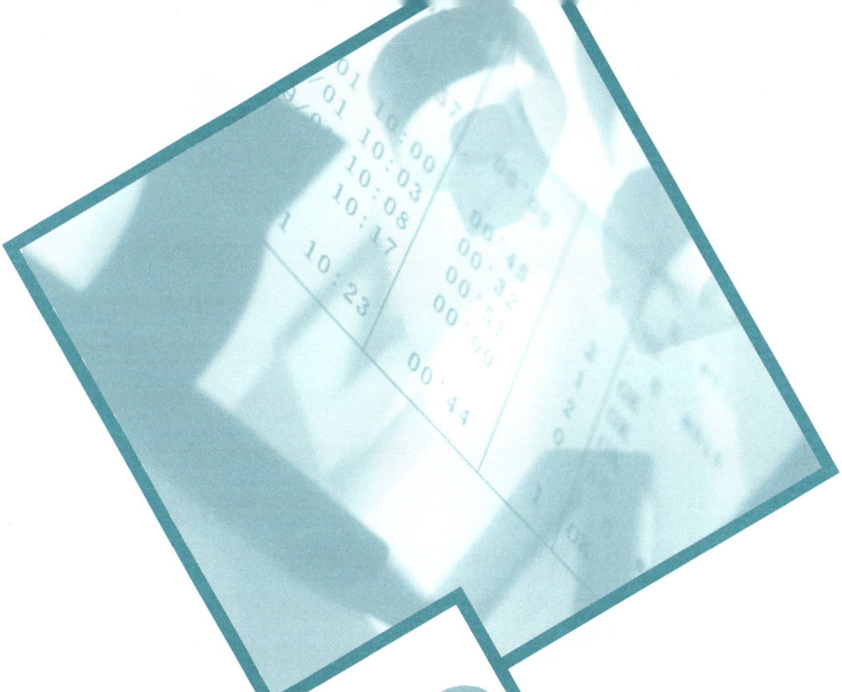

Chapter 2

지방자치와 지방재정

2

지방자치와 지방재정

지방재정은 지방자치의 물적 기초를 형성하는 중요한 행위로 인식되고 있다. 이렇게 볼 때 지방자치의 개념과 성격을 이해하는 것은 곧바로 지방재정 활동의 근거를 이해하는 것이 된다. 이런 맥락에서 본 장에서는 먼저 지방자치의 개념과 그 사상적 기초를 검토하고, 나아가 주민들의 생활 과정과 관련해서 실질적 지방자치를 이루어 내기 위한 조건이 무엇인지를 개관해 보고자 한다.

이어서 그와 같은 지방자치의 선행 조건으로서 지방재정 활동이 갖는 의미와 성격을 이해하기 위해 지방자치가 실시되지 않는 경우와 실시되는 경우로 나누어 지방재정 현상이 갖는 의미의 상대적인 차별성을 검토해 보고자 한다. 이러한 검토는 지방재정 활동을 단순히 양적으로 파악하는 것과 지방자치와의 관계 속에서 파악하는 것이 서로 어떻게 다른지를 이해함으로써 지방재정 학습의 필요성을 이해할 수 있다는 판단에서이다.

제 1 절 지방자치의 개념과 그 위상

1. 지방자치의 개념과 사상적 기초

'지방자치'란 "지방정부가 지역 주민의 욕구를 충족시켜 주기 위해서 지역 주민의 의지를 담아 지역 사회의 공적 사무를 수행해 나가는 사실"을 의미한다.

이러한 지방자치는 '지방 분권 사상'과 '민주주의 참여 사상'을 그 사상적 기초로 하고 있으며, 궁극적으로 지역 주민들의 삶의 질을 제고시키는 데 그 뜻을 두고 있다.

여기서 '지방 분권 사상'이란 지방자치를 '단체 자치'의 측면에서 파악한 것으로서, 지방정부가 지역 사무를 수행함에 있어서 무엇보다 중앙정부로부터 자율권을 확보하고 있어야 한다는 사실을 일컫는다. 한편, '민주주의 참여 사상'이란 지방자치의 궁극적인 목적이 지역 주민들의 삶의 질 개선에 두어지고 있다는 점에 초점을 맞추어 지방자치를 '주민 자치'의 측면에서 파악한 것으로서, 지방정부가 공적 사무를 수행하는 과정에서 지역 주민의 자율적인 참여를 전제로 하여야 한다는 사실을 일컫는다.

2. 지방자치의 실질적 위상

위와 같은 개념과 그 사상적 기초에 비추어 볼 때 지방자치의 실질적 위상을 파악하기 위해서는, 한편으로는 '중앙정부와의 관계' 속에서 지방정부가 갖는 위상을 파악하고, 다른 한편으로는 지방정부의 공무 수행 과정에서 지역 사회 내지 '지역 주민과의 관계' 속에서 지방정부가 갖는 위상을 파악하여야 한다는 사실을 이해하는 것이 중요하다. 이제 이러한 맥락에서 지방자치의 성격을 좀더 구체적으로 이해해 보고자 한다.

(1) 중앙정부와의 관계

먼저 지방자치는 지방정부의 행위로서 중앙정부와의 관계 속에서 행해진다는 사실을 인식하는 것이 중요하다. 구체적으로 전체 공공 사무를 중앙정부와 지방정부가 어떻게 나누어 수행하고 있는지, 그리고 그러한 사무 수행을 위한 재원은 중앙정부와 지방정부가 어떻게 나누어 가지고 있는지와 같은 중앙정부와 지방정부 사이의 권한 배분, 즉 '정부 간 관계' 틀을 파악하여야 한다. 뿐만 아니라 이와 같은 정부 간 관계 틀의 현상적인 모습에 대한 파악에 이어, 그러한 틀을 어떻게 수립해서 운용해 나가는 것이 지역 주민의 삶의 질 제고라는 관점에서 더 적절한지에 대한 당위적 기준을 구명해 나가는 것이 지방자치의 위상을 이해하는 데 긴요한 문제이다.

이러한 정부 간 권한 배분의 문제도 구체적으로는 인사권, 조직권 등 행정 분권의 차원에서 파악하기도 하고, 재정 기능과 세출 및 세입 배분의 권한이라는 재정 분권의 차원에서 파악하기도 한다. 그러나 본서에서는 재정 분권의 관점에서 논의를 전개하고 있음을 밝혀 둔다.

(2) 지역 주민과의 관계

위와 같은 중앙정부와의 사이에서의 권한 배분은 지방정부가 중앙정부와의 사이에서 얼마나 자율적 권한을 가지고 지역의 사무를 수행해 나가느냐 하는 관점에서 지방자치를 파악한 것이다. 그러나 중앙정부로부터 같은 권한을 배분받은 지방정부라 하더라도 그러한 지방정부의 공적 사무를 수행해 가는 과정에서 지역 사회 내지 지역 주민의 의지를 얼마나 반영하고 있는지, 나아가 그들의 의지에 의해 얼마나 규제되고 있는지 여부를 파악하지 아니하고는 실질적인 지방자치의 위상을 파악했다고 말하기 어렵다. 그것은 지방정부의 공적 사무 수행 과정에서 지역 주민이 자율성을 갖고 참여할 때 지방자치에 대한 지역 사회의 책임성이 제고되어 실질적인 지방자치의 위상 제고에 기여하게 된다는 점에서 갖는 의미가 크다 할 것이다.

지방자치 논의에서 이와 같이 지역 주민의 참여 문제가 중요한 의미를 갖는 것은 지방자치라는 것이 지방정부가 지역 사회의 의지를 반영하여 지역 공공 사무를 수행함으로써 지역 주민들의 삶의 질을 제고시키는 것을 그 궁극적 목적으로 삼고 있기 때문이다. 현실적으로 이러한 측면이 중요한 의미를 갖는 것은 지방정부가 동일한 권한을 행사하더라도 지역의 토호 세력이나 전국적인 자본 활동과 연계되어 그들의 이익에 부응하게끔 공공 사무를 수행함으로써, 궁극적으로 지역 주민의 개인적 자질이나 지역 사회의 자연적 특성을 활성화하여 지역 기반의 경제 발전을 이루어 내는 데 기여하지 못하는 경우가 있을 수 있기 때문이다. 이러한 문제는 흔히 '지역 포획'(local capture) 문제로 일컬어지는 것으로서, 지방자치의 위상을 파악함에 있어 중요하게 다루어지는 내용임을 유념해 둘 필요

가 있다.[1]

(3) 종합

무릇 지방자치는 중앙정부와의 관계 하에서 행해지는 지방정부의 행위이면서도 지방정부의 독립된 행위가 아니라 지역 주민과의 관계 속에서 행해지는 행위이기 때문에 지방자치의 실질적 위상은 이 두 요인이 어우러져 드러나게 되는 것이다. 그러나 지방자치의 본질이라는 관점에서 보면, 전자의 정부 간 관계 틀에 반영된 권한 배분은 실질적인 지방자치를 이루기 위한 필요조건이라 할 수 있는 데 비해, 후자의 지역 주민들의 의사 반영 메커니즘의 구축은 실질적 지방자치를 이루어 내기 위한 충분조건이라 할 수 있다. 말하자면, 실질적 지방자치를 이루어 내기 위해서는 간접 민주정적인 측면에서 분권적 요소를 갖출 필요가 있을 뿐만 아니라 직접 민주정적 측면에서 주민 소환, 주민 발안, 주민 소송, 각종 주민 투표, 참여 예산 제도 등과 같은 참여 시스템을 구비함으로써 주민에 의한 통제 시스템을 구비할 필요가 있음을 알 수 있다.

제2절 지방자치와 지방재정

지방자치의 선행 조건으로서 중앙정부와의 사이에서 이루어지는 지방 분권도 상술한 바와 같이 구체적으로 보면 행정적 · 재정적 관점에서의 분권 등 다양한 측면이 있을 수 있으며, 이들은 서로 밀접한 상관성을 가지고 있음에 틀림없다. 그러나 여기서는 위와 같은 지방자치의 물적 기초로서의 지방재정 활동을 중심으로 설명하고자 한다.

지방재정은 지방자치의 물적 기초로서의 역할을 수행하는 것이기 때문에 지

1 이와 관련된 보다 자세한 내용은 제6부에서 다루고 있으니 참고하기 바란다.

방재정이 갖는 형식적 · 실질적 내용은 지방자치가 실시되고 있는 나라인가 아닌가에 따라 그 구체적인 내용이 크게 달라진다는 사실을 이해하는 것은 어렵지 아니하다.

1. 지방자치가 실시되지 않는 경우 지방재정

지방재정은 지방정부의 행위를 일컫는바, 지방자치가 실시되지 않는 나라에서도 지방정부에 일정한 공적 사무 수행 권한을 나누어 줄 수 있다. 그러나 이 경우 지방정부는 단순히 행정 구역 분할적인 의미만을 갖는 것으로서, 지방재정 활동도 중앙정부가 지방정부에게 일정한 공적 사무 수행을 위임해서 그 집행을 대리하는 정도의 의미만을 갖고 있다.

이 경우에 지방재정 활동은 지방자치의 위상 여부와 관련해서 평가되기보다는 중앙정부에서 맡겨진 임무를 얼마나 잘 수행하는지 여부를 기준으로 평가될 것이다. 구체적으로 지방재정 활동이 지역 주민이나 지역의 산업 활동에 어떠한 영향을 얼마나 미치고 있는지 여부는 중요한 판단 기준이 아닌 것이다. 오히려 전국적 관점에서 중앙정부의 정책 의지에 부응하여 지방재정 활동이 잘 수행되고 있는지 여부가 중요한 의미를 가지게 되는 것이다.

2. 지방자치가 실시되고 있는 경우 지방재정

위와는 달리 외형적으로는 다 같이 행정 구역 분할적인 지방정부의 행위라 하더라도 중앙정부와의 관계에서 일정한 사무와 재원을 배분받아서 그 범위 내에서 지역 사회의 의지를 담아 지역 사회의 문제를 해결해 나가고자 하는 경우가 있다. 이 경우가 소위 지방자치가 행해지는 경우인데, 이때에는 지방재정이 갖는 의미가 앞의 경우와는 크게 달라지게 됨은 물론이다.

이 경우 지방정부의 활동은 지역 주민 생활이나 지역의 산업 활동에 전자와는 크게 다른 영향을 미치게 된다. 그러한 영향의 구체적인 모습은 지방정부의 활동이 얼마나 중앙정부로부터 자율성을 갖고 있는지, 더 나아가 지역 주민 내지 지역 사회의 인적 · 자연적 · 산업적 성격을 반영하고 있는지 등에 따라 달라지게 됨은 물론이다. 이 경우 지방재정 활동은 해당 사회의 지방자치가 실질적 위상을 제고시킬 수 있는지 여부를 결정짓는 데 결정적으로 중요한 의미를 갖게 되는 것이다. 이러한 사실을 두고 지방재정을 "지방자치의 물적(경제적) 기초"를 형성한다고 일컫는 것이다. 이렇게 볼 때, 지방자치가 실시되고 있는 나라에서 지방재정은 '독자적인 의미'를 갖게 되며, 지역의 중요성이 커지고 있는 오늘날의 사회에서 지방재정이 갖는 의미는 더욱 커지고 있다 할 것이다.

오늘날 자본주의의 지속적인 발전 과정에서 우리 사회는 세계화와 지방화가 가속화되는 추세를 보이고 있다. 이러한 변화 추세 속에서 지방 내지 지역의 중요성이 더욱 커지고 있다. 이러한 시대적인 변화상에 부응하여 여러 나라들이 지역의 의지를 반영하여 지속 가능한 지역 경제 발전을 이루어 가고자 많은 노력을 경주하고 있다. 더불어 그 과정에서 실질적인 지방자치가 확산되는 추세를 보이고 있다. 이렇게 분권화가 가속화되고 있는 시대 상황 속에서 지방재정이 갖는 의미가 더욱 커지고 있음은 재론의 여지가 없다 할 것이다.

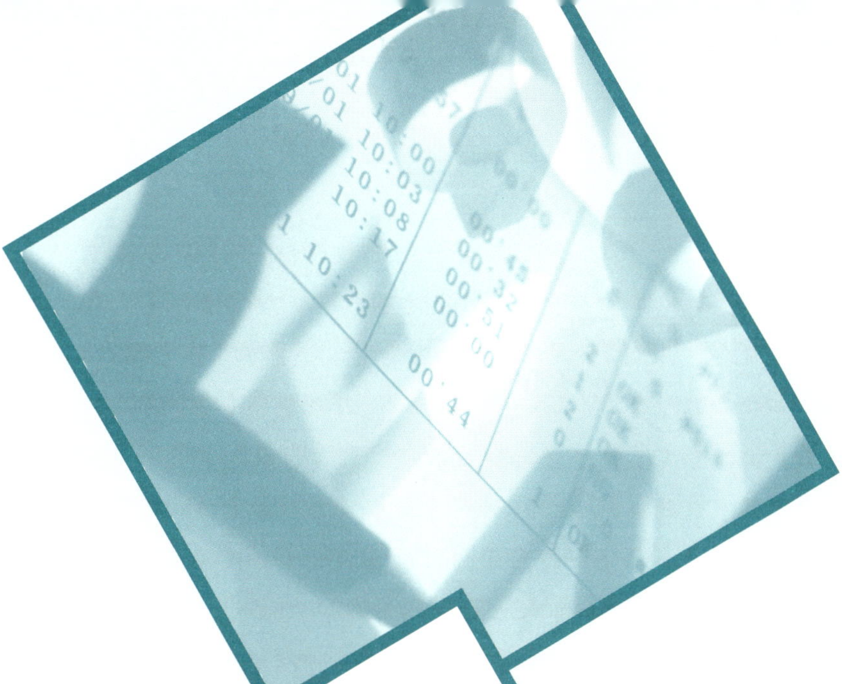

Chapter 3

지방재정과 지역 경제의 상호 순환 메커니즘

3

지방재정과 지역 경제의 상호 순환 메커니즘

본 장에서는 앞 장에서 검토한 지방자치의 물적 기초로서의 지방재정이 갖는 의미에 유념하면서, 지방재정 활동과 지역경제 활동 사이에 작용하는 상호 순환 메커니즘을 검토한다. 이러한 메커니즘을 이해하는 것은 지역 경제 활동의 규모나 구조가 지방재정 활동과 상호 밀접한 관련성을 갖고 행해지면서 궁극적으로 지역 주민의 생활의 질에 크게 영향을 미치기 때문에 중요한 의미를 갖는다.

먼저 이 순환 과정을 특정 지역의 경제 활동을 출발점으로 해서 먼저 그러한 지역 경제 활동의 성과가 지역 주민에게 귀착되는 양상을 살펴보고, 나아가 그러한 성과가 지방재정 활동에 어떻게 반영되는지를 살펴본다. 이어서 지방재정 활동이 지역 경제 활동에 미치는 영향을 지방세입과 지방세출의 관계와 나아가 지방세출 활동과 지역 경제 활동과의 관계로 나누어 검토한다. 마지막으로 지방재정과 지역 경제와의 사이에 작용하고 있는 위와 같은 순환 메커니즘의 작동 과정에 정책적 딜레마가 존재한다는 사실과 그러한 딜레마에 대한 다양한 견해를 검토한다.[1)]

제 1 절 지역 경제 활동과 지방재정

먼저 지역 경제 활동의 성과가 지방재정에 어떻게 반영되는가를 살펴보기

1 본 장의 내용은 우명동(2014)의 내용을 수정 · 보완한 것임을 밝혀 둔다.

위해서 우선 지역 경제 활동의 성과가 지역 주민에 귀착되는 정도와 그러한 성과가 지방재정에 미치는 영향으로 나누어 살펴보자.

1. 지역 경제 활동과 지역 경제 성과

먼저 지역의 경제 활동은 각 지역이 갖는 인적 · 자연적 제약 하에서 그 규모와 구조가 결정되기 마련이며, 그러한 경제 활동은 지역 소득 수준 내지 소득의 분포 상태 등의 형태로 그 지역의 경제적 성과로 구체화되어 나타난다. 그러나 다른 한편 특정 지역의 경제 활동 성과는 다른 지역 주민의 소득 수준 내지 분포 상태에도 영향을 준다.

물론 특정 지역 내에 활동하는 기업 내지 공장의 수가 많을수록 그 지역의 소득 수준, 즉 '지역 내 총생산'(gross regional domestic product: GRDP)[2]은 더 높아진다. 그러나 이 경우 특정 지역에 활동하는 기업들 중에 전국적 성격의 대기업이 많거나 큰 공장이 많은 지역, 특히 신흥 산업 지역일수록 지역 내 총생산은 높지만, 그 지역 주민의 소득 수준은 낮게 나타나는 경향이 있다. 그것은 그러한 신흥 산업 지역 내지 대도시 지역의 경우 고기술 숙련 노동자와 고위 관리들이 다른 지역에 거주하는 경우가 많아서 그 지역의 소득 수준이 증가해도 그 지역 주민의 소득 수준이 크게 증가하지 않을 수 있기 때문이다. 이런 경우에는 해당 지역의 지역 내 총생산 가운데 당해 지역 주민에게 귀속되는 소득의 비율이 낮게 나타나는 경향이 있다. 이에 비해 투입과 산출 및 판매에 있어서 지역 내 기업이나 산업들 사이의 관련성이 강한 소위 지역적 내지 토착적 성격의 산업이 많은 지역일수록 그 비율은 높아지는 경향을 나타낸다. 이와 관련하여 '내생적 지역 발전'의 개념을 이해해 둘 필요가 있다. '내생적 지역 발전'이란 "지역이 가진 여러 인적, 자연적, 산업적 특성을 발굴하고 그것을 기업화, 산업화하여 지역 경제 과정에 지역 자원

2 '지역 내 총생산'(GRDP)은 "특정 지역 내에서 일정 기간(주로 1년) 동안 새롭게 창출한 재화 또는 서비스의 시장 가치"를 일컫는다. 이러한 지역 내 총생산에 대한 지출은 지역 내에서 생산된 부가가치가 어떻게 사용되었는가를 나타내 줌으로써, 해당 지역의 생산 규모와 함께 지역의 소비와 투자 구조 등을 파악할 수 있게 해주어, 지역 경제 정책의 수립과 평가, 지역 경제 분석에 중요한 기초 자료로 이용할 수 있다. 그러나 이 지표는 해당 지역의 부가가치를 나타낼 뿐 반드시 지역 내 주민들의 소득 수준을 제시하는 것은 아님을 유념할 필요가 있다.

그림 3-1 지역 경제와 지방재정의 상호 순환 메커니즘과 단계별 주요 논점

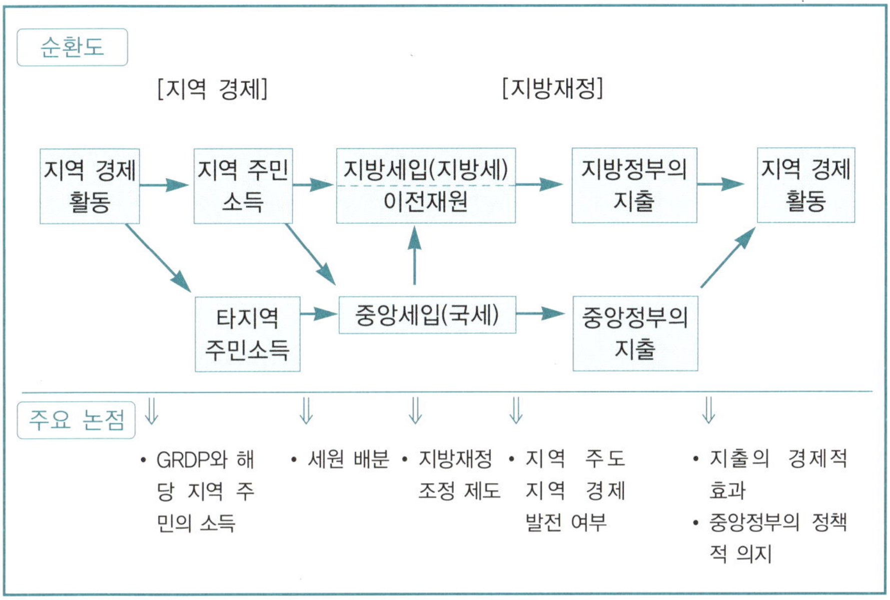

주: 하단부는 순환 과정 단계별 주요 논점을 제시한 것임.

이 활용되게 함으로써 경제 활동의 성과가 지역 경제 주체들에게 귀착되게 하는 발전 전략"을 일컫는다. 이는 외부 대기업의 유치에 의존하는 것이 아니라 지역 기업이나 지역 산업(토착, 전통 산업)을 중심으로 지역 산업 연관이 강화되는 지역 경제 구조를 형성하고, 그 과정에서 지역 주민이 참여를 통해 학습하고 경영해 나감으로써 자생적 지역 발전을 꾀하는 것을 의미한다.[3)]

2. 지역 경제 성과와 지방정부 재원

나아가 이러한 경제적 성과로서 지역 주민의 소득은 지방정부 수입, 특히 지방세의 규모와 구조에 영향을 미치게 된다. 일반적으로 지방재정 수입은 해당 지역의 경제적 상황과 그 관할 지방정부가 가지고 있는 세원에 의해 결정된다. 그

3 이 개념과 지속 가능한 지역 발전과의 관계에 대해서는 우명동(2014)를 참고.

런데 우리가 납부하는 조세는 흔히 국세와 지방세로 나누어진다. 더 많은 세원을 지방정부가 가질수록 지방정부가 더 많은 조세 수입을 징수할 수 있다. 그런데 중앙정부와의 관계에서 지방정부가 얼마나 많은 세원을 가지는가 하는 소위 '세원 배분'의 정도는 분권에 관한 그 나라의 기본적인 정책 틀에 따라 규정되게 되어 있다. 그래서 지방정부의 수입 상태를 이해하기 위해서는 먼저 중앙정부와 지방정부 사이의 세원 배분 구조를 이해해야 한다. 이 문제는 지방세 원칙과 조세 체계에 관한 문제로서, 지방정부의 과세권, 나아가 지방재정의 자립 수준과 관련해서 중요한 문제로 등장한다.

그런데 일반적으로 지방정부의 수입은 자체재원만으로 구성되어 있지 아니하다. 어느 나라이든 재원 이전 제도, 즉 보조금 제도를 가지고 있다. 왜냐하면 어떤 나라이든 충분한 세원이 지방정부에 할당되어 있지도 않고 또 한편으로는 해당 지역의 부존자원이나 경제력 능력의 차이에 따라 각 지방정부의 재정적 능력이 동일하지도 않기 때문이다. 따라서 특정 지방정부의 재정 수입 상태를 파악하기 위해서는 중앙정부로부터의 재원 이전 상황도 점검해 보아야 한다. 이 문제는 지방재정 조정 문제로서 앞에서의 지방세 문제와 더불어 지방재정 문제에서 또 하나의 중요한 문제로 제기된다.

제2절 지방재정 활동과 지역 경제

1. 지방세입과 지방세출

다음 단계는 지방의 자체 세입과 중앙으로부터의 이전재원으로 구성된 지방정부의 총재원으로 어느 분야에 얼마나 지출할 것인지를 결정하는 단계이다. 말하자면, 지방정부 지출의 규모와 구조를 결정하는 단계이다.

이 단계에서는 지방정부가 지출 예산을 편성하고 집행함에 있어서 얼마나 자율성을 갖고 있는지 여부가 중요하다. 그것은 재정 면에서 이러한 자율성을 가지고 있어야 자율적이고 자립적인 '지역 주도적인 지역 경제 발전 계획'을 수립하고 시행해 나갈 수 있기 때문이다. 이 경우 자체재원뿐만 아니라 이전재원 부분의 자율적인 사용 여부도 중요한 문제로 등장하게 됨을 유념할 필요가 있다.

2. 지방세출과 지역 경제 활동

위와 같은 단계를 거쳐 결정된 지방정부 재정 지출의 규모와 구조는 관할 지역 주민이나 지역 기업들의 생산 · 교환 · 분배 · 소비 활동과 같은 경제 활동에 영향을 미친다. 바로 이 단계가 지방재정 활동이 궁극적으로 목표로 하는 단계라 할 것이다. 그것은 지방재정 활동의 궁극적인 목표라는 것이 지역 경제 주체들의 경제 활동에 영향을 주어 그들의 경제적 성과를 개선시키는 데 뜻을 두고 있기 때문이다. 이 단계에서는 구체적으로 지방세출이 지역 생산 활동의 애로를 제거시키는 데 기여하여 지역 사회가 가지고 있는 잠재력을 기업화하고 산업화하는 데 얼마나 기여하였는지, 나아가 지역 사회의 통합력을 제고시키는 데 어떠한 기여를 하였는지 등을 분석함으로써 궁극적으로 지역 주민 내지 기업들의 경제적 성과가 얼마나 어떻게 나타나고 있는지를 분석 · 평가하는 작업이 중요한 의미를 지닌다.

이 단계에서는 지방정부의 관할 영역 밖에서 중앙정부가 직접 종합적인 투융자 프로그램에 의해 투융자 지출을 하거나 사회 복지 부문 등에 지출을 함으로써 지역 경제 활동에 영향을 미치기도 한다. 말하자면, 중앙정부의 지역 경제 발전에 대한 정책적 의지가 지역 경제 활동에 영향을 미치기도 하는 것이다. 집권적 성향이 강한 나라에서는 이러한 측면이 더 강하게 나타나기 마련이다. 구체적으로 그와 같은 중앙정부의 정책적 의지는 중앙정부 자체가 시행하기도 하지만, 다른 한편 전술한 지방정부에 대한 재정적 지원, 즉 지방재정 조정을 통해서 중앙정부가 원하는 방향으로 유도하기도 한다. 이렇게 보면 정부 정책과 관련하여 지역 경제 활동 상황을 이해하기 위해서는 지역 경제 발전에 관한 중앙정부의 정책적 의지를 확인하고 분석하는 것이 중요한 의미를 갖게 된다는 것을 알 수 있다.

제3절 상호 순환 메커니즘과 정책적 딜레마

앞에서 설명한 지방재정과 지역 경제의 상호 순환 메커니즘의 작동 과정에서는 다음과 같은 정책적 딜레마가 존재하고 있음을 유념할 필요가 있다.[4)]

1. 지방세원의 확대와 지방정부의 자율성 제고

지금까지 논의는 한마디로 지역 경제의 성장과 발전이 지방재정의 위상에 영향을 미치며, 또 한편으로는 지방재정 지출이 지역 경제 발전의 중요한 요인이 되어 지방재정과 지역 경제는 매우 밀접한 상관성을 갖게 된다는 사실이다. 위와 같은 지역 경제와 지방재정의 상호 관련성을 인식하면, 지방정부의 자율적인 지역 경제 발전 지원 활동을 원활하게 해주기 위해서는 지방정부의 세원을 확대시켜 주는 것이 필요하다는 사실을 알 수 있다. 구체적으로 지방재정의 자립 수준을 향상시켜 주기 위해서는 일부 국세의 지방 이양 내지는 세원의 공동 이용, 재산 과세의 확충과 세율 인상, 과세 표준의 상향 조정 또는 재산 가치 평가의 현실화 등을 고려해 볼 수 있다.

그러나 이 경우 이러한 기존 세원의 지역적 분포가 지역 간의 개발 격차 등으로 인하여 불균등하게 나타나고 있었다면, 이러한 세원 확충 조치들은 지방세입의 불균등 상태를 더욱 심화시키게 될 것이다. 말하자면, 지역 경제력에 격차가 있는 경우에 세원 확대 조치는 지역 간의 재정력의 격차를 더욱 심화시키고, 나아가 이는 재정 지출 활동을 통한 지역 공공 서비스 공급의 차이로 나타나게 되어 궁극적으로 지역 경제 활동에 대한 지원 활동에서도 차이가 나타나게 된다. 결과적으로 지역 간의 경제력 격차는 누적적으로 확대되고, 이와 같은 지역 경제력 격차의 확대는 다시금 지방 재정력의 격차를 더욱 시키는 경향을 보이게 된다.

4 이하 논의에 대한 보다 자세한 내용은 우명동(2001), pp. 37-48 참고.

그림 3-1 지방의 자율성과 재정력 격차의 경합 관계

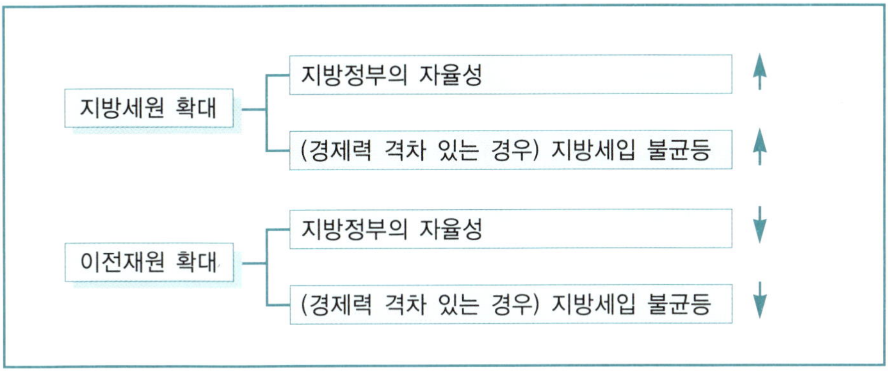

2. 이전재원의 확대와 지역 불균등 완화

다른 한편 그와 같은 지역적 불균등을 완화시키기 위한 제반 조치는 지방정부의 재정 자립 수준을 저해시켜, 지방재정 운영상 자율성을 저하시키는 요인으로 작용하는 성향을 보인다.

일반적으로 지역 간의 불균등을 완화시켜 주기 위해서는 중앙정부가 지역정부들 사이에 존재하는 재정력 불균등을 완화시켜 줄 필요가 있다. 그런데 중앙정부가 그러한 역할을 원활하게 수행하기 위해서는 나라 전체의 세원을 중앙정부와 지방정부로 나누는 과정에서 중앙정부의 몫을 키울 수밖에 없다. 그렇게 늘어난 세원을 가지고 중앙정부는 지방재정 조정 제도를 통해 이전재원의 비중을 높여 가게 되는 것이다. 이렇게 해서 중앙정부에 대한 세원 배분이 상대적으로 높아지면 결국 지방정부로서는 자체 세원은 줄어들고 중앙정부로부터의 이전재원에 의지하는 정도가 커질 수밖에 없어 지방정부의 재정적 자립 수준이 낮아지면서 결국 지방정부의 재정적 자율성도 저하될 경향성이 커지게 되는 것이다.

3. 자율성 제고와 불균등 완화 사이의 경합 관계

이렇게 지역 경제 발전과 지방재정 사이의 관계에서는 지역 주도의 지역 경제 발전을 지원하려는 가치와 지역 간의 경제력 불균등을 완화하려는 정책적 노력 사이에 전형적인 상충관계(trade-off)의 문제가 놓여 있다. 두 가치 사이에 놓여 있는 이러한 상충관계의 문제로 인해서 지역 경제 발전과 그를 지원하기 위한 정부 간 재정 관계의 바람직한 틀을 놓고 많은 논자들로부터 서로 다른 견해들이 제기된 것이다.

그러나 이러한 상충 문제는 지역 사이에 경제력 격차가 발생하는 이유를 어떻게 파악하느냐 내지는 지역 경제 발전을 어떻게 인식하느냐에 따라 서로 다르게 파악될 수 있다는 점을 유념할 필요가 있다. 일반적으로 자본주의적 발전 과정에서는 지역들의 부존자원 내지 자연 조건 등의 차이에 따라 해당 지역 산업의 유형이나 규모에 차이가 나게 된다. 그런데 그와 같은 산업의 유형별로 생산성에 차이가 나기 때문에 상대적으로 부유한 공업 지역 내지 상업 지역과 빈곤한 농업 내지 산간 지역 등으로 지역이 분화되면서 지역 간 경제력에 격차가 생기기 되어 불균등 발전이 나타나는 경향을 보이게 된다. 이러한 현상은 특히 자본의 규모가 커지고 그 활동 범위가 확대되면서 더 심화되는 경향을 보이게 된다. 그런데 더욱 중요하게는 이러한 경향성이 기존의 중앙 집권적 지역 발전의 틀을 유지 · 강화시켜 가고자 하는 중앙정부가 전국적 차원의 자본 활동을 지원하면서 더욱 심화되는 경향을 보이게 된다는 사실을 이해하는 것이 중요하다. 국가 개입이 없는 상태에서도 전술한 바와 같이 지역 간의 경제력 격차가 주어진 세원 배분 체계 하에서 지역 간 재정력 격차를 발생시키고, 나아가 이러한 재정력 격차는 다시금 지역 간 경제력 격차를 키우는 상호 순환 메커니즘이 작동하고 있었다. 그런데 국가가 중앙정부 주도의 집권적인 지역 경제 발전 정책을 수행하는 경우에는 더욱 재정력의 격차를 심화시키게 된다. 그리고 한 걸음 더 나아가서 그 과정에서 발생한 재정력 격차를 조정한다는 사명을 내걸고 중앙정부는 더욱 중앙 집권적인 지방재정 조정 제도를 구축해 나가는 형태를 취하게 됨으로써 지역 경제와 지방재정 사이의 악순환이 더욱 심화된다는 사실을 유념할 필요가 있다.

이와 같은 중앙 집권적인 지역 경제 발전을 추구하는 경우에는 지방재정 문제를 다룸에 있어서 중앙정부는 자체재원과 이전재원을 불문하고 지방정부가 활용할 수 있는 자주재원의 절대적인 크기 자체에 초점을 맞추게 된다. 상황을 이렇게 파악하는 경우에는 지방 재정력 격차 문제는 중앙정부가 필요하다고 판단되는 일정한 수준의 서비스를 지방정부가 공급해 줄 수 있는 만큼의 재원을 중앙정부가 이전해 주면 된다고 인식하게 된다. 지방정부 재원 운영에 관한 이와 같은 입장은 흔히 일컫는 '일반재원주의'에 해당하는바,[5] 이러한 입장을 취하는 논자들은 지방정부의 자율성 문제는 심각하게 받아들이지 않는 입장을 보인다. 이러한 입장은 지역 경제 발전이나 지방재정 문제를 단순히 양적인 관점에서 파악하는 경우에 해당한다.

그러나 자본주의 발전 과정에 구조화되는 경향을 보이고 있는 지역 경제력 격차의 경향성과 지방재정과의 부정적 악순환의 고리에 대해서 새롭게 접근해 나가고자 하는 시도들도 제시되고 있다. 이러한 시도들은 지역 경제 발전 자체를 다르게 인식하는 데서부터 출발한다. 이 입장에서는 지역 경제 발전을 특정 지역에 산재해 있는 지역의 인적 · 물적 자원이 지역 경제 활동과 유기적으로 관련을 맺어, 그 과정에 지역 주민들이 참여하고 그 결과 나타나는 경제적 성과가 주민들에게 돌아가 지역 주민의 삶의 질이 제고되는 것으로 인식하는바, 소위 '지역 중심적인 지속 가능한 지역 경제 발전'이 이에 해당한다.[6] 이 경우에는 지방재정 문제를 다룸에 있어서도 지역의 자율성이 중요하게 받아들여지기 때문에 무엇보다 자체재원의 비중을 높여서 자율성을 제고시키는 정책을 근간으로 삼게 된다.

이 경우에는 지역 간의 불균형 문제도 단순히 양적인 성과를 가지고 평가하는 것이 아니라 각 지역이 가지고 있는 인적 또는 물적 자원이 경제 활동 과정에 활용되어 지역 주민이 경제 활동 과정에 참여하고 그 성과를 나누어 가짐으로써 생활의 질을 제고시킬 수 있는지 여부를 가지고 평가하게 된다. 이 경우에 중앙정부는 집권적 지역 경제 발전을 지원하는 과정에서 심화된 경제력 격차를 이전재원을 가지고 다시금 양적으로 균형화시키고자 하기보다는, 보다 많은 재원을

5 이와 관련된 논의는 본서 p. 247 참고.
6 이와 같은 '지속 가능한 지역 경제 발전'의 개념과 성격에 관한 내용은 우명동(2014), pp. 315-316 참고.

지방정부 자체재원으로 할당하고 중앙정부의 역할은 지역 주민의 최저 생활 수준 보장을 위한 기본적인 공공 서비스의 공급을 지원하는 선으로 한정하거나 특정 지역 자원의 활성화 노력을 지원하는 범위 내로 최소화하는 정책이 요구된다. 지방정부 재정 운영에 관한 이와 같은 입장은 흔히 '자체재원주의'라 일컬어진다.[7] 이처럼 지역의 자율성 제고와 지역 간 불균등 완화 문제는 지역 경제 발전을 어떻게 정의하느냐에 따라 서로 다르게 인식될 수 있음을 유념할 필요가 있다.

7 이와 관련된 논의는 본서 p. 247 참고.

제2부

지방정부의 경제적 기능 – 지방재정의 기능

제4장 전통적 기능 배분 – 재정연방주의와 정부 간 기능 배분

제5장 상황의 변화와 새로운 추세

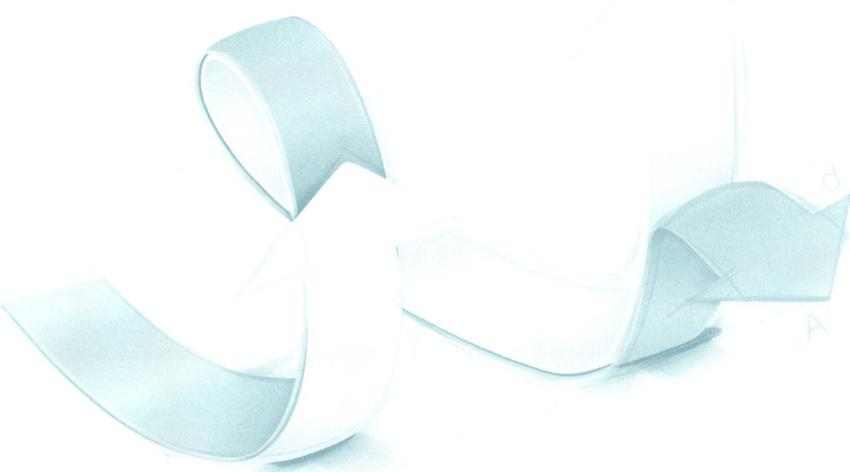

어느 나라나 현실적으로 정부는 다양한 수단을 가지고 여러 가지 기능을 수행해 오고 있다. 현실이 그러함에 스미스(A. Smith) 이래 많은 연구자들도 이 문제에 대해 다양한 목소리를 내왔던 것이 사실이다. 일찍이 미국의 재정학자 머스그레이브(R.A. Musgrave)는 정부 기능에 대한 다양한 목소리를 정리하여 '자원 배분 기능', '소득 재분배 기능', 그리고 '경제 안정 성장 기능' 등으로 구분하여 제시하였으며, 그 이후 정부 기능에 대한 많은 논의들이 이러한 구분으로부터 출발하고 있다 해도 과언이 아니다.

이제 여기서는 정부를 보다 세부적으로 중앙정부와 지방정부로 나누었을 때, 위와 같은 정부의 기능이 서로 다른 단계의 정부들 사이에는 어떻게 서로 다르게 수행되고 있는지 또는 수행되어야 하는지의 문제를 다루고자 한다. 먼저 전통적인 견해에 의해 설명한 후, 경제 성장과 그 과정에서 나타나고 있는 세계화와 지방화 내지 분권화가 확산되고 있는 오늘날 세계에서는 그러한 설명에 어떠한 변화가 나타나고 있는지를 검토해 보고자 한다.

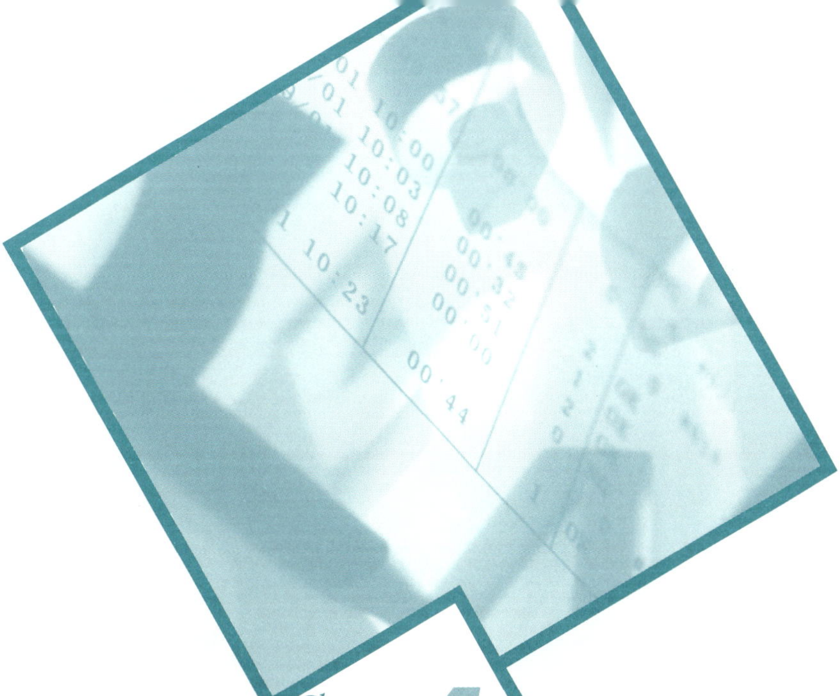

Chapter 4

전통적 기능 배분
-재정연방주의와 정부 간 기능 배분

제1절 재정연방주의

제2절 정부 간 기능 배분

4

전통적 기능 배분-재정연방주의와 정부 간 기능 배분

한 나라의 정부 구조는 중앙정부와 하나 또는 여러 단계의 지방정부로 구성되어 있다. 이 장에서는 이렇게 서로 다른 단계로 나누어져 있는 정부가 공공 서비스를 공급함에 있어서 그 기능을 어떻게 나누어 수행하고 있는지, 나아가 바람직한 기능 배분의 틀은 어떠한지 등에 대한 문제를 다룬다.

이 문제는 전통적으로 재정연방주의론에 바탕을 두고 다루어지고 있는바, 재정연방주의론에 의하면 한마디로 지방정부는 재정의 기능 중에서 자원 배분 기능을 중앙정부와 적절히 나누어 수행하고, 소득 재분배 기능과 경제 안정 성장 기능은 중앙정부의 고유한 기능으로 제시되고 있다. 본 장에서는 위와 같은 정부 간 기능 배분의 틀 속에서 지방정부의 경제적 기능을 구체적으로 이해하고자 한다.

제1절 재정연방주의

1. 재정연방주의와 정부 간 재정 관계

'재정연방주의'(fiscal federalism)란 한 나라의 정부 구조를 중앙정부와 각급 지방정부로 구성하고 각급 정부에 재정의 기본적 기능을 적절히 분담시킴으로써 전체적으로 바람직하게 재정 기능을 수행하고자 하는 것을 의미한다. 이러한 사실을 복수 정부 주체에 의한 복합적인 재정 기능의 수행이라는 제도적 측면에 초점을 맞추어 '연방형 재정 제도'(또는 체계)라고도 한다. 좀더 구체적으로 이러한 재정연방주의는 각급 정부들 사이에 재정 기능뿐만 아니라 재원의 배분까지도 관심을 갖는다. 말하자면, 재정연방주의는 중앙정부는 어떤 기능을 어떠한 재원으로 수행하며 지방정부는 어떤 기능을 어떠한 재원을 가지고 수행하는지에 관심을 기울이고 있다. 이러한 재정연방주의는 재정 분권의 경제적 당위성을 주장하는 논리적 근거 구실을 하는 것으로 볼 수 있다.

이와 관련해서 현실적으로 각급 정부들 사이에 나타나는 이와 같은 재정 기능 내지는 세출 권한의 배분과 재원의 배분 등을 흔히들 '정부 간 재정 관계'(Intergovernmental Fiscal Relations)라 일컫는다. 여기서 다루는 '재정연방주의론'은 현실의 정부 간 재정 관계의 성격을 구명하거나 바람직한 정부 간 재정 관계 틀을 제시하는 데 있어서 이론적 기초로서 역할을 수행하고 있음을 유념해 둘 필요가 있다. 재정연방주의론에 바탕을 둔 구체적인 정부 간 재정 관계 틀에 대해서는 후술하는 제5부의 지방재정 조정 제도에서 다루기로 하고, 여기서는 정부 간 기능 배분을 통해 지방정부의 경제적 기능을 이해하는 데 초점을 맞추고자 한다.

2. 최적 재정연방주의와 신연방주의

이와 관련하여 '최적 재정연방주의'(optimal fiscal federalism)라는 개념이 사용되는 경우도 있다. 이 개념은 연방형 재정 제도에서 기능과 재원을 가장 적절하게 나누어 갖는 상태를 의미한다. 이러한 최적 재정연방주의에 대해서는 다양한 입장에서 서로 다른 견해들이 제시되기도 하나, 경제학자들은 이러한 문제에 대해서 효율성 내지 후생 수준의 극대화라는 경제적 기준에 초점을 맞추어 최적해(最適解)를 도출하고자 노력하는 경향을 보이고 있다.

다른 한편에서는 '신연방주의'(new federalism)라는 개념이 제시되는 경우도 있다. 1980년대를 전후하여 세계적으로 개개인의 경제적 자유를 더욱 신뢰하여 민간 경제 활동에서의 국가 개입의 배제를 더 철저하게 요구하는 소위 '신자유주의'라는 현상이 확산되는 경향을 보였다. 정부 간 재정 관계 논의에서 등장하는

‘신연방주의’는 바로 이와 같은 신자유주의적 사회 분위기를 배경으로 과거보다 보다 많은 권력을 중앙정부로부터 지방정부로 나누어 주어 지방정부가 중앙정부에 대한 의존성을 줄이고 보다 큰 자율성을 갖고 지역의 문제를 다루어 갈 수 있도록 하는 연방정부 체제를 일컫는다. 말하자면, 신자유주의 하의 연방주의를 ‘신연방주의’라 일컫는다. 특히, 재정 면에서 위와 같이 보다 철저한 분권화 논리에 바탕을 두고 보다 많은 재정 기능을 지방정부로 나누어 줄 것을 요구하는 재정연방주의를 신연방주의라 일컫기도 한다. 이러한 신연방주의는 현실적으로 이 정책을 채택한 정부에 따라 다소 간 다른 의미를 담고 있었음을 유념할 필요가 있다.[1)]

제2절 정부 간 기능 배분

정부 간 기능 배분에 관한 내용은 머스그레이브(R. A. Musgrave, 1959), 오츠(W. E. Oates, 1972) 등 재정연방주의론자들에 의해 그 기본 틀이 제시된 이래, 그 이후 관련된 논의의 준거 틀 구실을 해오고 있다. 이제 이들에 의해 제시된 전통적인 견해를 살펴보고자 한다.

1. 자원 배분 기능

전통적으로 자원 배분 기능은 특정 단계의 정부가 모두 공공 서비스를 공급하기보다는 중앙정부와 지방정부가 서로 다른 공공 서비스를 나누어 공급하는

1 예를 들어, 미국에서는 이러한 정책을 처음으로 채택한 닉슨(Nixon) 행정부의 경우 중앙정부에 의한 사업별 보조금 대신에 일반 세원 공유 제도(general revenue sharing)로 전환하였던 데 비해, 같은 이름의 정책을 강화해 나간 레이건(Reagon) 행정부의 경우 그와 같은 제도를 폐지하고 사업별 보조금 대신에 포괄 보조금(block grant) 제도를 받아들이면서 전반적으로 보조금 규모를 급격하게 삭감하는 정책을 택하였던 것을 볼 수 있다(주재복, 2013, pp. 18-19 참고).

것이 전체적으로 사회적 후생 수준을 높일 수 있는 것으로 이해되고 있다. 이하에서는 이러한 사실에 좀더 구체적으로 설명하고자 한다.

우리가 사용하는 재화는 민간재와 공공재, 그리고 혼합재 등으로 분류된다. 물론 동일한 재화라도 사회와 시대에 따라 민간재로 다루어지기도 하고 공공재로 다루어지기도 한다. 그러나 근대 경제학에 근거를 두고 있는 공공 경제학 일반에서는 재화를 '경합성'과 '배제성' 같은 해당 재화가 갖는 물리적 속성을 기준으로 해서 경합성과 배제성을 동시에 지니고 있으면 민간재, '비경합성'(non-rivaly, 집단 소비 또는 공동 소비(jointness of consumption)) 또는 '비분할성'(non-divisibility, 불가분성)과 '비배제성'(non-excludablity)을 가지고 있으면 공공재, 그리고 양자의 성격을 공유하고 있으면 혼합재로 분류한다. 재정의 자원 배분 기능을 설명함에 있어서도 이와 같은 재화 속성에 바탕을 두고 한쪽 끝에 순수 민간재를, 그리고 다른 한쪽 끝에 순수 공공재로 하는 일종의 재화의 스팩트럼을 상정하여, '순수 민간재'(pure private goods)는 민간이 공급하고 '순수 공공재'(pure public goods)는 정부가 공급하며, 나아가 민간재와 공공재의 성격을 동시에 지니고 있는 혼합재적인 재화는 그 성격에 따라 민간과 정부가 다양한 형태로 공동으로 공급하는 것으로 이해하고 있다.

그러나 정부라 하더라도 중앙정부와 지방정부 등 서로 다른 단계의 정부가 존재하면서 각자가 서로 다른 공공 서비스를 공급하는 '연방형 재정 체계' 하에서는 위와 같은 설명을 넘어서서 다른 설명 틀을 요구한다. 구체적으로 다 같이 공공재라 하더라도 그 편익이 미치는 지리적 영역을 중심으로 '전국적 공공재'(national public goods)와 '지역적 공공재' 내지 '지방 공공재'(local public goods)로 나누어 설명한다. 여기서 '전국적 공공재'는 해당 재화의 편익이 전 국민에게 확산되는 재화를 일컬으며, '지역적 공공재'는 해당 재화의 편익이 특정 지방정부 관할 지역 주민에게만 확산되는 재화를 일컫는다. 그리고 공공재와 민간재의 설명에서와 유사한 맥락에서 한쪽 끝을 중앙정부가 공급하는 전국적 공공재로, 다른 한쪽 끝을 하나의 개인 자신이 정부인 재화, 말하자면 유일하게 한 개인이 소비하는 재화로 하는 새로운 차원의 '재화의 스펙트럼'을 상정해서, 중앙정부는 그 중에서 전국적인 공공재를 공급하며 각 단계의 지방정부는 자기 관할 영역 내에 편익이 확산되는 해당 지역 공공재를 공급하는 것으로 설명한다. 이제 이와 같이 설명하게 되는 이론적 배경을 이해하기 위해서는 소위 '완전 대응의 원리'와 '분권화의 정리'를 이해할 필요가 있다. 이제 이에 대해 구체적으로 살펴보자.

(1) 완전 대응의 원리

'완전 대응의 원리'(perfect correspondence principle)란 각 단계의 정부의 관할 범위는 해당 단계의 정부가 공급하는 특정 공공 서비스의 편익을 받는 주민들의 거주 지역과 일치하여야 한다는 사실을 의미한다. 다시 말하면, 특정 공공재의 공급 수준을 결정하는 정부가 해당 공공재를 소비하는 개인들을 자신의 관할 지역 속에 정확하게 포함할 수 있는 정부 구조를 가질 때 '완전한 대응'이 이루어진 상태라고 한다. 이렇게 완전한 대응이 이루어지는 상태에서는 전체 국민에게 편익이 돌아가는 국방, 우주 개발, 암 연구 등과 같은 공공 서비스는 전국을 관할하는 중앙정부가 공급하며, 특정 지역의 주민에게만 편익이 돌아가는 소방, 가로등 같은 공공 서비스는 해당 지역을 관할하는 지방정부가 공급하게 된다.

이렇게 각급의 정부가 자기가 관할하는 지역의 주민들에게 편익이 돌아가는 공공 서비스를 공급하면, 각 공공재의 공급으로부터 나오는 편익이 관할 지역 범위 내에서 모두 '내부화'(internalization)되어 결국 전국적으로 자원 배분의 효율성이 달성되는 '파레토 효율'(Pareto efficiency) 상태에 도달하게 된다는 것이다. 말하자면, 이렇게 '완전한 대응'이 이루어지는 상태가 달성되면 각 단계의 정부는 자신이 관할하는 지역에서 공급하는 특정 공공재 공급에 소요되는 비용을 편익에 따른 가격에 의해 조달함으로써, 결국 각 단계 정부의 공공재 공급으로부터 나오는 편익은 모두 내부화되게 된다. 이러한 사실이 오츠(Oates) 이래로 '완전 대응의 원리'라 불려지고 있는 원리의 내용이다.[2]

(2) 분권화 정리

오츠는 위의 완전 대응의 원리에 바탕을 두고 한 걸음 더 나아가 분권이 사회

2 Oates(1972), pp. 34-35.

전반의 후생 수준을 제고시킨다는 사실을 '분권화 정리'(decentralization theorem)라는 이름으로 제시하고 있다. '분권화 정리'란 특정 공공 서비스가 일정한 지리적 범위 내의 주민들에 의해서만 소비되며, 각 지역에서 해당 서비스를 공급할 때 소요되는 비용이 중앙정부가 해당 서비스를 공급할 때 소요되는 비용과 동일하다면(즉, 규모의 경제가 없다면), 그러한 공공 서비스는 중앙정부가 전국적으로 동일한 수준으로 공급하는 것보다 각각의 지방정부가 각 관할 영역 내에서 '완전한 대응'이 이루어지는 수준의 공공재를 공급하는 것이 항상 보다 효율적이라는 사실을 의미한다.[3)]

전술한 완전 대응의 원리와 분권화 정리에 의하면 결국 중앙정부는 국방이나 외교 정책과 같이 모든 국민에게 편익을 주는 전국적 공공 서비스를 공급하고, 지방정부는 가로등, 소방과 같은 서비스를 특정 관할 영역 내의 주민들에게만 편익을 주는 지역적 공공 서비스를 공급하여야 한다. 이러한 정리에 의하면 결국 공공 서비스는 중앙정부만이 공급한다거나 지방정부만이 공급하는 것보다 중앙정부는 전국적 공공재를, 지방정부는 지역적 공공재를 공급하는 연방형 재정 체계가 자원 배분의 효율성을 제고시키는 데 보다 바람직하다는 사실을 이해할 수 있다. 말하자면, '완전 대응의 원리'와 그에 바탕을 둔 '분권화 정리'는 공공 서비스의 공급을 하나의 정부가 독점적으로 공급하는 것보다 중앙정부와 각급의 지방정부가 서로 나누어 공급하는 것이 더 바람직하다는 사실을 말해 주는 것으로서, '지방 분권의 경제적 근거'로 활용되고 있음을 유념할 필요가 있다.

2. 소득 재분배 기능

일반적으로 소득 재분배 기능은 중앙정부가 수행하는 것으로 인식되고 있다. 그것은 지역들 간의 자원 이동이 자유로우므로 지방정부가 이 기능을 수행할 경우 비효율성을 발생시킬 것이기 때문이다. 이제 그 이유를 좀더 구체적으로 살펴보자.

3 Oates(1972), p. 35. 규모의 경제가 있는 경우의 특정 공공 서비스 공급을 위한 최적 정부 구조와 관련해서는 후술하는 '최적 정부 규모 이론'에서 별도로 다루니 참고하기 바란다.

특정 지방정부가 상당한 정도의 재분배 정책을 담은 프로그램을 실시하고자 하면 그 정책 수단으로 흔히 '조세-이전지출' 제도를 택하게 된다. 그 중에서 조세는 누진세제를 택하여 지출 재원을 마련하고, 그것을 재원으로 해서 재분배를 위해 이전지출을 통해 저소득, 취약 계층을 지원하는 형태를 취하게 된다. 그런데 이러한 정책을 취하게 되면 요소의 지역 간 이동이 자유로운 상황에서 고소득 계층들의 다른 지역으로의 이동이 증가하게 될 것이다. 이와는 달리 그 지방정부가 일정 수준을 넘어서서 고소득 계층에 조세를 부과할 수 없다고 판단하면 저소득자들은 그 지방으로 계속 이전해 오는데도 저소득 계층에 재분배할 수 있는 재원은 줄어들게 된다. 어떤 경우에도 특정 지방정부의 재분배 정책은 결국 실현하지 못하게 되는 것이다. 이런 이유로 오츠 등에 의해 오래전부터 재분배 정책은 중앙정부가 수행해야 하는 기능으로 인식되어 왔다.

이러한 사실은 현실에서도 상당 부분 반영되고 있는 것을 볼 수 있다. 먼저 조세 부분을 보면 지방정부도 일정 부분 과세권을 가지고 있으나 탄력적이고 신축적인 세원은 주로 국세로 배분되는 경향을 보이고 있다. 그런가 하면 지방세는 지역 간 이동성으로 인해 누진 과세가 상대적으로 어려워 재분배를 위한 조세로서는 부적절한 면을 보이고 있다. 한편, 이전지출은 아동, 노인, 장애자 등 경제적 약자나 무능력자에 대한 '전국적 최저 생활 수준'(national minimum)을 보장하는 성격을 띠는 경우가 많은데, 이는 대부분 전국적인 기준 하에 중앙정부에 의해서 수행되는 경향을 보이고 있다.

3. 경제 안정 성장 기능

재정의 경제 안정 성장 기능이란 재정 수단을 가지고 민간 부문의 총수요 또는 총공급에 영향을 주어 궁극적으로 경제를 안정적으로 성장시키고자 하는 기능을 일컫는다. 그러나 일반적으로 경제 안정 성장 기능이라 하면 그 중에서 주로 총수요 관리(aggregate demand management) 기능을 의미한다. 그런데 이러한 경제 안정 성장 기능도 지방정부보다는 중앙정부가 수행할 수 있는 기능으로 인식되고 있다. 일반적으로 경제 안정 성장 기능은 총수요 관리 정책으로 인식되고 있다는 사실을 감안하면, 이 말은 지방정부는 총수요 관리 정책을 통해 경제를 안정적으로 성장시키는 데 적절하게 대응하기 힘들다는 것을 의미한다. 이제 이하에서 그 이유를 재정 정책과 통화 정책적 관점으로 나누어 구체적으로 설명해 보고자 한다.

(1) 경기 보정적 재정 정책

먼저 지방정부는 해당 지역 내에서 총수요를 증가시키기 위해 재정 정책 수단을 활용할 수 있다. 구체적으로 재정 지출을 늘린다든지 조세 수입을 줄이는 등의 정책 수단을 구사할 수 있다. 그러나 이러한 재정 정책의 효과는 지방정부들이 관할하는 지역 경제가 고도로 개방된 경제이기 때문에 해당 지역 경제의 관할 영역을 넘어서 다른 지역으로 누출되게 되어 확장 정책의 승수 효과는 줄어드는 경향을 보이게 된다.

먼저 특정 지방정부가 지출을 늘리는 경우, 그 재정 자금은 그 지역에서 생산된 재화 또는 서비스 구입에만 사용되는 것이 아니라 다른 지역의 재화 또는 서비스의 지출에 사용될 수도 있다. 결국 바로 이와 같은 다른 지역으로의 지출 효과의 누출로 인해 당해 지방정부 지출의 승수 효과는 그러하지 아니한 경우에 비해 줄어들 수밖에 없게 된다. 특히, 지방정부가 지출을 증대시키는 과정에서 지방채를 발행한 경우 그 효과는 지방채의 특수성으로 인해 더욱 줄어들 수 있다. 말하자면, 지방채는 지역 내의 주민만이 아니라 다른 지역의 주민에 의해서도 소화되기도 하는데, 그 경우 나중에 공채 원리금을 상환할 때 그 지역 주민의 실질 소득의 상당 부분이 해당 공채를 소유한 외부 사람들에게로 이전되어 지역 내의 경제를 자극하는 효과가 줄어들 수 있게 된다. 지방채의 이러한 성격을 반영하여 지방채를 '외부 채무'(external debt)라 일컫기도 한다. 이에 비해 중앙정부가 발행하는 공채는 상대적으로 '내부 채무'(internal debt)적 성격을 띠는 것으로 볼 수 있다.[4] 물론 국가 간의 금융 자본의 이동성이 급증하고 있는 오늘날과 같은 세계화 시대에는 지방채만큼은 아니더라도 국채의 경우에도 일정 부분 이러한 현상이

4 지방채의 이와 같은 외부 채무적 성격으로 인해 후술하는 지방채의 자원 배분 기능에서 특별한 주의가 요구됨을 밝히고 있으니 참고하기 바란다(본서, pp. 183-184 참고).

나타날 수 있음을 유념할 필요가 있다.

같은 맥락에서 해당 지방정부의 조세를 줄이는 경우, 그 지방정부 관할 지역 주민들은 높아진 가처분 소득으로 보다 많은 재화 또는 서비스를 구매하고자 할 텐데, 이때 그 구매력으로 자기 지역의 재화 또는 서비스 구입에만 사용되는 것이 아니라 다른 지역의 재화 또는 서비스 구매에도 사용될 수 있다. 이렇게 되면 지출의 경우와 같은 맥락에서 조세 삭감으로 인한 총수요 증대 효과가 줄어들게 된다.

결국 지방정부로서는 지출 증대와 조세 삭감 어느 경우에도 재정 정책 수단을 가지고는 경기 조절을 위한 정책 효과를 온전히 달성하기 힘들게 된다는 점을 알 수 있다. 뿐만 아니라 특정 지방정부의 높은 지출과 낮은 세금은 다른 지방으로부터 이 지역으로의 이주를 증가시킬 것이며, 그렇게 되면 결국 그 지방정부의 재정 적자는 더 커지게 될 것이다.

(2) 통화 정책

이번에는 지방정부가 지역 경제 활동을 촉진시키기 위해 통화 정책을 수행하고자 하는 경우를 보자. 이 경우도 재정 정책을 시행하는 경우와 마찬가지로 지역 경제의 개방성으로 인해 그 효과는 누출되는 경향을 보이게 됨은 물론이다. 그러나 지방정부가 통화 정책을 수행하고자 하는 경우 더 큰 제약은 지방정부에는 통화 정책의 주요한 정책 수단인 통화 발권력을 갖고 있지 못하다는 사실이다. 따라서 지방정부의 경우 통화 정책을 수행할 수 있는 힘이 크지 않다. 설령 가능하다 하더라도 각 지방정부들이 경쟁적으로 확장적 통화 정책을 수행하고자 하면 자신이 지출하고자 하는 경비의 재원을 조세 부과를 통해 조달하지 않고 화폐를 발행하여 조달함으로써 결국 각 지역들은 높은 인플레이션에 직면하게 될 것이다.

결국 지역 경제 확장을 위한 총수요 증대 정책은 승수 효과가 낮을 뿐 아니라 실현 가능성도 낮기 때문에 설령 그 효과가 나타난다 해도 매우 제한적으로 나타날 수밖에 없는 것으로 인식되고 있다. 현실적으로도 경기 상황과 관계되는 공공 서비스는 주로 중앙정부가 제공하며, 지방정부가 제공하는 공공 서비스는 주로 주민 생활과 직결되는 것들이 지배적인 경향을 보이고 있는바, 이는 위와 같은 상황을 반영한 것으로 이해된다.

4. 종합

한마디로 오츠, 머스그레이브 등의 재정연방주의론적 견해에 의하면, 자원 배분 기능 면에서는 중앙정부가 독자적으로 모든 공공 서비스를 공급하기보다는 연방형 재정 체계를 구축하여 공공 서비스의 유형에 따라 중앙정부와 지방정부가 적절하게 나누어 공공 서비스를 공급하는 것이 전반적으로 사회 후생 수준을 제고시킬 수 있는 것으로 이해되고 있다. 바로 이러한 사실로 인해 경제학적 관점에서 분권이 정당성을 갖는 것으로 받아들여지고 있는 것이다. 그러나 이와 같은 자원 배분 기능과는 달리 소득 재분배 기능과 경제 안정 성장 기능은 중앙정부의 고유한 기능으로 이해되고 있다. 그것은 지역 경제가 갖는 특성으로 인해 지방정부가 두 기능을 원활하게 수행할 수 있는 정책 수단을 온전히 갖고 있지 못하기 때문인 것으로 이해된다.

그러나 물론 그렇다고 해서 지방정부는 자원 배분 기능만을 수행하고 있거나 또는 그러해야 하는 것으로 이해해서는 안 될 것이다. 위에서 제시된 견해는 재정연방주의론의 관점에서 지방정부는 주어진 관할 영역 내에서 주민들의 선호에 부응하는 지역적 서비스를 주민의 부담 하에 공급하는 것이 경제학적 가치에 더 부응한다는 사실을 말해 주는 것에 지나지 않는다. 경제학적 기준에 의하더라도 지역들 사이에 비용이나 편익이 서로 확산되는 경우라든가 중앙정부가 사회적 판단에 근거하여 지역적 공공재의 공급에 상당 부분 개입하는 경우도 있을 수 있다. 뿐만 아니라 자원 배분 기능이 반드시 경제학적 가치 기준에 의해서만 수행되는 것도 아니라는 사실까지 고려하면 정부 간 자원 배분 기능에서도 서로 다른 상황이 전개될 수 있다는 사실을 유념해 둘 필요가 있을 것이다. 마찬가지로 소득 재분배 기능이나 경제 안정 성장 기능도 지방정부가 전혀 수행하지 않고 있거나 또 그래서는 안 된다는 식으로 단정적으로 이해해서는 안 될 것이다. 그것은 그러한 기능 배분의 전제인 자원의 이동성이 완전하지 못할 뿐 아니라 이 또한 순수한 경제적 동기로만 설명되어질 성질의 것이 아닐 수 있기 때문이다. 단지 재정연방주의론의 내용은 소득 재분배 기능이나 경제 안정 성장 기능은 논리적으로나 현실적으로 상급 정부가 보다 더 잘 수행해 낼 수 있다는 사실을 말해 주는 것으로 이해하여야 할 것이다.

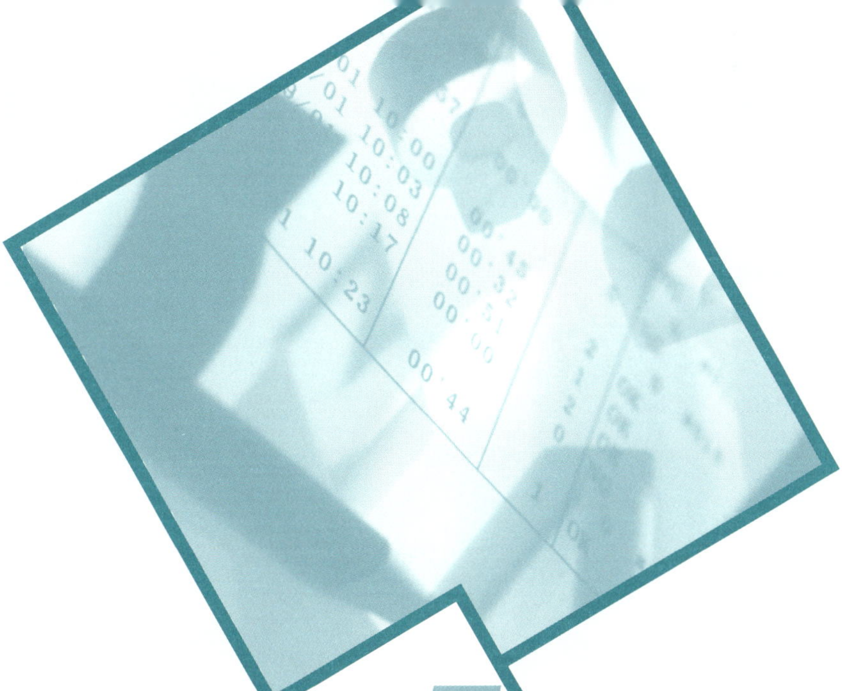

Chapter 5

상황의 변화와 새로운 추세

제1절 전통적 견해의 전제와 상황의 변화

제2절 지방정부 기능의 강화

제3절 평가 및 비판적 견해

5 상황의 변화와 새로운 추세

제5장에서는 앞 장에서 제시하고 있는 전통적 견해의 전제를 재검토하면서 그러한 전제가 현실성을 결여함으로써 현실의 지방정부 기능에 대한 설명력을 결여하고 있음을 밝힌다. 뿐만 아니라 오늘날 세계화와 지방화가 심화되면서 현실에서 지역의 중요성이 커지면서 지방정부에 대한 지역 사회의 요구가 커지고 있음을 밝힌다.

이러한 변화 속에서 전통적으로 중앙정부의 기능으로 간주되어 왔던 소득 재분배 기능과 경제 안정화 기능도 지방정부가 일정 부분 수행할 필요가 있는 것으로 받아들여지고 있으며, 자원 배분 기능면에서도 지방정부가 보다 많은 역할을 수행할 것이 요구되고 있다. 본 장에서는 이렇게 지방정부 기능이 강화되는 모습을 이해하고, 마지막으로 이들에 대한 비판적 견해를 더함으로써 지방정부의 경제적 기능에 대해 체계적으로 이해하고자 한다.

제1절 전통적 견해의 전제와 상황의 변화

1. 전통적 견해의 전제와 현실

지금까지 살펴본 재정연방주의론에 의한 정부 간 기능 배분론은 사회를 일종의 메커니즘으로 보면서 사회 구성원들을 개별적 합리성에 바탕을 두고 경제적 가치에만 몰두하는 합리적 경제인(Homo Economicus)으로 파악한 데 따른 것이다. 말하자면, 모든 지역의 주민이나 지역 사회는 균질적인 것으로 가정하고 있다. 나아가 이러한 가정에 바탕을 두고 생산 요소나 생산물 등 과세 대상은 지역들 사이에서 완전히 이동이 가능한 것으로 전제하고 있다. 그러나 현실적으로 사회는 일종의 유기체로서 모든 지역 주민이나 지역 사회는 균질적인 것이 아니라 지역마다의 자연적, 역사적, 사회 문화적, 경제적인 제 특성에 바탕을 두고 공동체 속에서 경제 활동을 영위해 가는 이질성을 가진 차별적인 경제 주체들이라는 점을 인식하는 것이 중요하다. 나아가 이러한 사실을 고려하면 지역들 사이에서의 이동성도 완전히 자유롭다고는 할 수 없다 할 것이다. 현실적으로는 거주지 변경에 따르는 이동 비용, 직업 이전의 곤란 또는 기타 개인적 속성과 같은 비경제적 요인이 내재되어 있기 때문에 지방정부의 활동으로 인해 초래되는 이동 유인은 절대적인 것이 될 수 없다는 것이다.

더구나 재정연방주의론에서의 위와 같은 결론은 경제 주체의 개별적 합리성에 바탕을 두고 중앙정부와 지방정부도 서로 대등한 관계에 놓여 있다는 전제 하에서 유도된 것이다. 중앙정부와 지방정부가 그처럼 대등한 관계에 놓여 있기 때문에 단순히 경제적 합리성에 의해서 비용과 편익을 계산하여 자원 배분을 서로 나누어 할 수 있는 것으로 전제할 수 있는 것이다. 그러나 정도의 차이는 있더라도 어느 나라나 중앙정부와 지방정부가 동등한 관계에 놓여 있는 것은 아니다. 집권적 성향이 강하거나 지방의 요구나 의지가 약할 때의 기능 배분과 분권적 성향이 강하거나 지방의 요구가 커지는 상황에서의 기능 배분은 달라질 수 있다는 사실도 유념할 필요가 있다. 이런 점을 고려해 보면 재정연방주의론자들이 자원배분 면에서 중앙정부와 지방정부의 기능 배분을 공공 서비스의 물리적 속성에 기인하는 비용과 편익이 미치는 범위에만 근거하여 구분하는 것은 논리적으로도 현실적으로도 바람직하지 아니하다는 사실을 이해하는 것이 중요하다.

2. 현실 상황의 변화와 지역의 중요성 제고

한편, 제2차 세계 대전 후 자본주의 여러 나라는 고도 성장을 구가해 오고 있으며, 더 나아가 1980년대 이래로 세계화와 지방화 과정이 심화되면서 범세계적으로 '지방 분권화'에 대한 요구가 더욱 커지고 있다.

먼저 자본주의 여러 나라에서 고도 성장 과정을 거쳐 전반적으로 소득 수준이 높아지면서 생활 정부로서의 지방정부에 대한 주민들의 각종 요구가 높아지는 경향을 보여 왔다. 이러한 주민들의 요구의 증가는 각 나라마다의 사정에 따라 다소 차이는 있더라도 전반적으로 지방정부의 경제적 기능에도 변화가 요구되기에 이르렀다.

다른 한편, 1980년대 들어 그 간의 극소 전자 혁명(microelectronic revolution)에 힘입어 생산, 유통, 판매 등 경제 활동 전반이 종전의 '소품종 대량 생산 · 대량 소비 체제'로부터 '다품종 소량 생산 · 소량 소비 체제'로 바뀌면서 경제 활동 전반에 유연성이 가속화되기에 이르렀다. 이렇게 보다 유연화된 생산 체제 하에서 시장 논리의 범세계적 확장 과정으로서의 '세계화'(globalization)가 가속화되고 있으며, 그 과정에서 그러한 시장 논리가 국가 영역을 넘어서 지역과 지역이 대면하는 소위 '지방화'(localization) 과정이 더불어 진행되기에 이르렀다. 이렇게 세계화 · 지방화 과정이 진전되면서 세계 경제와 지역 경제의 연계가 강화되고 이에 따라 지역 경제가 세계 경제의 변화에 영향을 받는 경향이 심화되고 있다.[1] 이러한 상황에 직면하여 지역 경제 주체들은 생산과 소비 활동을 포함한 지역 경제 전반의 불안정성을 극복하여 자립적이고 지속 가능한 지역 경제 틀을 마련하기 위한 '지역'의 중요성이 커지고 지방 분권화에 대한 요구가 더욱 커지면서 지방정부의 경제적 기능이 더욱 제고되는 상황이 전개되기에 이르렀다.

한마디로 전통적인 기능 배분 논의에 전제되어 있는 가정의 비현실성뿐만 아니라 제2차 세계대전 이래 지역을 둘러싸고 일어나는 여러 가지 경제 상황의 변화에 직면하여, 한편으로 세계 각국의 지방정부는 지방정부 스스로 관할 지역 경제의 자립적 발전을 향한 정책적 지향이 일어나게 되었으며, 또 한편으로 지역 주민들로서도 그들의 생활 내지 자치 단위로서의 지방정부의 역할을 점점 더 중요하게 인식하게 되었다. 이러한 상황 변화에 부응하여 지방정부에 요구되는 기

1 이와 같이 세계화와 지방화가 동시에 진행되는 작금의 상황을 '세방화'(世方化, glocalization)라고 일컫는 경우도 있으니 참고하기 바란다.

능도 전통적인 기능 배분을 넘어서 더욱 강화되기에 이르렀다. 구체적으로 자원 배분 면에서도 지방정부의 역할이 더 확대되고 있으며, 뿐만 아니라 그 동안 중앙정부의 고유한 역할로 인정되어 있던 소득 재분배 기능과 경제 안정화 기능의 상당 부분이 지방의 몫으로 이양되고 있는 실정이다. 이하에서 그 구체적 내용을 다루고자 한다.

제2절 지방정부 기능의 강화

1. 자원 배분 기능의 제고

자원 배분 기능과 관련해서 전술한 재정연방주의론에서는 "중앙정부는 전국적 공공재를 지방정부는 지역적 공공재"를 공급하는 것이 사회 전체의 경제적 효율성을 제고시키는 데 더 바람직하다는 결론을 유도하고 있다. 그러나 위와 같은 결론은 무엇보다 전술한 바와 같이 개별 경제 주체의 개별적 합리성, 요소나 생산물의 지역들 사이에서의 완전한 이동 가능성, 중앙정부와 지방정부의 대등한 관계 등을 전제로 해서 내려진 결과이었다. 그러나 현실적으로 모든 지역의 주민이나 지역 사회는 균질적인 것이 아니라 지역마다의 자연적 · 역사적 · 사회문화적 · 경제적 특성에 바탕을 두고 경제 활동을 영위해 가는 이질성을 가진 차별적인 경제 주체들이며, 중앙정부와 지방정부도 정도의 차이는 있지만 서로 대등한 관계에 놓여 있지 않다는 사실을 이해하였다. 이러한 점들을 인식하면 전통적인 정부 간 기능 배분의 상황은 달라질 수 있음을 알 수 있다. 종래에 전통적으로 전국적인 공공재로 인식되어 오던 공공 서비스들 중에 상대적으로 지역의 인적 · 자연적 특성에 더 부응할 수 있는 서비스는 지역적인 공공재로 인식되는 것들이 있을 수 있다. 이러한 서비스들에 대해서는 차별적인 형태로 지방정부가 공급할 수 있는 것이다.

더구나 상술한 바와 같이 경제 성장 과정에서 지역 사회의 생산 활동이나 소비 활동 과정에서 지역 밀착형 공적 서비스에 대한 요구가 커져 오고 있을 뿐만 아니라, 세계화와 지방화 과정에서 지역의 중요성이 더 커지면서 지방정부에 대한 공공 서비스의 요구가 더욱 커져 오고 있는 것이 현실이다. 이리하여 자원 배분 기능 면에서 종전의 산술적인 비용 편익의 계산에 의한 정부 간 기능 배분의 틀을 넘어서서 전형적으로 중앙정부의 기능으로 여겨져 왔던 서비스들이 지역 차원에서 행해질 것이 요구되기도 하며, 현실적으로도 많은 부분이 지방의 업무로 넘어가는 경향을 보이고 있다. 가령 지역의 사회 문화적 · 자연적 · 경제적 제 특성의 차별성에 따라 서로 다른 경찰 서비스나 사법 서비스가 요구되기도 하고, 심지어 세계화 과정에서 외교 활동까지도 지방의 업무로 넘어가는 경향을 보이기도 한다. 후자의 경우 국제화 내지 세계화가 심화되어 가면서 특정 지역이 전 세계적 시장 활동의 중심지가 되어가면서 그러한 경제적 거래뿐만 아니라 사회 문화적 교류의 접점으로 부상되기 마련이며, 이에 따라 각국의 지역들이 지역과 지역의 문제를 두고 국제적 회의 현장이 되기도 하고 외교 활동의 현장이 되기도 하는 사례가 급증하기에 이르렀다.

아울러 후술하는 바와 같이 재분배 기능과 경제 안정 성장 기능 면에서 지방정부의 역할이 제고되고 있는바, 이러한 사실도 관점을 달리해 보면 결국 공공 부문과 민간 부문 사이의 분담 방식의 변경으로 해석되기도 한다. 이렇게 보면 오늘날 정부 간 자원 배분 기능의 배분은 새로운 양상을 보이고 있는 것으로 해석될 수 있다.

2. 지방정부의 소득 재분배 기능 수행 가능성

전술한 바에 따르면 전통적으로 소득 재분배 기능은 중앙정부에 의해 주로 수행되는 기능으로 인식되고 있다. 그러나 현실적으로 다음과 같은 여러 가지 이유로 오늘날 소득 재분배 기능은 지방정부에 의해서도 상당 부분 수행되고 있다는 사실을 유념할 필요가 있다.

무엇보다 전통적 견해가 전제하고 있는 지역 간 생산 요소의 이동성이 지역의 특성상 불완전한 경우, 지방정부도 어느 정도 재분배 기능을 수행할 수 있는 경우가 있다. 요소의 이동성은 전적으로 재정적인 요인으로만 주어지는 것이 아니며 개인적 속성이나 역사적 또는 자연적 조건과 같은 비재정적 요인에 따라 달라질 수 있음을 인식할 필요가 있다. 주민이 주거지를 이동하는 데는 비용이 수반되기 때문에 지방정부의 재분배 정책도 상당한 정도 실시될 수 있으며, 장기적으로 지속될 수도 있다. 따라서 지방정부 차원에서도 일정 정도의 재분배 정책은 수행될 수 있는 것으로 이해된다. 더구나 고소득 계층들이 반드시 이기적인 사적 유인에 의해서만 행동하는 것이 아니라 경우에 따라서는 이타적 본능에 따라 행동하는 경우도 있을 수 있는바, 이런 경우 빈자에 대한 보조 프로그램은 일종의 공공 서비스의 형태로 이해될 수도 있다. 또한 고소득 계층들이 지역 차원에서 재분배 프로그램으로부터 편익을 기대할 수 있기 때문에 재분배 정책을 지지할 수도 있다. 말하자면, 소득 불균등이 높아질수록 범죄 발생률이 높아진다고 하면 재분배 정책이 해당 지역에서의 범죄 발생률을 떨어뜨릴 수도 있는 것이다.

나아가 경제 주체들의 본성에 바탕을 둔 이동성과 관련된 설명과는 차원을 달리하여 전술한 바와 같이 고도 성장 과정을 거쳐 소득 수준이 높아지면서 지역사회의 복지 서비스에 대한 요구도 더 다양해지는 경향을 보이고 있다는 점을 지적할 필요가 있다. 말하자면, 지방정부의 재분배 기능이 각 지역의 특성에 맞는 문화나 생활 환경, 기타 각종 생활 관련 서비스를 제공함으로써 궁극적으로 재분배 효과를 높이는 복지 활동까지를 포함하기에 이르렀다. 구체적으로 다양한 지역적 특성에 맞는 교육 서비스와 사회 교육 여건의 조성, 시영 주택 서비스, 가족 생활 지원 등 민생 안정을 위한 각종 서비스의 제공을 들 수 있다. 이러한 생활 밀착형 공공 서비스의 공급은 집권적 중앙정부의 획일적인 제도에 의해 공급되는 것보다 주민과 밀착되어 있는 지방정부가 공급하는 것이 실질적인 재분배 효과를 제고시킬 수 있다. 그런데 이와 같은 지역 밀착형 복지 서비스는 모든 지역의 생활상의 요구가 동질적인 것이 아니기 때문에 단순한 소득 이전 활동의 차원을 넘어서 현물 서비스의 공급 등을 포함하는 보다 다양한 형태로 행해질 수 있다는 사실을 유념할 필요가 있다. 이 문제는 개념적으로 '전국적 최저 생활 수준'과 '지역적 최저 생활 수준'의 차별성으로 설명되기도 한다. 소위 '전국적 최저 생활 수준'(national minimum)의 공급은 "인간다운 생활을 할 수 있는 국민의 최저 생활 수준을 보장하는 데 필요한 전국적으로 동일한 유형과 수준의 서비스"[2]를 제공하는 것을 내용으로 하기 때문에, 중앙정부의 기능으로 인식되고 있다. 그러나 '지역적 최저 생활 수준'(local minimum)의 공급은 "특정 지역 내에서 다른 주민들과 더불어 생활할 때 요구되는 최저 생활 수준을 보장하는 데 필요한 지역적으로 서로 다른 유형과 수준의 서비스"를 제공하는 것을 내용으로 하는 것이기 때문에 이러한 차원의 재분배 기능은 지방정부의 기능으로 인식된다. 이렇게 보면 소득 수준의 향상과 세계화 내지 지방화 과정 속에서 전통적인 '전국적 최저 생활 수준' 못지않게 '지역적 최저 생활 수준'의 보장이 더 중요해지고 있는 것으로 볼 수 있다.

그런데 이와 같은 지역 중심적인 복지 활동 내지 지방정부의 재분배 역할에 대한 요구는, 전술한 바와 같이 세계화 · 지방화 과정에서 개방의 정도가 심해지고 지역 경제의 불안정성이 심화되고 지역의 중요성이 높아짐에 따라 더욱 커지는 양상을 보이게 된다. 한마디로 지역이 경제 활동의 주된 무대가 되고 있는 오늘날의 세계적인 상황에서, 재분배 측면에서도 전국적 단위의 중앙정부에 의한 단순한 소득의 이전보다 지역 주도적인 지방정부에 의해 개인별 특성 또는 지역적 특성을 담아 내는 지역 복지 정책 내지 지역 재분배 정책이 지방정부에 의해 수행될 필요성은 더욱 심화되고 있다 할 것이다.

3. 지방정부의 경제 안정 성장 기능 수행 가능성

전통적인 견해에 의하면 재분배 기능과 마찬가지로 경제 안정 성장 기능도 주로 중앙정부에 부여된 기능으로 인식되고 있다. 그러나 지역이 갖는 특수성으로 인해 지방정부도 관할 지역의 경제를 자극하는 데 일정한 역할을 수행할 수도 있다.

무엇보다 전술한 바와 같이 지역들 사이에 요소뿐만 아니라 생산물의 이동

2 이 개념은 '국민적 최저 생활 수준'이라 일컫기도 한다.

도 온전히 자유롭지 못한 경우가 있을 수 있다. 그리되면 특정 지방정부의 총수요 자극 효과가 다른 지역으로 누출되는 것을 억제할 수 있게 된다. 이런 경우는 지방정부도 어느 정도 안정화 정책을 수행할 여지를 갖게 된다. 특히, 지역의 자연적 내지 산업적 조건이 다른 지역의 것과 다른, 지역 연고의 토착 기업 또는 산업 활동이 있는 경우는 그 효과가 쉽게 다른 지역으로 누출되지 못한 경우가 많아서 해당 지방정부의 정책 효과가 관할 지역 내에서 크게 나타날 수도 있다는 사실을 유념할 필요가 있다.

더구나 종전과 같이 산업의 특성이 소품종 대량 생산 체제가 지배적이었을 때에는 중앙정부에 의한 종합적인 경제 안정화 정책이 적합하였으나, 오늘날과 같이 생산 체제가 다품종 소량 생산 체제로 탈바꿈하면서 세계화와 지방화가 진행되고 심화됨에 따라 지역 경제의 불안정성과 불확실성이 더욱 심화되고 있는 상황에서는 지방정부가 지역적 특성에 기반을 둔 지역 고용 내지 지역 산업 정책을 실시하는 것이 오히려 보다 적극적으로 받아들여지게 되었다. 말하자면, 오늘날과 같은 지방화 시대에는 종전과 같은 중앙정부 차원의 거시적인 안정화 정책보다 비교적 소규모인 지방정부 차원에서 지역 밀착적이며 유연한 생산 체제에 적합한 지역에 기반을 둔 중소기업들 중심의 지역 고용 정책 내지 지역 산업 정책을 수행하는 것이 보다 적절할 수 있다.

뿐만 아니라 금융 정책적 측면에서 보더라도 지방정부도 어느 정도 해당 지역의 금융 시장을 조절할 수 있어서 금융 정책을 수행할 여지가 없는 것도 아니다. 말하자면, 지역 기반의 은행이나 기타 금융 기관을 활성화한다든가 지역 공공 금융 기관을 만들어 지방정부 공신용 정책의 기반을 확충함으로써 지방정부의 대출원(貸出源)으로 활용하거나 지방채 인수 창구로 활용함으로써 금융 정책의 여지를 넓힐 수도 있음을 유념할 필요가 있다.

더 나아가 경제 안정 성장 정책이라는 것이 반드시 총수요 관리를 통해서만 이루어지는 것이 아니라 경우에 따라서는 공급 요인에 영향을 미침으로써도 달성될 수 있다는 사실을 숙고할 필요가 있다. 이러한 사실을 고려하면, 비록 수요 측면에서는 지방정부가 수행할 수 있는 정책의 여지가 크지 않는 경우에도 지역 기반의 중소기업의 활동을 지원 · 촉진하여 공급 측면에 영향을 줌으로써 지역 경제 발전에 적극적인 역할을 수행할 수도 있음을 인식할 필요가 있다.

제3절 평가 및 비판적 견해

1. 평가

많은 경우 정부 간 기능의 배분은 주로 효율성이라든가 후생 수준과 같은 경제적 고려에 바탕을 두고 제시되는 것이 일반적이다. 그러나 현실적으로 정부 간 기능의 배분은 그와 같은 단순한 경제적 고려를 넘어서서 한 나라 안에서의 자연적 조건이나 역사적, 사회 문화적, 경제적인 제 측면에서 지역이 갖고 있는 특성, 나아가 다른 나라들과의 경제적 관계의 변화 추세 등에 의해서도 크게 영향을 받고 있다는 사실을 유념할 필요가 있다. 후자의 요인들로 인해 경제적 고려를 하는 경우에도 단순히 양적인 차원에서만 지역 문제를 다룰 것이 아니라 지역 간의 차별성을 고려한 질적인 차원에서 다루는 것이 보다 바람직하다고 말할 수 있다.

이러한 사실을 인정하면 정부 간 기능 배분을 논함에 있어서 경제적 요인뿐만 아니라 지역 주민들의 생산 활동이나 소비 활동에 영향을 미치는 자연적 조건이나 역사적, 사회 문화적인 제 요인까지를 고려한 보다 포괄적인 고려가 필요하다는 사실을 알 수 있다. 이렇게 지역 문제 인식의 범위를 넓혀 보면, 지방정부의 기능에 있어서도 재정연방주의에서 제시하는 자원 배분 기능도 확대될 필요가 있으며, 나아가 전통적인 중앙정부의 기능으로 간주되어 오던 소득 재분배 기능이나 경제 안정 성장 기능으로까지 지방정부가 수행할 수 있거나 수행해야 할 기능이 상당 부분 확대될 수 있다는 사실을 알 수 있다.

2. 비판적 견해

지금까지 논의는 정부 간 기능 배분에 대한 소위 재정연방주의론적 견해로서, 이러한 견해는 주민들의 개별적 합리성에 바탕을 둔 근대 경제학적 설명이었다. 그러나 이러한 근대 경제학적 견해를 넘어서면 또 다른 설명들이 제시되고 있음을 유념할 필요가 있다. 그 중에서 대표적인 것으로는 사회 문제 설명에서 개별적 합리성이 아니라 사회적 합리성을 강조하는 정치경제학적 논자들의 견해가 있다.[3] 이들은 국가(정부) 활동의 주된 목적을 자본주의적 질서를 유지 · 보강하는 데서 찾고 있다. 구체적으로 국가 권력은 한편으로는 자본주의적 발전 과정에서 나타나는 계층 내지 계급 간의 갈등을 완화해 가면서 자본주의 질서를 유지하는 기능을 수행하며, 다른 한편으로는 이윤율 저하 경향을 억제하고 보완해서 자본 축적을 촉진시켜 궁극적으로 자본주의적 발전을 확대시켜 가는 기능을 수행하는 것으로 이해하고 있다. 이러한 입장에서 정부 간 기능 배분에 대해서는 그 중에서 계층 내지 계급 간의 갈등을 완화시키면서 사회적 안정을 유지하는 기능과 도로, 항만, 철도 등 물적 사회 자본과 고등교육, 과학 기술 등 인적 사회 자본과 같은 전국적인 사회 자본의 형성을 통해 자본 축적을 지원하는 기능은 중앙정부가 맡는 것으로 보고 있다. 한편, 교육, 보건, 의료 서비스 등을 제공해서 기업이 지불하는 임금(노동력의 재생산비)을 떨어뜨려 기업의 이윤율 저하를 막아 주는 역할을 통해 자본 축적을 보완하는 기능은 지방정부가 담당하는 것으로 파악하고 있다. 물론 정치경제학적 논자들이 이와 같이 정부 간 기능 배분의 틀을 제시하고는 있지만, 자본주의적 발전 과정에서 지방정부의 기능은 중앙정부의 기능에 의해 압도됨으로써 지방정부는 자연적으로 중앙정부에 비해 열등한 지위를 가지게 되는 것으로 파악하고 있다.

그 과정을 보면, 지방에서 경제적 이익을 누리고 있는 기업인은 지방의 정치와 지역 경제 범주 내의 자본가 계급의 지배적 계층을 형성하며, 나아가 그러한 지역 자본가는 흔히 지역 차원을 벗어나 종종 전국적 차원에까지 이름으로써 중

3 이하 서술 내용은 우명동(2001), pp. 31-35의 내용을 수정 · 보완한 것이다.

앙정부 내의 특수한 자본 이익의 구조를 강화시킨다. 결국 지역적 또는 전국적 자본들은 각각 또는 그들 사이의 동맹에 의해 직접 또는 간접적으로 지방정부를 지배하게 된다. 이러한 경제적 토대와 정치의 상관성의 바탕 위에 결국 재정연방주의가 도전을 받고 분권화가 위축될 것으로 파악하고 있다. 즉, 독점 자본가 집단과 중앙정부는 지방의 각종 사무에 있어서 중앙 권력을 증가시키고 점차적으로 지방정부를 무력화시키기 위해 노력하는 것으로 파악하고 있다. 결국 지역 주민들의 경제적 본성을 개별적 본성의 관점에서 파악할 것인지 아니면 사회적 본성을 고려할 것인지에 따라서, 나아가서 지역 사회를 구성하는 사회 경제 구조, 즉 지역 사회의 경제적 · 정치적 세력 관계에 따라서 지방정부의 기능에 대한 현실적 · 당위적 위상에 대한 견해가 달라질 수 있다는 사실을 유념할 필요가 있다.

제3부

지방세출

정부 세출 활동의 본질은 '공공재 내지 공공 서비스의 공급'을 통해 국민들의 후생 수준을 제고시키는 데 있다. 그런데 경제학적 관점에서는 후생을 '효율성'에 초점을 맞추어 파악하고 있다. 따라서 정부 세출에 대한 논의의 기준은 주로 '효율성'에 두어지고 있다. 이러한 맥락에서 정부 세출에 대한 논의는 이론적으로는 공공재를 어떻게 하면 효율적으로 공급할 수 있는지 여부를 따지며, 현실적으로는 정부의 경비 팽창 현상과 그 이면에 내재해 있는 법칙성을 찾아내고자 하는 논의와 효율성에 바탕을 두고 현실의 세출 활동을 분석하는 여러 논의가 이루어지고 있다.

이러한 논의의 핵심은 중앙정부의 경우와 지방정부의 경우에 차이가 없다. 단지, 중앙정부는 전국을 대상으로 하는 전국적 공공재 내지 공공 서비스를 공급하고, 지방정부는 특정 지방정부 관할 영역을 대상으로 하는 지역 공공재 내지 공공 서비스를 한다는 점을 달리한다. 이러한 차이로 인해 구체적인 내용에서도 차별성을 드러내게 되는바, 구체적인 내용은 후술한다.*)

* 제3부 내용은 우명동(2001), pp. 77-116, 273-289의 내용을 가독성을 높이기 위해 수정·보완한 것임을 밝혀 둔다.

Chapter 6

지방 경비 규모에 대한 이론적 논의

6

지방 경비 규모에 대한 이론적 논의

경제학적 관점에서 정부 세출에 대한 이론적 논의는 주로 정부가 어떻게 하면 국민들에게 공공 서비스를 효율적으로 제공할 수 있는지에 대한 문제를 다룬다. 지방정부의 세출을 다루는 경우에도 이와 맥락을 같이한다. 그러나 지방정부의 세출을 다루는 경우에는 중앙정부의 경우와는 논점을 달리하는 측면이 있다. 중앙정부의 경우에는 특정 공공재를 어떻게 하면 효율적으로 공급할 수 있는지의 문제를 다룬다.[1] 그러나 지방세출을 다루는 경우에는 어떤 단계의 정부가 어떠한 공공재를 보다 효율적으로 공급할 수 있는지에 초점을 맞춘다.

이 문제에 대해서 앞에서 이미 일정한 가정을 전제로 '분권화 정리'에서 다룬 바 있다. 요약컨대, '분권화 정리'에서는 자원의 이동성이 없고 또 특정 공공 서비스를 중앙정부가 공급하는 경우나 지방정부가 공급하는 경우 비용이 동일하게 소요된다면, 그 공공 서비스는 지방정부가 공급하는 것이 더 효율적이라는 사실을 말해 주고 있었다. 이제 여기서는 앞에서 다룬 분권화 정리에 이어 가정을 완화해 가면서 지방정부의 효율적 공공 서비스 공급에 대한 논의를 이어간다. 구체적으로 여기서는 '규모의 경제'가 있는 경우를 상정하여 특정 공공 서비스의 공급을 위한 최적 정부 단계의 문제를 다루고, 이어서 '자원의 이동성'을 전제로 한 '티부 모형'(Tiebout model), 즉 '발에 의한 투표'(voting by feet) 모형에 대해 설명한다.

1 주지하다시피 전국적인 공공재를 효율적으로 공급하는 조건, 즉 파레토 효율 조건은 $\Sigma MB_i = MC$(단, 여기서 i는 개별 사회 구성원)와 같이 나타난다.

제 1 절 최적 정부 규모(단계) 이론

여러 단계의 정부로 구성된 정부 체제 하에서 공공재의 효율적 공급 문제를 다루는 경우에는 다음과 같은 물음에 직면하게 된다. 공공재를 효율적으로 공급하기 위해서는 집권적으로 공급하는 것이 좋을까 분권적으로 공급하는 것이 좋을까? 만약에 분권적으로 공급하는 것이 좋다고 하면 어째서 공공재를 효율적으로 공급하기 위해서는 다단계의 정부 구조가 요구되는 것일까? 도대체 공공재를 효율적으로 공급하기 위해서는 정부 간 재정 구조를 어떻게 구성하는 것이 좋은 것일까?

이러한 물음에 답하기 위해서 이하에서는 최적 정부 규모(단계)라는 것이 존재하는지, 존재한다면 어떻게 최적 정부 규모(단계)를 이루어 낼 수 있을지에 대해 이해해 보기로 한다.

1. 가정

서로 다른 지리적 영역을 관할하는 각 단계의 정부는 편익 귀착의 공간적 제약성으로 인해 서로 다른 다양한 서비스를 공급하게 되며, 이때 각 단계 정부는 해당 지역 내에서 편익을 받는 주민들로부터 해당 서비스의 공급 비용을 조달하는 형태를 취하게 된다. 이러한 상황에서 최적 정부 규모는 어떻게 찾아낼 수 있을까? 이러한 질문에 대한 답을 찾기 위한 논리 전개를 위해 먼저 다음과 같은 가정을 설정한다.

첫째, 주민의 수는 주어져 있으며, 특정 지리적 영역에 정착해 있다.

둘째, 정부를 구성하고 운영하는 데 비용이 들어가지 않는다.

셋째, 공적으로 공급되는 모든 재화 또는 서비스는 비경합성을 갖는 순수 공공재이다. 단, 각각의 공공재는 그 편익이 미치는 공간적 편익을 달리한다. 그리고 편익을 공유하는 사람들의 집단은 특정 지역의 주민에 국한된다.

넷째, 개개인들은 그들의 주거지 선택을 재정적인 고려에 의해서만 결정한다. 물론 현실의 서로 다른 단계의 정부의 크기는 이와 같은 가정과는 달리 경제적(재정적) 요인뿐만 아니라 자연적 · 역사적 · 정치적 · 사회 문화적 제 요인에 의해 영향을 받을 것임에 틀림없다. 그러나 경제학적 접근에서는 오로지 경제적 요인에 의해서만 결정된다고 가정을 하고 있음을 유념할 필요가 있다.

2. 최적 정부 규모의 도출과 성격

위와 같은 가정 하에서 우리가 관심을 갖는 것은 특정 서비스를 공급함에 있어서 어느 정도의 주민(집단)들이 공동으로 소비하는 것이 사회 전체적으로 순편익이 가장 커질 수 있을까 하는 점이다. 여기서 사회적인 순편익은 주민들에게 특정 서비스를 공급하는 과정에서 얻어지는 편익과 그 과정에 소요되는 비용으로부터 계산해 낼 수 있으며, 그와 같은 사회적인 순편익을 가장 크게 해주는 주민의 규모가 최적 주민의 수(집단의 규모)가 되며, 그러한 최적 주민 집단을 관할하는 정부 규모를 최적 정부 규모로 파악한다.

Max. $NB(n)=B(n)-C(n)$.

여기서, NB: 공동 소비로부터 얻어지는 총순편익

B: 편익

C: 비용

n: 공동 소비하는 인구의 수

이렇게 보면 결국 문제는 특정 공공 서비스를 집단적으로 소비하는 주민들의 최적 규모를 결정하는 문제가 될 것이다. 이 문제를 결정하기 위해서는 다음과 같은 두 측면을 고려하여야 한다.

(1) 편익 측면(비용 절약의 효과)

특정 서비스를 공동으로 소비하게 되면 개별 주민들은 더욱 저렴하게 해당 서비스를 수요할 수 있게 된다. 말하자면, 해당 공공 서비스를 소비하는 과정에

그림 6-1 **최적 지방정부 규모**

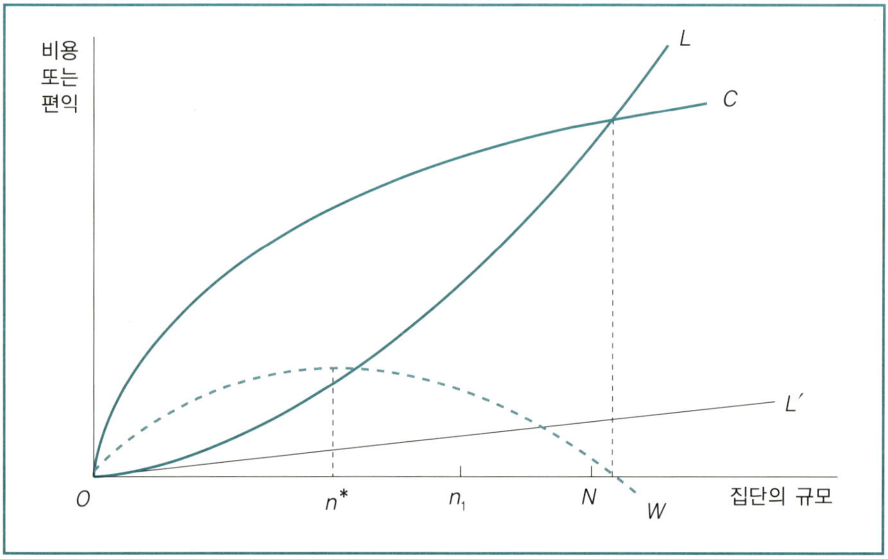

주: OC: 규모의 경제로 인한 비용 절약 곡선
OL: 선호의 차이로 인한 후생 손실 곡선
$OW=OC-OL$: 순후생 증가분 곡선
자료: W. E. Oates(1972), p. 39.

'규모의 경제'가 작용하게 된다는 점이다. 이렇게 집단의 규모가 커감에 따라 규모의 경제로부터 비용이 절약되면서 사회적 편익이 늘어나게 된다. 〈그림 6-1〉의 OC 곡선은 특정 공공 서비스를 공동으로 소비하는 사람들의 수가 늘어남에 따라 절약되는 비용으로 인한 편익을 나타낸다.

먼저 점 O는 하나의 개인이 자신이 원하는 공공 서비스를 마치 민간재처럼 구매하는 경우를 나타낸다. 이 경우에 해당 개인은 해당 공공 서비스의 모든 비용을 혼자서 부담해야 하기 때문에 집단 소비로 인해 절약할 수 있는 편익이 전혀 없다. 이제 횡축을 따라 오른쪽으로 갈수록 특정 서비스를 수요하는 사람의 수가 점점 많아지게 되며, 갈수록 1인당 부담하게 되는 비용은 점점 줄어들게 된다. 결국 사람들은 해당 서비스를 공동으로 소비함으로써 줄어든 비용으로 인한 편익을 더 보게 되며, 그것은 공동 소비하는 사람의 수가 많아질수록 점점 더 커진다는 사실을 알 수 있다.

순수 공공재를 가정하면 특정 공공 서비스 공급을 위한 1인당 비용은 $\frac{K}{n}$가 될 것이다(여기서 K는 총비용, n은 공동 소비하는 주민들의 규모를 나타낸다). 이렇게 보면 점 O에서는 한 사람이 모든 비용을 부담하며, 두 사람이 공동 소비하는 경우는 $\frac{K}{2}$, 세 사람이 공동 소비하는 경우는 $\frac{K}{3}$를 부담하게 된다. 집단의 규모가 커질수록 1인당 비용 절약분은 점점 더 적어진다. 다시 말하면, 비용 절약의 한계 증가분은 점점 더 적어진다. 이 경우에도 총비용 절약분이 더 커지고 있음은 물론이다.[2] 그래서 우리는 OC 곡선은 처음에 집단의 규모가 작을 때에는 해당 서비스에 대한 공동 수요자가 늘어남에 따라 1인당 비용 절약액이 커서 경사가 가파르지만, 집단의 규모가 커지게 되면 공동 수요자가 늘어남에 따라 1인당 비용 절약의 정도가 점점 작아져서 OC 곡선의 곡도도 점점 완만해지게 됨을 알 수 있다.

(2) 비용 측면(선호 차이로 인한 효과)

그러나 다른 한편으로는 집단의 규모가 점점 커감에 따라 개별 주민의 차별적 선호를 충족시켜 주지 못하는 데 따른 손실이 발생함으로써 위와 같은 비용 절약 면에서 나타나는 편익을 상쇄시키는 작용이 나타나게 된다. 특정 집단에 속하는 개개인들은 동일한 수준의 특정 공공 서비스를 수요하게 된다. 이 경우 해당 공공 서비스의 공급 수준은 그 집단 속에 있는 모든 개개인들이 다 같이 만족하는 수준일 수는 없다. 결국 이 경우 개개인들이 원하는 수준과 집단적으로 공급되는 수준의 괴리로 인해 개개인들의 후생 손실이 나타나게 된다.

그런데 이러한 후생 손실은 집단(n)의 규모가 커감에 따라 점점 더 커지게 될 것이다. 그것은 집단의 규모가 커감에 따라 개개인들이 원하는 공공 서비스의 수준과 실제로 공급되는 서비스 수준과의 괴리가 점점 더 커질 것이기 때문이다. 이러한 손실은 〈그림 6-1〉의 OL 곡선으로 설명할 수 있다. 점 O는 하나의 개인이 해당 공공 서비스의 수준을 결정하는 점이기 때문에 현실적으로 공급되는 서비스가 곧바로 자신이 원하는 서비스 수준이기 때문에 그 괴리로 인한 후생 손실은 존재하지 않는다. 그러나 횡축을 따라 공동으로 소비하는 사람의 수가 커지면 특

2 이러한 사실은 미분을 통해서도 알 수 있다. $\frac{K}{n}$를 n에 대해 미분하면 $-Kn^{-2}$이 됨을 알 수 있는바, 이 값은 음의 수치를 가짐으로써 n이 커감에 따라 1인당 비용 $\frac{K}{n}$값이 점점 작아진다는 사실을 나타내 준다.

정 개인은 해당 공공 서비스를 보다 많은 사람들과 같이 소비해야 한다. 그렇게 되면 특정 개인 입장에서는 자신이 원하는 수준과 집단적으로 결정되는 수준 사이의 괴리가 점점 더 커지게 된다. 따라서 *OL* 곡선의 기울기는 갈수록 더 경사가 급한 형태를 취하게 된다.

(3) 최적 정부 규모

위의 편익 측면과 비용 측면을 보면 특정 공공 서비스를 공급하는 최적 집단의 규모, 즉 최적 정부 규모를 결정하는 문제는 집단의 규모가 커짐에 따라 공동 소비로부터 얻어지는 비용 절감의 효과와 공동 소비로 인해 줄어드는 선호 괴리로 나타나는 후생 수준의 감소 효과 사이에 서로 경합적인 관계가 있음을 알 수 있다.

결국 특정 공공 서비스 공급을 위한 최적 집단의 규모는 집단의 크기에 따라 실현된 비용 절약의 (편익) 효과와 공급되는 공공 서비스에 대한 불만족으로 인한 후생 손실이라는 비용 효과의 차이, 즉 순편익이 극대가 되는 점에서 실현될 것이다. 〈그림 6-1〉의 점선 *OW*는 *OC* 곡선의 높이(수직값)로부터 *OL* 곡선의 높이(수직값)를 뺀 크기로서, 주어진 각 집단의 규모에서 발생하는 비용 절감 효과와 후생 손실 효과의 차이를 나타낸다. 그림을 보면 *OW*값은 집단의 규모 n^*에서 극대값을 가지며, 이 점은 해당 재화를 소비하는 최적 집단의 규모를 나타낸다.

어떤 경우는 n이 커감에 따라 *OC*와 *OL*의 갭이 계속 늘어나는 경우도 가능하다. *OL*이 선형으로 늘어나는 *OL'*과 같이 나타나는 경우를 상정해 보자. 그러면 *OC*와 *OL'*사이에서 유도되는 *OW*는 관계되는 전 구간에서 양의 기울기를 가지게 되며, 그렇게 되면 집단의 최적 규모는 *N*, 즉 사회 전체가 될 것이다. 한편, 이와는 반대로 원점 오른쪽 모든 점에서 *OL*이 *OC*보다 위에 나타나는 경우를 상정해 보면, 개인적 지출에 의해 사적으로 해당 서비스를 소비하는 쪽이 공동 소비하는 경우보다 더 나은 것으로 나타나는 것을 알 수 있다.

이제 이러한 상황을 좀더 일반화시켜 보면, 주민들 사이에 선호의 차이가 크면 클수록 집단의 규모가 커감에 따른 손실 곡선 *OL*은 점점 더 상향 이동하게 될 것이며, 그리되면 최적 집단의 규모는 점점 더 작아지며, 선호의 차이가 작을수록 손실 곡선이 낮아져서 최적 집단의 규모가 점점 더 커진다는 것을 알 수 있다. 한편, 규모에 대한 보수가 크면 클수록 규모 증가에 따란 비용 절약분, 즉 편익이 점점 높아지고 그렇게 되면 최적 집단의 규모가 점점 더 커지며, 규모에 대한 보수가 작아지면 편익 곡선이 낮아져서 최적 집단 규모는 점점 작아진다는 사실을 알 수 있다. 이와 같이 최적 집단의 규모, 즉 최적 정부 규모는 주민들의 선호의 이질성 여부와 규모의 경제의 크기에 따라 서로 다르게 나타난다는 사실을 유념할 필요가 있다.

3. 평가

그러나 최적 정부 규모를 설명하는 위와 같은 모형은 현실의 상황을 고려해 볼 때 지나친 단순화의 오류를 안고 있는 것으로 이해된다. 현실적 상황을 이해하기 위해서는 다음과 같은 몇 가지 사항들을 추가적으로 더 고려할 필요가 있다.

(1) 서로 다른 서비스들의 군집화 필요성

이론적 측면에서 위의 모델은 많은 시사점을 주는 것은 사실이다. 그러나 현실에서 특정 서비스의 편익과 비용 귀착의 영역은 서비스의 종류에 따라 다를 수 있다. 이 경우 위의 모델에 따르면 서로 다른 서비스들마다 서로 다른 관할 영역을 관리하는 정부를 만들어 주어야 한다. 그러나 이렇게 서로 다른 서비스를 공급하는 서로 다른 정부를 구성하는 것은 비용이 많이 들 뿐만 아니라 현실적으로 복잡한 문제를 발생시키게 됨은 물론이다.

그러나 이 경우 최적 규모 면에서 꼭 같지는 않더라도 유사한 성격을 갖는 공공 서비스들을 묶어서, 즉 군집화(clustering)하여 적정 관할 정부에 할당시켜 주면 최적해에 이르지는 못하더라도 상대적으로 높은 효율성을 달성할 수는 있게 된다. 이 경우 복잡한 정부 구조를 만드는 데 들어가는 비용까지 고려하면 오히려 더 효율적인 해를 구해 낼 수도 있을 것이다. 〈그림 6-2〉의 왼편 그림은 서로 다른 최적 집단의 규모를 요구하는 *A*에서 *F*에 이르는 다양한 공공 서비스를 보여 주고 있다. 이제 이들을 유사한 최적 규모를 요구하는 서비스들끼리 묶어서 세 집

그림 6-2 공공 서비스의 군집화

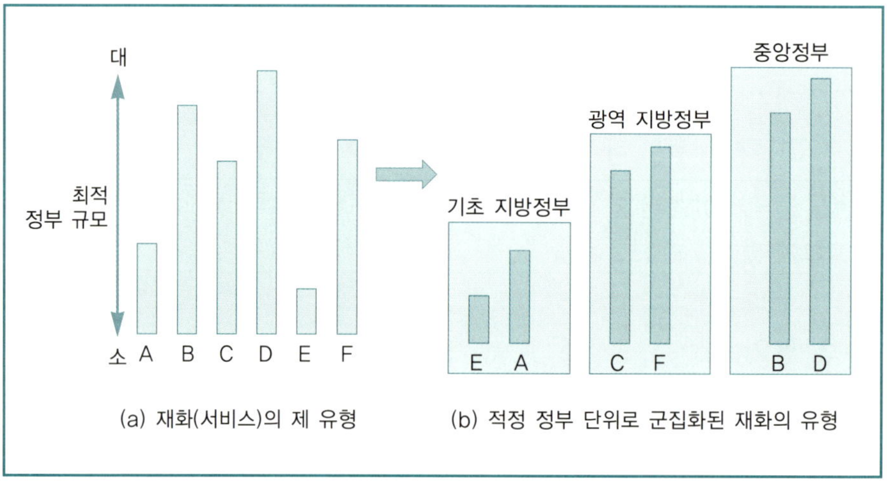

주: A: 쓰레기 처리, B: 이민 관리, C: 지방도로, D: 국방, E: 가로등, F: 교육.
자료: W. Voorhees(2005), p. 97.

단을 군집화해 보자. 예를 들어, 쓰레기 처리 서비스와 가로등 서비스를 최소 단위의 집단(정부) 규모로, 지방도로와 교육을 중간 단위의 집단(정부) 규모로, 그리고 이민 관리 서비스와 국방 서비스를 가장 큰 단위의 집단(정부) 규모로 군집화해 보자. 여기서 최소 단위의 집단을 관할하는 정부를 기초 지방정부로, 중간 단위의 집단을 관할하는 정부를 광역 지방정부로, 그리고 가장 큰 단위의 집단을 관할하는 정부를 중앙정부로 구분지을 수 있다. 물론 이러한 군집화는 자의성을 띠고 있는 것은 사실이나 충분히 현실성을 갖는 구분이라 할 수 있을 것이다.

(2) 다른 문제들

한편, 앞에서 설명한 모형은 자원 배분의 효율성에 초점을 맞추고 있어서 공평성에 대한 고려가 빠져 있다. 가난한 개인들이나 가난한 지방정부들은 그들이 가난하지 않았다면 얼마든지 더 지불할 용의가 있었을 것임에도 불구하고 그러한 능력이 되지 못하기 때문에 서비스 공급 비용을 지불하지 못하는 경우가 있을 수 있다. 이러한 문제는 지방세의 구조와 정부 간 재정 이전 등과 관련해서 추후 논의하고자 한다.

이 밖에도 위의 모형에 의한 설명에는 또 다른 차원의 문제점이 제기될 수 있다. 먼저 특정 주민 집단의 공공재 소비 과정에서 긍정적 또는 부정적 '확산 효과'(spill over effect)[3]가 발생하면 앞의 설명에서의 *OC* 곡선과 *OL* 곡선의 높이가 달라져서 최적 집단의 규모가 달라질 수 있다. 뿐만 아니라 앞의 논의에서는 모든 공공재에 대해 최적 공급을 위한 특정 단계의 정부가 존재할 수 있다는 사실이 전제되어 있었다. 그러나 공공재마다 해당 공공재의 최적 공급을 위한 별도의 정부를 만들어 내는 것은 현실적으로는 불가능하거나, 가능하다 하더라도 공공재마다 별도의 정부를 만들어 운영하는 데 소요되는 비용까지 고려하면 정부 단계를 줄여서 정부 운영에 따르는 집단적 의사 결정 비용을 줄이고자 하는 유인이 나타나게 될 것이다. 뿐만 아니라 위의 모형은 개개인들의 주거가 고정되어 있다고 가정하였으나 한 나라 안의 지역들 사이에는 개개인들의 이동이 자유롭다는 사실도 고려에 넣어야 할 것이다. 이러한 점에 대해서도 추후 논의가 이어진다.

제2절 티부 모형

우리는 앞에서 '분권화 정리'에 이어 '최적 정부 규모 이론'을 설명하면서 공공 서비스를 중앙정부가 전적으로 공급하기보다는 중앙정부와 지방정부가 나누어 공급하는 것이 사회 전체적으로 효율성이 더 높아질 수 있음을 보였다. 말하자면, 공공 서비스를 분권적으로 공급할 때 효율성으로 측정되는 사회 후생 수준이 더 제고될 수 있음을 보였다. 구체적으로 '분권화 정리'는 자원의 이동성이 없고 규모의 경제도 없는 경우에 분권화를 통해 보다 효율적인 공공 서비스의 공급이 이루어질 수 있음을 보여 주었으며, 이어 '최적 정부 규모 이론'은 자원의 이

3 여기서 '확산(spill over) 효과'는 민간 부문에서 발생하는 '외부(externality) 효과'에 해당하는 현상을 지칭한다.

동성은 여전히 없는 상황을 전제로 하고 있으나 규모의 경제가 작동하는 경우에도 공공 서비스를 모두 집권적으로 공급하기보다는 공공 서비스의 유형에 따라 분권적으로 공급할 때 사회적 효율성이 더욱 커질 수 있음을 보여 주었다.

그러나 이제 여기서는 이 두 이론과 달리 지역 간에 자원이 완전히 이동 가능하고 규모의 경제도 존재하는 경우에 공공 서비스의 분권적 공급의 이익이 어떻게 나타나는지를 검토하고자 한다. 이 설명은 전통적인 '티부 모형'(Tiebout model)에 의해 설명되고 있다.[4)]

1. 가정

티부 모형은 다음과 같은 엄격한 가정을 전제로 해서 최적 지방정부 규모 문제를 설명하고 있다. 아래에 제시되는 모든 가정들이 티부 모형의 균형을 유도하기 위해서 반드시 필요한 것들이지만, 특히 이 모형은 앞에서 다룬 다른 모형들에 비추어 볼 때 무엇보다 개개인들이 지역들 사이에서 완전히 이동 가능하다는 가정을 하고 있다는 사실을 유념할 필요가 있다. 이제 구체적으로 이 모형에서 전제되어 있는 가정을 살펴보자.

첫째, 모든 개인은 완전히 이동 가능하다. 그 과정에서 취업상 이유에 의한 어떠한 이동의 제한도 없음을 전제로 하고 있다.

둘째, 정부가 공공 서비스를 공급하는 데 공공 서비스 공급 비용 이외의 어떠한 비용도 발생하지 않으며, 지역들 사이에 어떠한 외부 경제나 외부 불경제도 발생하지 않는다.

셋째, 개인들은 각 정부의 공공 서비스와 조세 부담에 관한 정보를 완전하게 가지고 있다.

넷째, 개개인들이 자신들의 수요에 부응하는 공공 서비스를 공급하는 정부를 발견할 수 있을 만큼 충분히 많은 서로 다른 정부들이 존재한다.

4 본문에서는 전통적 설명 방법으로 가정을 먼저 제시하고 이어 이 모형의 균형과 그 성격을 설명하고 있으나, 경우에 따라서는 가정을 나중에 읽는 것이 이해도의 제고에 도움이 될 수 있을 것으로 판단되니 참고하기 바란다.

다섯째, 모든 지방정부는 모든 공공 서비스를 가장 효율적으로 공급할 수 있는 인구 규모를 알고, 그 수준에서 해당 공공 서비스를 공급하고자 한다. 여기서 가장 효율적으로 공급할 수 있는 인구 규모란 해당 서비스를 최저 평균 비용 수준에서 공급할 수 있는 인구 규모를 의미한다.[5)]

여섯째, 공공 서비스 비용은 재산 가치에 비례적인 재산세에 의해 조달된다. 그리고 재산세율은 지방마다 서로 다를 수 있다.

2. 티부 모형의 균형과 성격

(1) 티부 모형의 균형

티부 모형은 위와 같은 엄격한 가정을 전제로 하면 특정 지역 공공재 공급을 위한 최적 지방정부 규모는 주민들의 지역 선택 과정을 통해서 결정될 수 있다는 사실을 보여 주는 모형이다. 말하자면, 티부 모형은 전술한 가정에서 보이는 바와 같이 다양한 재정 묶음(지출과 조세 묶음)을 가지고 특정 공공 서비스를 공급하는 크고 작은 지방정부가 무수히 많이 있고 지역 주민들은 자신들이 원하는 지역으로 자유롭게 이동해 갈 수 있다면, 지역 주민들은 자신에게 가장 부합하는 재정 묶음을 찾아 나서게 되며 이런 과정을 거쳐서 결국 모든 주민들은 자신들이 가장 만족스러워하는 지방정부를 찾은 상태에서 균형을 이루게 된다는 사실을 보여 주고 있다. 그리고 그러한 균형 상태의 정부 규모들이 최적 지방정부 규모가 되는 것으로 보고 있다. 이 모형을 티부 모형이라 하는바, 이 모형에서 얻어지는 균형점은 주민들의 자유로운 이동의 결과 얻어졌다는 점에서 '발에 의한 투표' (voting by feet) 모형이라고도 한다.

(2) 티부 균형의 성격

이 모형이 갖는 경제학적 의의는 바로 이와 같이 최적 지방정부의 규모가 정부의 인위적인 개입에 의해 결정된 것이 아니라 주민들의 자유로운 이동을 통해

5 이 개념은 특정 민간 기업의 최적 조업이 평균 비용의 최저점(즉, 한계 비용과 평균 비용이 일치하는 수준)에서 이루어진다는 사실과 유사하다.

서 찾아지며, 따라서 그 균형은 모든 주민의 만족이 극대가 되는 '파레토 효율'(Pareto efficiency)을 보장한다는 것을 논증한 데 있다. 먼저 이 모형은 소비자들이 자신이 필요한 민간재를 구입하기 위해 가격이 설정되어 있는 민간 시장으로 걸어가듯이 주민들이 자기가 필요한 공공재를 구입하기 위하여 가격, 즉 조세가 주어져 있는 상황에서 지방정부들이 제시하는 '지출과 조세 묶음'을 보고 자신들이 원하는 지역으로 걸어가는 상황을 상정함으로써, 결국 지역 공공재 공급에서는 시장의 자발적인 선호 표시와 똑같은 기구가 작동하는 것으로 파악하고 있다. 바로 이러한 점에서 티부 균형은 형식적으로 시장을 통해서 얻어지는 것은 아니지만 일종의 '시장해'(市場解, market solution)와 같은 성격을 띠는 것으로 파악되며, 이런 점에서 이 모형의 균형을 '유사 시장해'(quasi market solution) 또는 '준시장해'(market-like soultion)라 일컫기도 한다. 이러한 균형 상태는 이와 같이 일종의 '시장해'로서 일단 균형에 이르러서는 달리 이주를 통해서 더 이상 만족스러운 상태를 찾아낼 수 없는 상태에 이르게 된다는 점에서 '파레토 효율'을 보장하는 것으로 해석된다.[6)]

위와 같은 이 모형이 갖는 경제학적 의의는 중앙정부가 전국적인 공공재를 공급하는 근거와 비교해 보면 더욱 뚜렷하게 이해된다. 이 모형은 지방 경비 지출의 대상 내지 그 근거를 '지역적 공공재'로 파악하고 그 기준을 '효율성'에 두고 있어서, 새뮤얼슨(P. A. Samuelson)이나 머스그레이브(P. B. Musgrave) 등에 의한 공공재 일반 이론과 공공재 공급에 대한 이해는 동일하다. 단지 일반적으로 중앙정부의 경우에는 공공재가 갖는 물리적 속성, 즉 비경합성과 비배제성으로 인해 시장을 통해 공급되지 않기 때문이 정치적 과정을 거쳐 재정 기구를 통해 공급되는 것으로 이해되고 있다. 말하자면, 중앙정부의 경우에는 주민들의 선호가 주어져 있고 정부는 그렇게 주어져 있는 주민의 선호 유형에 맞추려고 노력하는 과정을 통해 공공재의 효율적 공급을 달성해 나가고자 한다. 그러나 티부 모형에 의하면, 지방정부의 경우에는 다양한 지방정부들이 자신들의 지출과 조세 유형을 정해 놓은 상태에서, 주민들이 자신의 선호 조합을 가장 잘 만족시켜 주는 지방정

6 '발에 의한 투표'를 통해 특정 지역 내에서 공공재 공급의 최적 조건, 즉 $\Sigma MB_i = MC$(단, i는 주민)이 충족되는 균형 상태를 얻게 된다. 만약 특정 지역 내의 모든 주민들의 선호가 완전히 동일하다면, $N \cdot MB_i = MC$(여기서 N은 인구 수)가 성립하게 된다.

부의 관할 지역을 찾아서 이동하며 그 과정에서 지역 공공재의 효율적 공급이 달성되고 동시에 최적 지방정부 규모가 달성될 수 있다고 주장한다. 말하자면, 지역 공공재의 경우에는 그 최적 조건의 달성이 전국적 공공재의 경우와는 달리 정치적 과정이 아니라 시장 메커니즘과 유사한 주민들의 '발에 의한 투표'를 통해, 즉 주민들의 지역 선택에 의해 달성될 수 있다는 사실을 논증하고 그 조건을 찾아내고자 하였다는 점에서 차별성을 보이고 있다. 티부 모형은 이렇게 지역적 공공재의 경우에는 주민들의 자발적인 이동을 통해 최적 조건이 달성됨으로써, 그 과정에서 전국적 공공재의 공급 과정에서 나타나는 무임승차 문제, 나아가 그로 인한 복잡하고 어려운 정치 과정의 문제가 해소될 수 있다는 사실을 논증하려 한 점에 그 의의가 크다 하겠다.

모형에 대한 이해도를 높이기 위해서는 이 모형의 균형이 도출되기 위해서는 전술한 많은 가정들이 충족되어야 한다는 점을 다시 한 번 유념할 필요가 있다. 특히, 이 모형에는 다양한 지방정부들이 모두 가장 효율적인 규모로 일정한 공공 서비스를 공급하고 있다는 사실이 전제되어 있음을 유념할 필요가 있다. 만약 이러한 가정이 충족되지 않고 현재 상태에서 인구가 늘어나고 줄어듦에 따라 해당 서비스 공급을 위한 평균 비용이 줄어든다든가 늘어나게 되면 끊임없는 주민의 이동으로 인해 티부 모형의 균형은 안정성을 가질 수 없게 된다. 관할 지방정부가 이와 같은 최적 인구 규모를 알고 있다면, 최적 인구 규모를 밑도는 지역은 인구가 늘면 더 낮은 평균 비용 수준으로 공공재 생산이 가능하기 때문에 새로이 주민들을 받아들이려 할 것이고, 최적 규모를 넘어서 인구가 몰려오면 그 지역은 기존 주민들을 퇴출시켜 평균 비용을 떨어뜨리려 할 것이다. 결국 각 지방정부는 최저의 평균 비용으로 공공재를 생산하기 위하여 적정 규모의 지역 인구를 유지하려 할 것이며, 이러한 최적 인구를 관할하는 정부가 최적 지방정부 규모가 되는 것이다.[7)] 한마디로 평균 비용의 최저 수준을 보장하는 효율적인 인

7 이 말은 지방 공공 서비스의 생산 과정에서 규모에 따라 비용이 달라지는 상황을 수용하면서도 최적점에서는 규모에 대한 보수가 불변으로서 단위당 비용이 일정하게 유지된다는 조건임을 의미한다. 말하자면, 모든 지방정부가 가장 효율적인 점에서 공공재를 공급하고 있는 상황을 상정하고 있다. 이런 조건 하에서는 공공 서비스 공급의 양이 두 배 늘면 총비용도 두 배 늘고, 주민 수가 두 배 늘면 공공 서비스 공급량도 두 배 늘어난다. 이처럼 규모에 대한 보수가 불변인 상황에서 균형이 이루어지게 되면 한 사람으로 이루어진 지방정부조차도 최저 평균 비용 수준에서 공공 서비스를 제공할 수 있기 때문에 지방정부의 절대 규모는 문제

구 규모를 알 수 있으며, 그처럼 효율적으로 공공 서비스를 공급하는 지방정부가 많이 존재한다면, 주민들은 그러한 효율적인 지방정부들 중에서 자신의 선호에 부응하는 지방정부를 찾아서 옮아갈 수 있고 궁극적으로 개개인들의 선호에 부합하는 지역이 선택된 상태에서 균형을 이루게 될 것이다. 이렇게 보면 결국 티부 모형에서 중요한 것은 지역 주민들이 선택할 수 있는 지방정부의 수가 충분히 많이 있는 것이 중요한 것이 아니라 모든 공공 서비스를 최저비용 수준으로 공급할 수 있는 효율적 규모의 지방정부의 수가 충분히 존재하여야 한다는 사실을 이해하는 것이 중요하다.

3. 평가

티부 모형은 현실 세계를 설명하는 데 충분하지 못한 점이 많다. 이러한 상황에 대해 몇 가지 살펴보고자.

(1) 가정의 비현실성

먼저 이 모형은 주민들을 합리적 경제인으로 전제하여, 그들이 재정적 요인에 의해서 지역을 선택하며 이동성은 완전한 것으로 가정하고 있다. 그러나 주민들의 입지 선택은 취업이라든가 다른 지역 특성적인 요인 등에 의해 크게 영향을 받는다는 사실을 고려해 보면 이 모형의 적용 가능성이 줄어들게 된다는 점을 유념할 필요가 있다.[8)]

뿐만 아니라 다양한 지출과 조세 묶음을 가진 지방정부가 충분히 많이 존재한다고 가정하고 있다. 그러나 이와 같은 가정은 지방정부의 운영 과정에 소요되는 비용 내지 관리 측면을 고려해 보면 비현실적 것임을 알 수 있다. 이러한 요인 등을 고려해 보면 효율적인 지방정부 단계를 설명할 때 이 모형을 받아들이는 데

되지 않는다.

8 물론 개개인들이 지역들 사이에 온전히 이동하지는 못하더라도 현실적으로 상당한 정도의 이동성이 있는 것 또한 사실이다. 특히, 서울과 같은 거대 도시의 경우 그 주변에 다양한 형태의 위성 도시들이 있어 주민들에게 지역 선택의 자유가 주어지는 경우를 볼 수 있다. 미국의 경우도 대도시 20마일 주변 지역에 수백 개의 교외 지역들 사이에서 개개인들의 선택을 할 수 있는 경우를 볼 수 있다. 이러한 현상을 받아들이면 티부 모형을 섣불리 포기하기 힘들다는 사실을 알 수 있다.

는 신중하여야 할 것으로 판단된다.

(2) 균형의 불안정성

티부 모형은 전술한 가정에서 제시한 바와 같이 공공재 공급 비용을 재산 가치에 비례적인 재산세에 의해 조달하는 것으로 가정하고 있다. 지금 부유한 지역 A와 가난한 지역 B가 있으며, 각 지역에는 100세대가 거주하고 있고, 한 세대당 학생이 1명이 거주하고 있으며, 아울러 두 지역 모두 주택에 대한 재산세수를 가지고 모두 학생들의 교육비에 지출하는 하는 경우를 상정해 보자. 〈표 6-1〉에서는 A, B 두 지역의 주택 규모가 각각 10억 원, 5억 원으로 주어져 있으며, 주택에 대한 재산세율은 재산 가치 대비 비례세율이 적용되는데, 지금 A지역은 주민의 선호를 반영하여 0.4%, B지역은 0.3%로 책정되어 있는 경우를 상정하고 있다. 이와 같은 가정하면 〈표 6-1〉에서 볼 수 있듯이 각 지역이 세대당 조세 부담액과 세대당 지출 편익(학생 1인당 경비)이 일치하여 모든 지역에 효율적인 공공 서비스가 공급되고 주민들도 모두 만족하여 티부 균형에 도달할 수 있음을 알 수 있다.

표 6-1 티부 모형 균형 사례

구분	A지역	B지역
주택 규모	10억 원	5억 원
세율(비례세율)	0.4%	0.3%
주택당 조세	400만 원	150만 원
학생 1인당 경비	400만 원	150만 원

주: '주택당 조세'는 세대당 1주택을 소유하고 있는 경우를 상정하고 있어 세대당 조세 부담액을 나타내고, '학생 1인당 경비'는 각 세대당 학생이 1명이 있는 경우를 상정하여 세대당 세출 편익의 정도를 나타내고 있다.

표 6-2 티부 모형 불균형 사례

구분	
학생	100명 → 101명
총세수(교육비)	4억 원 → 4억 200만 원
학생 1인당 지출	400만 원 → 3,980,200원

그러나 위에서 제시한 모든 가정이 다 충족되더라도 효율적인 해에 도달하지 못할 수도 있음을 유념할 필요가 있다. 위에서 비례적인 재산세를 가정하고 있는데, 비례적인 재산세를 가정하더라도 어떤 지역의 한 주민이 다른 어떤 지역으로 이동하는 경우 이러한 이동으로 인해 애초의 균형이 깨질 수 있다. 위의 사례에서 든 수치 예에서 만약 B지역의 한 거주자가 A지역으로 이사를 가서 자기 능력에 맞는 5억짜리 집을 짓는 경우를 상정해 보자. 이렇게 가난한 지역의 1명이 A지역으로 이사와서 자기의 능력에 맞게 5억짜리 주택을 짓고 재산세를 A지역의 재산세율에 맞추어 200만 원을 납부하면 A지역의 전체 세수는 4억 200만 원이 된다. 이제 총세수를 학생 수 201명으로 나누어 보면 학생 1인당 지출은 398만 200원이 되어 A지역 주민 입장에서는 조세 부담과 지출 편익이 일치하지 않게 된다. 이 사례는 재산 가치에 대한 비례세를 전제하더라도 경우에 따라서는 티부 모형의 균형이 유지될 수 없다는 사실을 말해 준다.

이러한 경우를 고려해 보면, 티부 모형이 균형을 유지하기 위해서는 특정 지역 관할 지방정부가 모든 주택들에 대해 최저 주택 규모를 제한하거나 토지 사용에 제한을 가할 수 있는 법률, 소위 '배타적 구획법'(zoning law)을 시행할 수 있어야 한다는 사실을 알 수 있다. 현실에서도 많은 지역들이 상당 정도의 소득 수준에 차이를 보이고 있고, 그러한 소득 수준에 따른 주거 지역의 구분도 존재하고 있으며, 아울러 이와 같은 구획법이 시행되는 경우도 있음을 유의할 필요가 있다. 이런 방법 외에도 각 지방정부가 비례세 대신에 편익 과세로 재산세율 구조를 바꾸어도 티부 모형의 균형이 유지될 수 있음도 유념할 필요가 있다.

(3) 분배 문제에 대한 고려 결여

이 모형은 분배(공평) 문제에 대한 고려가 제외되어 있다. 우리는 앞에서 이 모형에서 전제로 하고 있는 가정을 받아들이더라도 경우에 따라서는 모형의 균형이 불안정해질 수 있음을 보았으며, 그러한 경우 지역별로 주택 규모에 대한 제한 법률 등이 주어지면 티부 모형은 다시금 안정적인 균형을 유지할 수 있음을 보았다.

그러나 그와 같은 법률의 시행으로 티부 균형이 안정성을 띠어 공공재 공급에 있어서 효율성이 달성될 수 있을지 몰라도 공평성은 더욱 악화되는 경향성을 갖게 되는 문제점이 발생한다는 점을 유념할 필요가 있다. 말하자면, 부유한 사람은 부유한 사람끼리, 가난한 사람은 가난한 사람끼리 모여 살게 되며, 더 나아가 부유한 사람들은 상대적으로 낮은 세율 수준에 보다 높은 서비스를 제공받고 가난한 사람들은 상대적으로 높은 세율 수준에서도 보다 낮은 서비스를 제공받게 된다. 따라서 티부 모형에 따라 개혁하면 민족별, 소득 계층별 단층적인 집단 거주지를 점점 더 강화시킴으로써 지역 문제는 더욱 심각해지고 이에 따른 사회적 비용은 더욱 비싸질 것임을 유념할 필요가 있다.

제3절 평가 및 비판적 견해

1. 평가

지금까지 소개한 지방 경비 규모에 대한 이론적 논의는 경제학 분야에서 제시되고 있는 전형적인 공공재 이론에 바탕을 두고 있다. 그 내용은 애초에 린달(E. Lindahl, 1919), 보웬(H. R. Bowen, 1948), 나아가 새뮤얼슨(Samuelson, 1954), 머스그레이브(Musgrave, 1959) 등과 같은 소위 자발적 교환론자들이 체계적으로 논리를 전개한 이래로 경제학 문헌에서 일반적으로 수용되고 있다.[9] 이들의 설명에 의하면 공공재는 그것이 갖는 비경합성과 비배제성이라는 물리적 속성으로 인해서 시장에서 선호를 표명하지 않는 문제가 있어 시장을 통해서 공급되지 못하는 성질을 갖고 있는 것으로 정의되고 있다. 그럼에도 불구하고 사회 구성원들의 생활이나 생산 과정에 꼭 필요한 재화 또는 서비스라고 판단될 경우 정부가 그 재화를 공급하게 되는데, 이 경우 경제학에서의 주된 관심은 어떻게 하면 그러한 재

9 이러한 내용과 관련해서는 우명동(2007), pp. 149-170에서 자세한 내용을 참고할 수 있다.

화를 효율적으로 공급할 수 있는가 하는 데 두어지고 있다. 그런데 앞에서 소개한 지방 경비 규모에 대한 이론적 논의를 보면, 이들 이론 또한 위와 같은 공공재 논의와 맥을 같이하고 있는 것을 볼 수 있다. 말하자면, 최적 정부 규모 이론에서는 공공재의 공급 과정에서 나타나는 주민들의 편익과 비용을 산정하여 최적 규모를 결정할 수 있다고 보고 있으며, 티부 모형에서는 정치 프로세스나 투표의 곤란한 문제를 피하여 공공재에도 시장 메커니즘과 동일한 시스템에 의해 지역 선택이 이루어지는 것으로 보고 있다. 요컨대, 최적 규모 이론이나 티부 모형의 내용은 공공재의 일반 이론과 '효율성'에 관한 이해가 맞닿아 있음을 알 수 있다. 이렇게 보면 재정학 일반에서의 공공재 이론에 바탕을 둔 공공 경비론에 대한 평가는 최적 공공재 규모 이론이나 티부 모형에 바탕을 두고 설명되는 지방정부 경비론에서도 대부분 적용된다고 할 수 있다.

중앙정부의 경우도 그러하지만 특히 오늘날 세계화 추세 속에서 지역 내지 지방의 역할이 점점 확대되면서 지방정부의 역할이 점점 확대되어 가고 있음은 주지의 사실이다. 그런데 이와 같이 지방정부의 역할 증대에 따른 재정 수요는 빠르게 증가하는 데 비해 지방세입은 그에 상응하게 늘어나지 못하면서 보다 광범위하게 지방재정의 위기 문제가 거론되고 있다는 사실도 부정하기 어렵다. 이렇게 세계 각국이 당면한 지방재정 운영상의 어려움을 고려해 보면 효율성 기준에 바탕을 두고 지방정부의 규모 문제를 다루는 것은 오히려 당연한 추세라고 할 수 있다. 더구나 전술한 지방경비 규모 관련 논의는 지역 주민의 공공재 수요와 지방정부의 공공재 공급 의지의 균형이 이루어지는 상황을 전제로 함으로써 지방자치나 지방 분권의 경제적 근거로 활용되고 있다는 것도 주지의 사실이다.

2. 비판적 견해

전술한 바와 같이 효율성 기준의 지방 경비 규모에 대한 논의는 한편으로는 지방 분권의 경제학적 근거를 제시해 줄 뿐 아니라, 다른 한편으로는 심화되고 있는 지방재정 위기 상황 속에서 갖는 현실적 의의도 작지 않다고 할 수 있을 것이다. 그러나 이렇게 지방정부 규모 문제를 효율성에 초점을 맞추어 다루는 경우

'효율성' 개념이 갖는 성격에 따라 그와 같은 접근법이 지역 사회에 주는 의미가 서로 다르게 해석될 수 있다는 점을 유념할 필요가 있다.[10)]

우선 전술한 이론 전개 과정에서 드러나고 있듯이, 지역 주민 모두가 자신이 거주하는 지역을 관할하는 지방정부의 재정 행위에 비용이 얼마나 소요되고 그 비용 중 얼마를 자신이 부담하는지를 정확히 알고 모두가 적절히 대응해 나갈 수 있는 것으로 전제되어 있지만, 현실적으로는 그와 같은 정보를 충분히 알기 힘들다는 현실을 고려하여야 할 것이다. 뿐만 아니라 지역 주민이 그러한 정보를 모두 다 알 수 있더라도 그러한 재정적 사실에 대해 모든 주민들이 동일한 정도로 대처해 나가는 것은 어렵다는 사실을 유념할 필요가 있다. 경제학의 효율성 기준은 모든 주민들이 균질적인 상황을 전제로 적용될 수 있는 평균적이고 총량적인 개념이지만, 현실적으로는 주민들이 이질화되어 있어 재정 문제에 대한 대응 면에서 서로 다른 영향력을 행사한다는 사정을 고려해 보면 정부 규모 문제를 그와 같은 효율성 개념만으로 논의하는 것은 적절치 못할 수 있다. 더군다나 이와 유사한 맥락이기는 하지만 지역 공공재의 공급 여부나 그 규모 문제는 주민 개개인의 비용과 편익에 의해서만 결정되는 것이 아니라 특정 지역이나 지역 주민이 갖는 자연적이고 사회 문화적인 특성, 경제적인 특성, 나아가 이들을 아우르는 그 지역이 갖는 역사적 특성에 따라 달라질 수 있어서 앞에서와 마찬가지로 일률적인 효율성 기준으로 논의하기는 부적절한 측면이 있다는 점도 유념해 둘 필요가 있다.

한편, 일반적인 공공재 논의나 지역 공공재 관련 논의는 그것이 갖는 물리적 속성으로 인해 시장을 통해서는 공급될 수 없는데도 사회 구성원들의 생활이나 생산 과정에 필요해서 정부가 공급하는 것으로 전개되고 있다. 그런데 앞에서의 논의는 그러한 공공 부문의 설명 과정에 다시금 민간재의 경우에 적용되는 시장 원리를 도입해서 설명하고자 한다는 점에서 논리적으로도 결함이 있을 수밖에 없다는 비판을 받기도 한다. 이렇게 공공재 부문에 시장 원리를 도입하게 되면 그러한 공공재 공급을 담당하는 지방정부의 활동에 다시금 시장 경제 논리가 투

10 이하 비판의 내용 및 이에 대한 보다 자세한 내용은 池上惇 外(1990), pp. 89-92를 참고할 수 있다.

영되어 공공재 공급이 영리주의 내지 관료주의에 지배되어 또 다른 형태의 낭비와 비효율을 낳게 될 가능성이 커진다는 비판을 받기도 한다. 이렇게 되면 결국 공공재가 갖는 사회적 성격을 약화시키고, 나아가 사회를 개체화 내지 단층화시키는 경향을 가속화시키게 될 가능성이 커질 것으로 보기 때문이다.

특히, 앞에서 티부 모형은 최적 지방정부 규모가 복잡한 정치적 과정을 거치지 아니하고 지역 주민들의 자발적인 이동(발에 의한 투표)을 통해 결정될 수 있다는 사실을 보여 주고 있다. 그런데 이 논리 속에서는 지방정부가 마치 시장에서의 상품 생산자 내지 공급자로 취급되고 지역 주민은 그러한 상품 구입에 나선 소비자로 간주되고 있어서 지역 공공재가 갖는 사회적 특성을 외면하게 하는 논리로 작용될 수 있다는 사실을 유념할 필요가 있다. 원래 정부는 안전 문제라든가 사회의 공동 관심사와 같이 시장 원리가 전적으로 작동되지 않거나 제대로 작동되지 않는 영역을 담당하기 위해서 만들어진 것이다. 이러한 사실을 고려하지 아니하고 단순히 지역 공공재의 공급과 그를 위한 지방정부 관할 영역 문제를 시장 원리에 맡길 경우 지방정부 활동이 영리주의와 관료주의에 매몰되어 주민에 의한 통제를 통해 주민의 생활의 질을 제고시키는 데 기여하지 못할 가능성이 커지게 된다는 비판으로부터 벗어나기 힘들다. 지방 경비 지출에 있어서도 민주주의적 통제를 통한 주민의 생활의 질의 제고가 담겨 있어야 한다는 점을 유념할 필요가 있다.[11)]

11 이와 관련된 보다 구체적인 논의는 본서 pp. 115-116, 276-277을 참고할 것.

Chapter 7

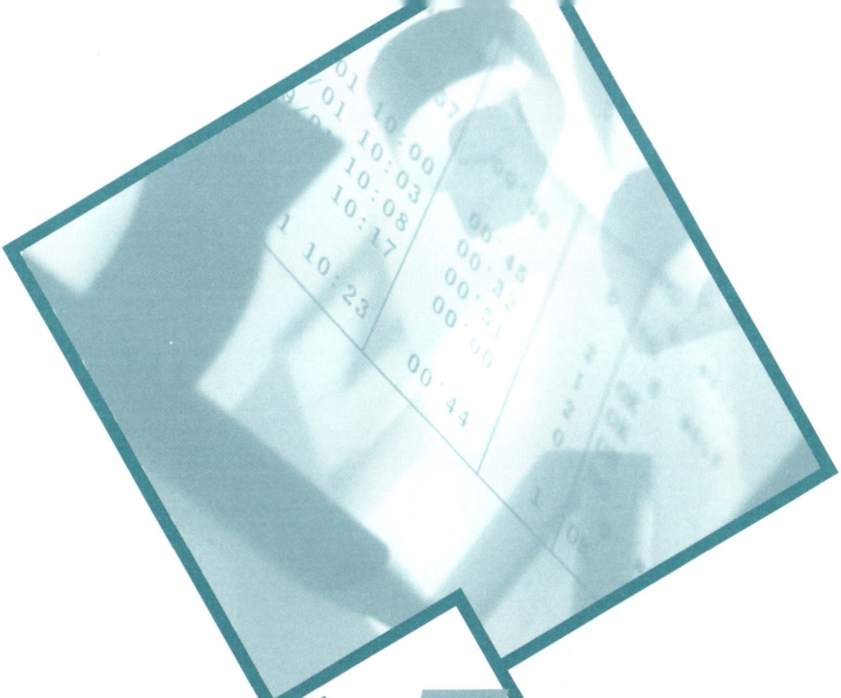

지방 경비 팽창에 대한 실천적 논의

7

지방 경비 팽창에 대한 실천적 논의

본 장은 앞 장의 이론적 논의에 이어 지방 경비 팽창을 둘러싸고 전개되는 현실적 내용들을 다루고자 한다. 먼저 지방정부 경비가 늘어나는 배경을 현상적 요인과 구조적 요인으로 나누어 검토한다. 현상적 요인으로는 대표적으로 인구 요인, 경제 성장 요인, 나아가 사회적 동란의 요인 등으로 나누어 살펴본다. 이어서 지방 경비 팽창은 그와 같은 경제적 요인뿐만 아니라 그와 상호 제약적인 작용을 하고 있는 정치적 요인 등 비경제적 요인이 크게 작용할 것으로 보고, 지방 경비가 팽창해 갈 수밖에 없는 그와 같은 경제적 요인과 비경제적 요인의 상호 제약적 요인, 소위 구조적 요인을 검토한다.

이어서 현실에서 이루어지고 있는 세출 활동의 경제성을 확인하고 평가하는 문제를 다룬다. 먼저 예산 제도와 세출 활동의 효율성과의 관계를 검토하고, 이어서 지방세출 구조 면에서의 효율성 여부를 지방세출의 분류와 그 성격 규명을 통해서 살펴본다. 마지막으로 지금까지의 논의의 기준으로 활용해 온 효율성이 주민들의 개별적 본성에 바탕을 두고 있다는 점에 유념하면서 지역이 갖는 사회적 특성을 반영한 사회적 효율성의 관점에서 지방 경비 팽창 문제를 비판적으로 검토한다.

제1절 지방 경비 팽창 현상에 대한 제 견해

전통적으로 경제 발전 과정에서 중앙집권화 경향이 나타나서 지방정부에 비해 중앙정부의 기능이 더 커오면서 경비 면에서도 중앙정부 지출이 상대적으로 더 큰 비율로 늘어나는 것으로 이해되고 있었다. 일찍이 독일의 재정학자 포피츠(J. Popitz)는 사회가 발전해 감에 따라 중앙정부가 담당하는 사무 범위가 확대되고 지방정부의 그것이 축소되는 사실을 밝혀 내면서, 재정 면에 있어서도 중앙정부의 규모가 지방정부에 비해 상대적으로 확대되는 경향이 있다는 사실을 밝힌 바 있다. 그의 주장은 '중앙 국가 또는 상위 기관 재정의 흡수력의 법칙'이라는 형태로 나타났으며, 후세에 이는 '포피츠의 법칙'이라 불리기도 하였다. 그에 의하면, 이와 같은 중앙 집권화가 나타나는 근거는 먼저 국가적 사무인 경제 정책과 사회 정책의 통일적 시행에 대한 요구와 약소 단체의 재정난 해소를 위한 상위 기관 개입의 필요성의 증대, 즉 지방정부 간 재정력 균등화 역할을 수행하게 된 데 따른 것으로 파악되고 있다. 한편, 후술하는 피콕(A. T. Peacock)과 와이즈먼(J. Wiseman)의 경우는 그들의 독특한 '전위 효과론'에 근거를 두고 경제 발전 과정에서 사회적 동란을 겪으면서 중앙 집권화 경향이 나타나게 된다는 사실을 밝힌 바 있다. 이 밖에도 많은 논자들에 의해 경제 발전 과정에 서로 다른 지방정부 간 동일한 공공 서비스에 대한 요구가 증대한다는 점, 인구와 생산 활동의 중앙 집중으로 인해 세제가 중앙 집권화되면서 세출의 집권화 경향이 가속화된다는 주장들이 제시되어 왔다.

그러나 이와 같은 중앙 집권화 추세와 그에 대해 다양하게 제시되는 논거에도 불구하고, 현실적으로 1980년대 들어서면서 전 지구적으로 확산되고 있는 시장화, 자유화로 상징되는 세계화 추세 속에서 많은 경우 국내 정치에서는 지방 분권화 추세를 보이고 있다. 나아가 그것이 경비 면에 반영되면서 지방정부의 지출이 중앙정부의 그것에 비해 보다 빠른 속도로 늘어나는 경향을 보이고 있다.

이제 이러한 중앙 집권화 경향과 지방 분권화 경향에 대한 개괄적 추세를 염두에 두고, 이하에서 지방 경비 팽창 현상에 내재된 원인을 현상적 요인과 구조적 요인으로 나누어 설명해 보고자 한다.

1. 현상적 요인에 의한 설명

머스그레이브(Musgrave) 교수는 중앙정부 지출의 팽창 요인을 설명할 때 경제적 요인, 환경적 요인, 사회 · 문화, 정치적 요인 등 다원적인 제 요인에 의해 설명을 한 바 있다.[1] 이러한 논의와 더불어 경제학자들 사이에서는 주민 생활에 더욱 가까이 있는 생활 정부로서의 지방정부 지출이 다양한 제 요인에 의해 늘어난다는 사실이 자주 지적되어 오고 있다. 그 중에서 주요한 요인으로는 인구 증가 및 인구 이동 요인, 경제 성장 과정에서 나타나는 공적 소비에 대한 욕구 증대 요인과 민생 안정을 위한 재분배 역할 증대 요인 등의 제 요인이 거론된다. 아울러 전술한 전위 효과론의 설명도 추가함으로써 현상적 요인에 의한 지방 경비 팽창 관련 설명을 총괄적으로 소개하고자 한다.

(1) 인구 규모와 지방 경비의 팽창

먼저 인구가 증가해 감에 따라 도로, 공원, 상 · 하수도 등 사회 자본에 대한 정비 요구가 강해지며, 나아가 도시 및 공업 지역으로의 인구 집중 · 이동에 따른 과밀 · 과소 현상의 발생으로 교통 혼잡, 물의 부족, 생활 환경 악화 등에 따른 지방정부의 활동이 늘어나는 경향을 띤다. 한편, 이렇게 도시 및 공업 지역으로 인구가 집중해 감에 따라 도시화 내지 공업화가 촉진되고, 그 이면에 그러한 지역으로의 기업 활동의 집중 현상이 나타난다. 이러한 기업 집중 현상으로 인해 상술한 공해 또는 교통 혼잡 현상이 더욱 가중되고 있다.

경제 발전 과정에 수반되는 이와 같은 인구의 지역적 집중과 도시화의 전전이 경비 팽창 요인이 된다는 사실은 일찍부터 인정되어 오고 있었던바, 독일의 재정학자 브레히트(A. Brecht)는 이러한 사실을 재정학에서 법칙으로까지 승화시

1 R. A. Musgrave(1969), ch. 3.

킨 바 있다.[2] 그는 1930년대 독일의 Gemeinde(기초 자치단체)[3]의 통계를 분석한 결과 "1인당 재정 지출은 인구 규모가 큰 자치단체일수록 크게 나타난다"는 사실을 발견하였는데, 후일 이러한 사실은 '공공 지출과 인구 집적 사이의 누진적 상관성의 법칙'이라고 명명되기도 하였다. 주 내용은 인구 1인당 공공 지출은 인구 집적이 커짐에 따라 증대한다는 것이며, 그 이유는 대도시 공공 지출의 대부분 항목이 상대적으로 비싸지기 때문인 것으로 밝혀진 바 있다. 주택, 복지, 학교, 도로, 교통 수단, 소방, 경찰 등 공공 서비스에 대한 주민 1인당 비용은 대규모 단체일수록 비싸지며, 이것은 인구 집적 지역에서는 지가, 임금 · 봉급, 시설비 등의 단가가 비싸면서도 공공 서비스에 대한 수요가 보다 강하게 나타나기 때문에 그러하다. 이러한 논의에 바탕을 두고 그는 인구 밀도, 도시화 그리고 공업화 등 세 가지 요인이 상호 밀접하게 관련을 맺으면서 공공 지출을 결정하는 것으로 보고 있다. 이들 제 요인이 공공 지출에 미치는 효과로서, 먼저 인구 밀도가 높아짐에 따라 공공재 공급에 대한 수요를 증가시킨다. 인구 집적 지역에서는 외부 효과가 발생되기 쉽고, 그러면서 개인에 의해 해결될 가능성이 작기 때문에 공공 지출의 증대 현상이 나타난다. 다음으로 도시화는 사회 구조 변화를 불러오고 다음 항의 구조적 요인에서 밝히고 있는 바와 같이 대가족 제도와 농촌 사회 내의 연대에 의한 '가족적 사회 보장 시스템'이 그 기초를 상실하여 지방정부에 의한 사회적 지출의 증대를 불러오게 된다. 마지막으로 공업화로 인한 인구 집적 지역에서는 제2, 3차 산업이 증대하는바, 이들 지역 생산물에 대한 수요는 변동이 심한 경향을 보인다. 그래서 그 수급 조절을 위한 안정화 정책의 필요성이 늘어난다.

또한 이러한 브레히트의 법칙을 승계한 스위스의 재정학자 켈러(T. Keller)도 1963년의 스위스의 인구 규모별 지방재정 지출을 분석하면서 인구 규모가 커감에 따라 명백하게 1인당 공공 지출액이 커진다는 사실을 밝혀 낸 바 있다.[4] 그에 의하면, 자본주의 발전 과정에서는 지역의 불균등 발전 현상이 일어나는바, 후진

2 이하 서술은 佐藤 進(1993), pp. 35-37을 주로 참고한 것이다.

3 독일의 지방행정 구조는 광역 지방정부에 해당하는 Land와 기초 지방정부에 해당하는 Gemeinde로 이루어져 있다.

4 이하 내용은 Theo Keller, "Das 'Popitzsche Gesetz' und die Schweizer Gemeinde," Archiv für Kommunalwissenschaften, 1966, S. 78ff.(佐藤 進, 1993, pp. 36-37)을 참고.

적인 인구 감소 지역에서는 지출이 줄어들지만 인구가 늘어나는 선진 지역은 풍부한 재정력과 높은 지출을 보인다고 하고 있다. 특히, 인구가 밀집된 대도시 지역에서는 사회 간접 자본에 대한 건설 수요가 높게 나타나는바, 교통망 정비, 오수 처리, 위생 시설 등의 수요가 커지며, 문화적 · 사회적 서비스에 대한 주민의 수요도 상대적으로 높게 나타나서 경비가 누적적으로 증대하는 경향을 보인다고 하고 있다. 결국 그에 의하면 지방정부의 규모가 증대함에 따라 행정 비용이 증대하는 것은 일종의 법칙과 같은 것으로 파악하고 있다.[5]

이렇게 인구 규모가 커짐에 따라 지방정부 지출이 커지는 것으로 설명되고 있으나 사실상 지방정부의 지출 항목에 따라서는 지방정부 규모 증대에 따라 주민 1인당 지출이 감소하는 경우도 있을 수 있으며, 더구나 사회 상황이 달라짐에 따라 그 결과는 서로 다르게 나타날 수도 있다. 이렇게 볼 때, 브레히트의 법칙이나 켈러의 법칙은 인구와 공공 지출 사이의 상관성을 하나의 방향에서만 바라보고 있는 것에 지나지 않는다는 비판을 면하기 어려울 것으로 판단된다.

(2) 경제 성장과 지방 경비의 팽창

다음으로 경제 성장 과정에서 주민들의 소득이 늘어나면서 개개인의 사적 소비 수준이 상승하고 그와 더불어 공적 소비에 대한 욕구가 늘어나게 된다.[6] 이러한 현상은 일상생활에 밀착된 행정을 담당하고 있는 지방정부의 재정 수요를 필연적으로 증대시키게 된다.

뿐만 아니라 경제 성장 과정에서 민생 안정을 위한 구호나 보통 교육, 시영 주택 공급 등 주민 생활과 밀착된 생활 관련 서비스에 대한 공적 공급의 요구가 커감에 따라 지방정부에 의한 복지 기능의 수행이 점차 확대되어 가는 경향이 나

5 佐藤 進(1993), pp. 35-37. 이러한 법칙은 사회 상황에 따라 그 결과는 서로 다르게 나타날 수도 있을 것인바, 만약 이러한 법칙이 사실로 확인되면 대규모 지방정부일수록 재정 수요가 크기 때문에 지방재정 조정 과정에서 인구 규모를 보정 요인으로 택하게 되는 결과를 가져오기 때문에 중요한 사안이 됨을 유념할 필요가 있다.

6 이러한 현상에 대해서는 일찍이 갤브레이스는 그의 주저 *The Affluent Society*에서 이러한 현상을 소득 수준의 향상에 따른 사적 욕구와 공적 욕구의 불균형 발전이라는 관점에서 지적한 바 있으며(J. K. Galbraith, 1958, ch. 18), 도시 경제 문제에 대한 대표적인 연구자인 발(Bahl) 등도 경제 발전 과정에서 주민들의 소득 수준이 높아짐에 따라 각종 공공 서비스에 대한 요구가 더욱 늘어나는 경향을 보인다는 사실을 밝힌 바 있다(R. W. Bahl et al., 1992, pp. 57-58).

타나게 되었다. 이러한 추세를 반영하여 지방정부가 점차 재분배 기능 수행의 폭을 넓혀 나가게 되고, 이에 따라 지방정부의 지출이 늘어나는 경향이 있다는 사실이 지적되기도 한다.

(3) 사회적 동란과 지방 경비의 팽창

정부 지출 증대 현상을 관찰함에 있어서 사회적 동란이라는 특정한 시기를 전후해서 나타나는 소위 '전위 효과'(displacement effect)를 가지고 설명하는 견해가 있다.[7] 이들은 국가 경비 팽창 과정에서는 '전위 효과'가 나타나며, 특히 경비 팽창 현상과 지방재정의 역할 사이에는 집중화 과정이 나타나 전위 효과를 뒷받침하는 것으로 설명하고 있다. 먼저 이들의 '전위 효과'라는 것은 전쟁, 불황 등 사회적 혼란 시기에 그런 것을 이유로 재정 지출 수준이 한 번 높아지면 사회적 동란이 종식되더라도 원래의 낮은 수준으로 되돌아가지 않고, 오히려 혼란 중의 높은 수준이 그대로 유지된다는 것이다. 이들은 이러한 전위 효과를 설명하는 근거로 재정 수입 면에서 문턱 효과(threshold effect), 재정 지출 면에서 점검 과정(inspection process)을 들고 있다.

이들의 전위 효과론은 그리고 여기서 논의하는 집권 및 분권과 관련해서도 하나의 근거를 제시하고 있는데, 그것이 여기서 소개하고자 하는 '집중화 과정'(concentration process)이다.[8] 그 내용을 보면, 평시의 경제 발전 과정에서도 행정 효율화의 요구와 공공 서비스의 균일화와 같은 요구로 인해 중앙정부의 행정 활동이 더욱 빠른 속도로 증대하는 경향이 있는데, 이와 같은 집중화 경향은 특히 사회적 동란 시기에 더욱 현저하게 나타나며, 일단 집중화가 이루어지고 나면 그러한 혼란 시기가 끝나더라도 그 늘어난 경비 팽창 추세는 혼란 이전의 시기로 돌아가지 않는다는 것이다.

먼저 일반적으로 교통, 통신의 발전에 바탕을 두고 경제가 발전하는 시기에는 지역 간의 교류가 강화됨에 따라 서로 다른 지역의 공공 서비스 수준에 관한 지식을 공유하는 폭이 넓어짐으로써 공공 서비스에 대한 요구가 커질 뿐 아니라

7 A. T. Peacock and J. Wiseman(1967).
8 '전위 효과' 일반에 관한 내용은 우명동(2007), pp. 229-232를 참고할 수 있다.

공공 서비스에 대한 균일화의 요구가 커지게 된다. 아울러 교통 통신의 발달은 보다 광범위한 지역에 대한 공공 서비스 공급을 가능하게 하며, 그 과정에서 '규모의 경제'가 작용하게 되어 행정의 효율화 요구가 커진다. 결국 보다 늘어나고 균일화된 공공 서비스를 보다 광범위한 지역을 대상으로 공급하기 위해 중앙정부의 활동이 더욱 빠른 속도로 증대하는 경향이 나타나게 된다. 이와 같이 경제 발전 과정에 공공 경제 활동을 책임지는 정부 규모가 확대되어 가는 현상을 '집중화 과정'(concentration process)이라고 한다.[9]

그런데 이러한 집중화 과정은 전쟁과 같은 사회적 동란의 시기에는 더욱 현저하게 나타나게 된다. 즉, 전쟁에 대한 요구가 지방자치와 같은 문제보다 더 중요해지며, 그래서 평시였다면 받아들여지지 않았을 지방자치에 대한 약화라든가 심지어 파기도 받아들여질 수 있다. 동시에 전쟁과 같은 비상 시에는 주로 중앙정부가 전쟁 수행의 책임을 떠맡으며, 결과적으로 새로운 정부 수입이 중앙정부 차원에 집중된다. 이렇게 중앙 집권화 경향은 사회적 혼란의 시기에 특히 현저하게 나타난다. 나아가 이렇게 일단 변화가 일어나면 그러한 경향을 되돌리기는 일반적으로 더욱 어렵다. 즉, 전쟁이 끝난 후에도 전쟁으로 인해 강화된 중앙정부의 기능은 줄어들지 않고 그대로 유지되는 경향을 띤다는 것이다.

물론 이러한 결과는 나라에 따라 다르고, 또 경제 발전 상태에 따라 다르게 나타날 것이다. 그러나 사회적 혼란은 항상 더욱 높은 차원의 정부에 책임이 집중되도록 자극할 것임은 틀림없다. 이렇게 집중화 과정을 통해 전위 효과가 생기면 전쟁이라든가 대공황 등을 계기로 더 많은 지방정부의 기능이 중앙정부로 흡수되고, 지방정부의 권한과 지출 수준은 상대적으로 저하된다.

(4) 종합

지금까지 경제 발전 과정에서 나타나는 중앙 집권적 경향과 지방 분권화 경향에 유념하면서 지방정부 활동 증대와 관련된 다양한 요인을 검토하였다. 지방

9 일반적으로 'centralization'은 권력이나 권한이 수직적으로 중앙으로 모이는 '집권화'를 일컫고, 'concentration'은 권력이나 권한이 수평적으로 한 곳으로 모이는 '집중화'를 의미하는바, 피콕 등은 concentration을 집권화의 의미로 사용하고 있음을 볼 수 있다(A. T. Peacock and J. Wiseman, 1967, pp. 29–30).

분권화 경향에 대해서는 1980년대 이래 각국의 '작은 정부'로의 회귀 경향이 거대한 중앙정부의 움직임을 저지시키는 작용을 하면서 지방정부 지출의 상대적 증가 속도가 빨라져 왔다고 보기도 한다.[10] 아울러 종래에 중앙정부의 지출이 상대적으로 컸었던 추세가 지방정부 지출의 상대적 증대로 전환하게 된 데에는 세원 배분에 변화가 수반되었기 때문에 가능했던 것으로 보는 견해도 있다. 이것은 종래에 중앙 집권화가 가능했던 것은 주요 세목의 배분이 중앙정부에 치우쳐 있었는 데 비해 차츰 주요 세목의 지방 이양 또는 공동세화되어 가는 추세를 보임으로써 지방정부 지출 증대의 배경이 되었다는 설명이다.[11]

지금까지 다양한 요인을 가지고 지방정부 활동의 증대와 중앙 집권화 내지 지방 분권화 경향을 설명하였으나 어느 하나의 경향만 나타나는 것이 아니기 때문에, 특정 지방정부의 구체적인 상황은 중앙정부와 해당 지방정부의 정치경제적, 사회적 상황 등과 연계되어 밝혀져야 할 것이다. 아울러 설령 현상적으로 지방정부의 경비가 중앙정부의 경비에 비하여 더 빠른 속도로 증가하고 있다고 해도 그것이 반드시 사실상의 지방 분권이 강화되고 있는 것으로 볼 수 있는 것도 아니라는 사실을 유념할 필요가 있다.[12]

2. 구조적 요인에 의한 설명

전술한 정부 지출 팽창의 경향성에 대한 설명은 주로 교통 · 통신의 발전과 같은 기술적 요인, 전쟁 · 불황 등과 같은 우연적이고 일시적인 요인, 인구 규모나 구조와 같은 경제 구조에 영향을 주는 현상적인 여러 가지 요인으로 설명하고 있는 것을 볼 수 있다. 그러나 지방정부의 경비 팽창의 경향성을 이해하기 위해서는 단순히 위와 같은 현상적 요인만 검토해서는 힘들며, 오히려 그러한 현상적 요인을 낳게 하는 근원으로서 지역의 사회 경제 구조적 요인을 구명해 볼 필요가

10 물론 이러한 해석에 대해서는 중앙정부가 정부 지출 증가의 부담을 지방정부로 떠넘기려는 정치적 이해에 근거를 두고 있다는 견해도 있음을 유념할 필요가 있다.

11 흔히 독일의 예를 들어 주요 세목의 공동세화가 총정부 지출 중 중앙정부 지출의 상대적 비중 저하를 가져오는 요인으로 작용하고 있다는 사실이 자주 지적된다.

12 이러한 상황은 지역 개발 정책이 자본의 이해에 부응하여 중앙정부 차원에서 수립되고 시행되는 경우 나타나는 재정상의 제 특징을 보면 이해할 수 있다.

있다.

(1) 구조적 요인과 지방 경비 팽창 현상

그런데 여기서 사회 경제 구조란 논자에 따라서 다양하게 파악되는바,[13] 사회 경제 구조를 사회적 요인과는 독립적인 경제 구조 그 자체로 보는 견해에서는 경비 팽창의 원인을 파악함에 있어서도 전술한 바와 같이 경제 구조에 영향을 주는 우연적이고 일시적이고 현상적인 요인들로 설명한다. 그에 비해 사회 경제 구조를 사회적 요인과 상호 제약적인 관계에 놓여 있는 경제 구조로 파악하는 논자들의 경우는 경비가 사회적 요인과 경제적 요인의 상호 제약적인 관계에 어떠한 영향을 주고받는지에 따라 경비 팽창 요인도 서로 다르게 설명된다. 따라서 이들은 경비 문제를 다룸에 있어서도 경제 구조가 정치 부문을 비롯한 비경제적인 사회 제 부문과 어떠한 상호 제약적 관계에 놓여 있는지 여부를 파악하는 데 주력하게 된다.

그 중에는 특히 경제 구조를 생산적 부문과 비생산적 부문들 사이의 관계로 파악하고, 그것이 정치 부문을 포한함 사회의 구조적 틀을 총괄하는 제도의 총체에 의해 영향을 받는 것으로 파악하는 견해가 있다.[14] 이러한 견해를 따르는 논자들은 한 사회의 경제 부문의 활동을 규정짓는 제도적 틀이 경제 주체들의 생산적 활동을 촉진시키는 데 기여하도록 작동하고 있으면 정부 경비가 팽창하더라도 문제가 없는 것으로 보고 있다. 문제는 생산적 활동을 촉진시키기보다는 비생산적 활동을 촉진시키는 데 유리하게 형성되어 있으면 궁극적으로 낭비적인 정부 지출이 늘어나는 경향을 보이는 것으로 보고 있다. 이 입장에서는 경비 팽창 현상을 검토함에 있어서도 경제 제 부문들 사이의 관계, 즉 경제 구조만 파악해서는 안 되며 그러한 경제 구조에 영향을 주는 제 제도적 틀의 생산적 성격 여부

13 사회 경제 구조는 도입부에서 소개한 것처럼 정치 부문을 포함한 비경제적인 사회 전반의 구조와 경제 구조의 상호 제약적인 개념으로서, 구체적으로는 논자에 따라 다양하게 파악된다. 먼저 사회 문제를 현상적으로 파악하는 근대 경제학적 논자들은 사회 구조와 경제 구조는 서로 독립적으로 존재하는 것으로 인식하는 반면, 정치경제학적 논자들을 비롯한 비판적 경제학자들은 그 둘을 상호 제약적인 존재로 파악하고 있다.

14 이러한 견해를 취하는 논자들은 베블렌(T. Veblen)을 비롯한 뮈르달(G. Myrdal), 갤브레이스(J. K. Galbraith) 등의 전통적인 제도주의 경제학자들을 일컫는다.

를 종합적으로 검토해 보아야 함을 강조하고 있다.

다른 한편, 경제 구조의 으뜸을 자본가와 노동자의 대립 구도로 보고, 그러한 경제 구조는 그 자체로 주어지는 것이 아니라 비경제적 사회 구조 전반에 의해 영향을 받는 것으로 보고 있는 견해가 있는데,[15)] 이 견해를 따르는 논자들은 경제 구조는 비경제적 사회 구조 중에서 특히 정치 구조, 즉 국가 권력에 의해 크게 영향을 받는 것으로 보고 있다. 따라서 지방정부의 경비 팽창 현상을 설명함에 있어서도 자본주의 발전 과정에서 나타나는 자본가와 노동자의 대립 구도가 주로 정치 부문으로 대표되는 사회의 구조적 요인에 의해 얼마나 어떻게 영향을 받는지에 초점을 맞추고 있다. 이러한 논자들에 의하면 자본주의 하의 국가 활동이 경제 발전 과정에서 자본가와 노동자의 대립 구도를 심화시키면서, 한편으로 자본 활동을 지원하기 위한 '생산의 사회화 과정'을 촉진시키며, 다른 한편 '소비의 사회화 과정'을 아울러 촉진시키면서 지방 경비를 팽창시키는 경향성을 나타내는 것으로 파악하고 있다.

여기서 먼저 '생산의 사회화 과정'이란 전국적 차원에서 자본주의적 생산 활동의 확산에 따라 그러한 생산 및 유통 과정에 필수적인 역할을 하는 교통, 통신, 가스, 전력, 상하수도 시설 등 사회 기반 시설이 공공 투자 형태로 정부에 의해서 지원된다는 사실을 의미한다. 그런데 그 중 상당 부분을 지방정부가 맡게 되면서 지방 경비가 팽창해 가는 경향성을 보이게 되는 것으로 인식한다. 한편, '소비의 사회화 과정'이란 자본주의적 발전 과정에서 지역 사회가 자본주의적으로 재편되면서 가족이나 지역 공동체가 급속하게 해체되고 그에 따라 종래 가족 내지 지역 공동체 차원에서 공급되어 오던 보육, 교육, 의료 등의 서비스가 지방정부에 의한 공적 서비스의 형태로 공급되는 폭이 급격하게 높아지는 경향성을 일컫는다. 다른 한편 자본주의적 생산 활동 과정에서 급격하게 늘어나고 있는 생산 폐기물 처리 내지 환경 보호 서비스 같은 것들이 공적 서비스 형태로 공급되고 있다. 그런데 이러한 업무도 대부분 지방정부가 수행하게 되면서 지방정부의 경비는 더욱 늘어나는 경향성을 보이고 있다.

15 마르크스(K. Marx)를 비롯한 마르크스주의적 견해를 취하는 다양한 논자들이 이에 해당한다.

아울러 전술한 생산의 사회화 과정과 소비의 사회화 과정을 통해서 늘어나는 지방정부의 업무를 담당하기 위해 지방정부의 행정 조직과 그 운영을 위한 공무원 또한 더욱 늘어나는 경향을 보이기에 이르렀다. 이와 같은 지방정부 관료 기구의 팽창은 결국 지방정부 지출의 증가를 가져오는 결과를 낳게 되었다. 다른 한편, 다양화되고 심화된 지방행정 수요 충족 과정에서 비대해진 관료 기구는 중앙 정치 권력 내지 전국적 자본, 나아가 그들과 연계되어 있는 지역의 토착 세력에 포획되어(local captured) 지방정부의 업무를 전국 또는 지역 자본의 이익에 봉사하는 영리 활동의 대상으로 전락시키는 경향을 보이기도 하였다.

물론 다수 주민의 생존이나 발달의 권리를 기초로 한 지방자치의 권리가 헌법이나 법률에 의하여 보장되고, 그 권리를 담보하는 지방정부의 수장이나 지방의원의 선출, 객관적인 공무원 제도 도입 등을 통한 대의제 민주주의적 요소의 강화, 나아가 각종 참여 제도 등의 활성화를 통한 직접 민주주의적 요소의 보강 등이 이루어져서 지방재정 활동에 대한 주민의 참가와 통제 제도가 한편에서 정비되어 왔다. 이리하여 지방 경비 지출이 지역 주민의 자기 개발을 통한 생활의 질의 개선에 기여하는 역할을 수행한 측면이 있는 것도 사실이다.

그러나 다른 한편에서는 위에서 본 지방 경비 팽창 과정이 진전되어 오면서 나라에 따라 다소간 차이가 있기는 하나 주민의 지방자치에 대한 권리와 그것을 담보하는 민주주의적 제도가 형식적인 수준에 머무르는 경향을 보이고 있음도 부인할 수 없다. 그리하여 결국 지방재정 활동이 영리주의와 관료주의의 팽창으로 인해서 끊임없이 확대되는 경향을 보이고 있다는 사실을 유념할 필요가 있다. 한마디로 비판적 논자들은 지방 경비의 팽창은 자본주의 발전 과정에서 지역 사회를 유지하기 위해 필요한 공공 서비스의 유형과 그 규모 및 그 충족 방법의 변화 과정을 통해서 설명될 수 있는 것으로 보고 있는바, 궁극적으로는 지방 경비 지출이 주민들에 의해 직접 통제되는 메커니즘이 약화 내지 해체됨으로써 나타나게 되는 것으로 파악한다.

(2) 세계화 · 지방화의 진전과 지방 경비 팽창 현상의 가속화

한편, 시장이 범세계적으로 확산되어 가는 소위 세계화 과정에 부응하여 지방정부는 시장 논리에 편승하여 자본 활동의 유치를 통한 지역 개발 정책, 즉 지방화를 추구해 나가는바, 이러한 정책을 뒷받침해 주는 과정에서 끊임없이 재정지출이 팽창해 가는 경향을 보인다. 이하에서는 이러한 경향성을 자본주의 발전과정에서 나타나는 전형적인 과밀 · 과소화 현상과 세계화 과정에서 확산되고 있는 장소 판촉 활동과 관련지어서 지방 경비 팽창 현상이 가속화되고 있는 사실을 검토해 보고자 한다.[16)]

1) 과밀 · 과소화 현상의 심화와 지방 경비 팽창

자본주의 발전에서 전형적으로 나타나는 과밀 · 과소화 경향은 극소 전자 혁명을 거치면서 운송 통신 수단이 발달하고 정보화가 진전되어 생산 체제가 유연화되면서 전개되는 세계화 과정에서 현실적으로 더욱 가속화되는 경향을 보인다. 즉, 세계화 과정에서 수반되는 각종 기술이나 정보가 대도시 지역에 극단적으로 집중되고, 이에 반해 중소도시 및 농어촌 지역은 상대적으로 더 쇠퇴되기 때문에 과밀 · 과소화 경향은 더욱 가속화되는 경향을 보인다. 이 과정에서 대도시 지역의 지방정부는 전국적 또는 세계적 기업들이 요구하는 보다 전문화된 각종 공공 서비스를 제공해 줌으로써 지속적으로 경쟁력을 확보해 나가고자 한다. 이러한 요구에 부응하여 각종 재정 지출 요구가 새롭게 겹쳐지면서 과밀 지역은 과밀 지역대로, 과소 지역은 과소 지역대로 재정 지출 요구가 더욱 늘어나는 경향을 보인다.

뿐만 아니라 이와 같은 대도시로의 집중 과정에서 지역 경제 불균등 발전 현상이 나타나며, 그 과정에서 이른바 '도심 빈곤화'(inner city) 문제도 더욱 가속화되는 경향을 나타낸다. 말하자면, 가속화되는 지역 경제의 불균등 발전에서 나타나는 대도시로의 극단적인 집중화 과정에서, 교통 · 환경 문제 등 집중 현상으로 인한 집적의 불이익(지역 문제)이 누적되어 생활 공간으로서의 위상을 더욱 상실해 가면서 고소득자들의 교외로의 분산을 가속화시키는 경향을 보인다. 그리하여 결국 대도시 지역 지방정부는 일정 수준의 기초적인 생활 지원을 위한 서비스

16 이하 설명 내용은 우명동(2001), pp. 383-385를 참고해서 수정 · 보완한 것이다.

를 기본적으로 공급해야 하는 동시에 세계적 경쟁 속에서 경쟁력을 확보하기 위해 보다 전문화되고 정보화된 각종 사회 간접 자본 시설에 지속적으로 투자해야 할 필요성이 커지면서 재정 수요가 계속 늘어나는 경향을 보인다.[17)]

2) 장소 판촉 활동과 재정 지출의 팽창

극소 전자 혁명을 거치면서 운송 통신 수단이 혁명적으로 발전하며, 나아가서 정보화가 급진전되고, 그 결과 자본과 기업 활동의 이동성이 강화됨에 따라, 각 지방정부는 서로 자기 지역에 고용을 창출하고 지역 성장을 촉진하기 위해서 전국적 또는 국제적인 자본 활동을 유치하려는 노력을 경쟁적으로 경주하게 된다. 구체적으로 각 지방정부는 다국적 기업들이 투자 활동에 관한 의사결정을 할 때 조세 수준뿐만 아니라 재정 지출 수준을 충분히 연계시키다는 사실을 인식하고 있다. 이러한 인식 위에 각 지방정부는 세계적인 전 지역을 상대로 자본 활동을 확대해 가는 다국적 기업들의 입지 요구에 부응하는 과정에서 자기 지역의 '장소 판촉'을 위해서 보다 양질의 도로, 항만 등 운송 수단, 통신 수단, 정보 채널, 연구 교육 시설 등 수준 높은 사회 간접 자본의 확충, 높은 숙련 노동력, 나아가서 안정적 투자 분위기 조성 등 기업 활동에 유리한 지역 환경을 창출하여 적극적으로 기업을 유치하고자 노력한다. 특히, 이러한 요인들이 자기 지역에 자본 활동을 유치하고자 하는 지방정부에 의해 '경쟁적'으로 창조된다는 사실로 인해 상술한 재정 지출 팽창의 경향성은 더욱 짙어지는 것이다. 나아가서 이와 같은 세계적 자본 활동의 유치뿐만 아니라 세계화에 따라 외국 노동자, 외국 관광객 등 국제적 인구 이동 현상이 빈번해지면서 '국제화의 사회적 비용'이 높아지는 것도 세계화로 인한 지방정부 지출 팽창의 한 요인으로 제시되기도 한다.

17 이러한 현상은 도시 주민의 도시 탈출(urban exdous)로 일어나는 소위 '역도시화'(deurbanization) 현상의 결과로서 '도넛(doughnut) 현상'이라고도 하는바, 이와 같은 현상에 대해서는 서로 다른 사례와 근거가 제시되기도 한다. 구체적으로 도심지 생활 환경의 악화로 주로 중·고소득층이 교외 지역으로 이동해 가는 현상과 그와는 대조적으로 도심지에 값싼 주거지를 구하지 못한 중하층 주민들이 불가피하게 그다지 좋지 못한 생활 환경의 외곽 지역으로 이동해 가는 현상이 동시에 존재한다. 결국 특정 시기, 특정 도시가 처한 상황에 따라 도시 지역의 계층 간의 갈등은 서로 다른 형태로 존재할 수 있을 것인바, 도시 지역 지방정부의 재정 수요의 규모와 구조는 도시가 처한 이와 같은 서로 다른 구체적인 상황에 따라 달라질 수 있을 것임을 유념해 둘 필요가 있다.

제2절 지방 경비의 경제성 평가-예산 제도와 운용의 효율성

지방 경비의 경제성을 먼저 개별적이고 주관적인 가치 기준에 따른 '부담과 편익의 대응'이라는 이른바 '경제적 효율성'의 관점에서 검토하고, 나아가 '사회적 효율성'이라는 관점에서의 비판적 견해를 검토해 보고자 한다. 먼저 경제적 효율성이라는 기준에 입각한 평가에서는 예산 제도적 측면에서의 효율성과 지방 세출 구조 면에서의 효율성이라는 두 개의 측면으로 나누어 검토한다.

1. 예산 제도의 효율성

예산 제도에 대해서는 전통적인 '증분주의적 예산 편성 방식'과 그에 대응하여 경제적 효율성을 제고시키기 위해 대두된 계획 예산 제도(PPBS)와 영기준 예산 제도(ZBB) 등 '효율적 예산 편성 방식'을 검토하고, 이어서 예산 원칙과 관련해서 효율적인 예산 제도 운영을 위한 중기 재정 계획 제도에 대해 검토한다.

(1) 증분주의적 예산 편성 방식

'증분주의적 예산 편성 방식'(incrementalism)은 과거의 사업 내용에 대한 경제적 타당성에 대해 다시 검토하지 아니하고 다음 연도의 예산을 편성하는 전통적인 예산 편성 방식을 일컫는다. 이 방식에서는 주로 예상 물가 상승률 등 당시의 경제적 여건을 감안하여 전년도 예산에 연동시켜 다음 연도의 예산을 편성하는 방식을 취한다.

이러한 증분주의적 예산 편성 방식은 압력 단체 등의 이해관계자와 조직별 사무 담당자 간의 예산 획득을 위한 논쟁의 반복을 회피하고, 새로운 정책에 논의를 집중시킬 수 있기 때문에 예산 과정이 보다 능률적으로 이루어질 수 있는 측면이 있다는 긍정적 평가를 받기도 한다. 그러나 증분주의에 의한 예산 편성은 조직별로 예산 확보를 기득권화시킴으로써 사회 변화 과정에서 예산과 주민의 욕구 사이에 괴리를 가져와 재정 운용의 경직화와 비효율성을 키우는 요인으로 작용하고 있다는 부정적 평가를 받기도 한다.

(2) 효율적 예산 편성 방식

증분주의적 예산 편성 방식이 현실적으로 폭넓게 활용되고 있으며 긍정적인 측면이 없는 것은 아닐지라도 재정 운용의 효율성이라는 관점에서 그 동안 많은 비판을 받아 왔다. 이러한 비판을 극복하여 재정 운용의 효율성을 제고시키기 위한 일환으로 예산 회계 제도 면에서 '계획 예산 제도'와 '영기준 예산 제도'와 같은 보다 효율적인 예산 편성 방식이 제시되어 오고 있다. 이하에서는 이 두 예산 제도에 대해 살펴보고자 한다.

1) 계획 예산 제도

'계획 예산 제도'(planning programming budgeting system: PPBS)는 일정한 자원을 공공 목적에 배분할 때, 장기적인 계획(planning)과 단기적인 예산 편성(budgeting)을 실행 가능하고 다양한 단기적인 대안들(programming)을 가교로 유기적으로 관련시킴으로써 자원을 효율적으로 배분하고자 하는 예산 편성 방식을 일컫는다. 이 방식을 채택하기 위해서는 먼저 전반적인 장기 정책 목표를 설정(계획 책정)하여야 한다. 이어서 그러한 장기적인 정책 목표를 달성할 수 있는 실행 가능한 다양한 단기 프로그램들을 수립한다. 다음으로 이 과정에서 제시된 여러 대안을 놓고 경제성을 분석하기 위해 '비용 편익 분석'(cost-benefit analysis)을 실시한다. 여기서 '비용 편익 분석'은 여러 대체 가능한 공공 사업들의 비용과 편익을 계산하여 순편익 또는 편익/비용 비율을 구해서 사업의 우선순위를 결정하는 방법을 일컫는다. 이와 유사한 개념으로 '비용 효과 분석'(cost-effectiveness analysis)이 권고되기도 하는데, 이는 공공 서비스가 창출하는 무형적 편익의 정확한 측정이 어려운 경우, 공공 사업의 목표를 주어진 것으로 보고 그 주어진 목표를 달성할 수 있는 다양한 대안들의 비용을 비교하여 사업의 우선순위를 선택하는 방법을 일컫는다. 나아가 일단 이러한 분석을 통해 적정 프로그램이 채택되고 나면, 해당 프로그램의 첫 연도분을 실행하기 위해 당해 연도 예산 편성을 통해 필요한 자금을 재정적으로 뒷받침해 준다. 즉, 예산 편성 과정은 장기적인 계획 수립과 단기적인 프로그램의 결정에 뒤따르는 예산화 과정에 해당된다.

이 방식에 의해 예산을 편성하면 예산 사업의 경제성이 제고되어 궁극적으로 예산의 효율성이 제고되는 것으로 받아들여지고 있다. 그러나 이 제도가 활용되기 위해서는 비용 편익 분석이 필수적인데, 비용 편익 분석 과정에는 미래 가치와 현재 가치 사이의 적정 '할인율'(discount rate)을 찾아내는 문제라든가 비용 또는 편익 측정에 활용할 사회적 기회 비용을 측정하는 '잠재 가격'(shadow price) 측정의 문제 등에서 많은 어려움이 내재되어 있다.[18] 뿐만 아니라 그것이 기술적으로 가능하다 하더라도 분석을 위한 시간과 비용이 크게 소요된다든지 또는 분석 과정을 뒷받침해 주는 행정 조직의 재편성, 의회의 지지가 전제되어야 한다는 등 많은 문제를 안고 있어서 현실적으로 실행 가능성 면에서 회의적 시각이 많다는 점도 유념할 필요가 있다.

그런데 이 제도는 중앙정부 차원에서보다 특히 사업의 지리적 범위가 한정된 지방정부 차원에서의 예산 편성에서 보다 잘 부합되는 것으로 알려지고 있다. 그러나 지방 예산의 경우는 특히 정부 간 재정 관계의 불확실성으로 인해 그 실시가 제약받게 되는 측면이 있다는 점도 유념할 필요가 있다.

2) 영기준 예산 제도

계획 예산 제도와 더불어 효율적인 예산 편성 방식의 일환으로 제시되고 있는 제도로 '영기준 예산 제도'(zero-base budgeting system: ZBB)가 있다. 이 제도는 예산을 편성할 때 기존에 시행해 왔던 사업 내용과는 관계없이 사업의 목적, 수행 방법 및 동원할 자원 등에 대해 전면적으로 재평가하여 그 수행 여부를 결정해 예산을 편성하는 방식을 일컫는다.

이 방식은 일선의 실무 관계자들이 스스로 맡은 사업 활동의 성과를 분석 · 평가하고 우선순위를 결정하여 그 내용을 예산 편성 과정에 반영하는 방식을 취한다. 결국 이 방식은 예산 편성 과정에 실무 관계자를 관여시키는 상향식 의사

18 공공 사업의 비용 편익 분석과 관련된 보다 구체적인 논의는 우명동(2007), pp. 239-267을 참고하기 바란다.

결정 방식을 택한다는 특징이 있다. 이는 앞의 PPBS가 하향식 예산 편성 제도이었던 것과는 그 내용을 달리한다 하겠다.

이 제도에 의해 예산을 편성하면 실무 관계자가 의사 결정 과정에 참여하기 때문에 모든 단계의 관료들이 자신의 업무를 개선하고자 하는 유인이 생길 수 있다. 뿐만 아니라 관료들이 갖고 있는 많은 정보가 예산 편성 과정에서 활용되고, 나아가 예산 요구 시 요구액에 대한 경제적 근거를 제시해야 하기 때문에 책임감을 갖게 된다. 결국 이와 같은 상향식 의사 결정 과정을 거쳐 예산을 편성함으로써 예산의 효율성을 제고시킬 수 있게 된다.

그러나 이 방식이 의미를 갖기 위해서는 관료들이 스스로의 사업 활동을 분석하고 평가할 수 있는 전문성을 갖고 있어야 하며, 그러한 활동 과정에 시간, 노력 등의 부담이 가중되는 문제점이 있다. 뿐만 아니라 그러한 과정에서 관료들은 자신에게 불리한 것은 감추고, 유리한 것은 부각시키려는 사적 유인이 작용하는 문제점이 내재되어 있다.

영기준 예산 제도와 유사한 개념으로 '일몰법'(sunset law)이 있는데, 이 법은 현재 시행 중인 사업이 일정한 기간이 경과하면 자동적으로 폐지되도록 하는 법률을 일컫는다. 이 법에 의하면, 만약 일몰 기간이 지난 후에도 사업을 계속할 필요성이 존재하면 그 사업을 재평가하여 존속시키는 방식을 취한다. 이 법은 해당 사업이 그 효율성이 감소되어도 타성과 관습에 의해 그대로 존속하는 것을 방지하고 새로운 경제적 타당성이 있는 신규 사업을 시행하기 위해 제시되고 있다. 이 법은 정부가 이미 시행한 사업을 재평가하여 효과가 없으면 그 사업의 실시를 제한한다는 점에서 영기준 예산 제도와 동일하다 하겠다. 그러나 영기준 예산 제도는 그 의사 결정이 관리자 단계에서 이루어지는 행정적 과정이지만, 일몰법은 입법적 과정이므로 행정부의 사업에 일정 기간의 유효 기간을 설정하여 이를 법률로써 규정한다는 점에 차이가 있다.

(3) 단년도주의 예산 원칙과 중기 재정 계획의 수립

전통적인 예산 원칙에는 '회계 연도 독립의 원칙'이라는 것이 있다. 이 원칙은 "각 회계 연도의 경비는 그 연도의 세입으로 충당해야 한다"는 원칙이다. 즉,

그 연도에 지출해야 할 경비의 재원은 그 연도 내의 세입에 의하여 조달되어야 하고, 그 연도에 지출되어야 할 경비가 다른 연도에 지출되어서는 아니 된다는 뜻이다. 이 원칙은 일정 기간에 해당하는 회계를 타기간과 구분하여 정리함으로써 그 기간에 해당하는 회계 내용을 명확하게 하게 하기 위한 것이다. 이러한 원칙의 전제는 "예산의 의결은 각 회계 연도마다 새로이 하여야 한다"는 '단년도주의 예산 원칙'이다. 이 원칙은 의회의 예산에 대한 심의권 확보의 요청에서 나온 것이라는 점에서 회계 연도 독립의 원칙과 구별된다.[19]

이렇게 일반적으로 예산은 '단년도주의'를 원칙으로 해서 편성 · 운용되고 있다. 그러나 이 원칙에만 집착하게 되면 장기적인 재원 동원 및 재원 배분의 방향을 고려하지 못함으로써, 결국 지방정부 입장에서는 장기적인 전망 속에서 연년의 예산을 편성하기가 어려워지기 쉽다. 그래서 각 지방정부로 하여금 수년(주로 5년)에 걸쳐 수행하고자 하는 사업의 목표와 내용, 사업의 우선순위, 재원 조달 방법, 나아가 지역 경제에 미치는 영향 등을 전망하는 '중기 재정 계획'을 수립하고, 이러한 중기 재정 계획에 따라 단기적인 연년의 예산을 편성하게 함으로써 궁극적으로 지방정부의 효율적인 자원 배분을 꾀할 필요성이 제기된다.

그러나 이러한 중기 재정 계획의 작성은 불확정적 요인이 많기 때문에 그 작성에 현실적인 어려움이 많다. 특히, 지방정부의 경우 이러한 사정은 더 심한데, 그것은 세수 예측 과정에서 중앙정부로부터의 보조금, 지방채 발행 등이 중앙정부의 재정 사정에 크게 좌우되기 때문에 책임 있게 중장기적인 지방 재정 계획을 수립하는 것이 실제로는 곤란한 측면이 많음을 유념할 필요가 있다.

2. 지방 경비 구조의 효율성

상술한 예산 제도의 효율성에 대한 논의에 이어, 여기서는 지방 경비의 분류와 그 성격 구명을 통해 지방 경비 구조의 효율성에 대해 검토하고자 한다.

19 국회예산정책처(2012), pp. 46-47.

(1) 지방 경비 분류와 그 성격

지방 경비 분류에 대한 이해는 지방 경비의 효율적 사용 여부를 판단하는 데 중요한 의미를 갖는다 할 것이다. 일반적으로 지방 경비는 크게 기능별 분류와 성질별 분류로 나누어지는바, 성질별 분류의 한 형태로서 경제적 분류가 행해지기도 한다. 이하에서는 이들 제 분류의 기준과 각 유형의 경비의 성격을 검토해 보고자 한다.

1) 기능별 분류

먼저 '기능별 분류'는 지방정부가 어떠한 활동을 하기 위해서 얼마나 지출하는지를 나타내는 분류로서, 구체적으로 일반 행정비, 지역 개발비 내지 산업 경제비, 환경 보호 유지비, 사회 복지비 등 지출 분야별 분류를 일컫는다. 이 분류는 정부가 지출하는 경비의 목적을 중심으로 경비를 구분한다 하여 '목적별 분류'라고도 한다.

이 분류는 지방정부의 활동 방향이나 규모를 나타내 줌으로써 해당 지방정부의 성격 내지 정책 의도를 파악하게 해준다. 따라서 기능별 경비 구조는 지방정부의 유형에 따라 달라질 것임은 물론이다. 그러나 보다 근본적으로는 중앙정부와 지방정부 사이에 기능 배분이 어떻게 이루어져 있는지에 따라 그 비중이 서로 다르게 나타날 것이라는 사실도 유념해 둘 필요가 있다.

2) 성질별 분류

'성질별 분류'는 지방정부가 정부 활동을 위해서 어떠한 재화 또는 서비스를 구입하느냐에 따른 분류를 일컫는다. 말하자면, 정부가 경비를 지출하여 생산 요소 시장에서 재화 또는 서비스를 구입하는지 아니면 정부 활동 수행에 소모되는 물품을 구입하는지, 나아가 경비 지출을 통해 자본을 형성하기 위해 지출하는 것인지, 또는 아무런 대가 없이 일방적으로 지출하는 것인지 등 지출의 성질에 따른 분류를 일컫는다. 구체적으로 인건비, 물건비, 투자적 경비, 이전적 경비, 융자 및 출자 등의 분류가 이에 해당된다.

이 분류는 경비를 정부가 구입하는 품목별로 나누는 방법이라 해서 '품목별

표 7-1 지방정부 경비의 분류

분류 기준	분류 및 항목
기능별(목적별) 분류	일반 행정비, 지역 개발 내지 산업 경제비, 환경 보호 유지비, 사회 복지비 등
성질별(품목별) 분류	인건비, 물건비, 투자적 경비, 이전적 경비, 융자 및 출자 등
* 경제 성질별 분류	이전적 경비, 비이전적 경비(경상적 경비, 투자적 경비)

분류'라 부르기도 한다. 이 분류는 경비를 이렇게 품목별로 분류하는 방법이기 때문에 정부 입장에서는 지출의 통제와 회계 책임의 확립 등 재정 관리 면에서 유용하다는 평가를 받고 있다.

3) 경제적 분류

위의 '성질별 분류'를 특히 경제적 성질의 관점에 초점을 맞추어 재분류한 것을 '경제적 분류'라 일컫기도 한다. 크게 이전적 경비와 비이전적 경비로 분류하고, 비이전적 경비는 다시 경상적 경비와 투자적 경비로 분류한다. '이전적 경비'는 정부가 아무런 대가 없이 일방적으로 지출하는 경비를 일컫는 것으로서, 구체적으로 경제적 취약자들에 대한 생활 보조비, 취약 산업에 대한 지원금, 부조비 등을 들 수 있다. 이에 비해 '비이전적 경비'란 정부가 경비 지출을 통해 재화 또는 용역을 구입하는 경비를 일컫는다. 그 중에서 '경상적 경비'는 인건비, 물건비 등 매년 되풀이해서 지출되는 소모적 경비를 일컬으며, '투자적 경비'는 정부가 경비 지출을 통해 사회 자본을 형성하거나 민간 자본의 형성을 보조하는 생산적 경비를 의미한다.

이러한 경제적 분류는 특정 지방정부 지출이 관할 지역의 소득이나 고용 수준 등에 미치는 경제적 영향을 파악하는 데 도움을 준다. 따라서 이러한 경제적 분류는 지역 경제 발전과 나아가 지방재정의 장기적 건전성을 가늠하는 중요한 지표로서의 구실을 수행함을 유념할 필요가 있다. 이제 이하에서는 경제적 분류 중에서 '비이전적 경비'의 효율성 제고를 위한 다양한 논의를 개괄해 보고자 한다.

(2) 경제적 분류와 효율성

1) 경상적 경비와 효율성

경상적 경비는 일상적인 활동에 지출되는 소모적인 경비로서, 해마다 일정하게 지출되기 때문에 경직성을 띠는 경비이다. 따라서 이러한 경비는 단순하게 경제적 관점에서만 본다면 그 비율을 축소시키는 것이 바람직한 것으로 간주되고 있다.

경상적 경비는 위와 같은 성격으로 인해서 불요불급한 수준을 넘어서는 지출에 대한 억제가 요구되며, 각종 평가 지표에서는 이와 같은 경상적 경비의 억제를 위한 유인 지표들이 제시되곤 한다. 이렇게 경상적 경비를 줄이기 위해서는 지방정부의 기구 확충이나 인원 증원을 억제할 것이 요구되며, 이러한 요구에 부응하기 위해서 지방정부들은 직무 분석 등을 통하여 중복 기능을 통합하고 생산성이 낮은 인력이나 기구를 흡수하거나 폐지하려는 노력을 강화한다.

2) 투자적 경비와 효율성

위의 경상적 경비와 달리 투자적 경비는 지역의 사회 간접 자본 축적을 통해 지역 경제의 생산 능력을 제고시킴으로써 지역의 산업 경제를 발전시키는 기능을 수행한다. 그리하여 주민의 소득을 증대시키고 결국 지역 주민의 삶의 질을 제고시키는 데 기여하게 된다. 이러한 투자적 경비는 크게 나누어 '산업 관련 투자비'와 '생활 관련 투자비'로 나누어 볼 수 있다. '산업 관련 투자비'란 산업 활동에 필요한 자본의 형성을 목표로 하는 투자적 경비를 일컫는 것으로서, 도로, 교통, 통신, 전기 등 지역 경제를 위한 사회적 기반 시설에 대한 지출을 의미한다. 이에 비해 '생활 관련 투자비'란 지역 주민들의 생활 과정에 필요한 자본의 형성을 목표로 하는 투자적 경비를 일컫는 것으로서, 상하수도, 병원, 학교, 공원, 각종 문화 및 복지 시설을 만들고 유지시키는 데 들어가는 경비를 일컫는다. 일반적으로 전자는 경제적 생산 능력을 제고시키는 데 크게 기여하지만, 후자는 그러하지 못한 것으로 인식되고 있다.[20]

20 그러나 생활 관련 투자비라 해서 일방적으로 생산적 성격을 부정할 수는 없으며, 특정 사회가 처한 상황에 따라 생산성이 제고되기 위해서는 일정한 생활 관련 투자가 반드시 필요하다는 견해도 있음을 염두에 둘

이제 이러한 투자적 경비의 효율성을 확보하기 위한 제반 정책적 수단들에 대해 점검해 보고자 한다. 구체적으로 이러한 목적의 정책 수단은 사업 시행의 절차에 따라 사전적 단계와 진행 단계, 그리고 사후적 단계의 세 단계로 나누어 살펴볼 필요가 있다.

먼저 사전적 단계로는 해당 사업비 지출 이전에 해당 사업의 타당성 조사를 통한 투자 우선순위의 조정 과정이 과학적으로 이루어질 필요가 있다. 이를 위해서는 구체적으로 전술한 '비용 편익 분석'이나 '비용 효과 분석' 등을 통해 지방 투자 사업 예산의 타당성 조사와 투자 우선순위의 조정이 이루어질 필요가 있다. 한편, 이러한 타당성 분석의 결과가 전술한 계획 예산 제도나 영기준 예산 제도와 같은 효율적인 예산 편성 방식이나 중기 재정 계획 등을 통해 반영될 때 비로소 투자적 경비의 효율성 제고에 기여하게 될 것이라는 점을 유념할 필요가 있다.

나아가 그러한 과정을 거쳐 일단 사업이 시행 단계에 접어들면, 해당 사업이 시행 과정에서 제대로 효율적으로 시행되고 있는지 여부를 수시로 확인하는 '점검 체계'(monitoring system)를 구축하는 것이 필요하다. 말하자면, 해당 사업의 시행 과정을 수시로 점검하여 시행상의 효율성을 제고하고, 이와 더불어 장기적인 투자 사업의 성격상 시행 과정에서 나타나는 예측하지 못했던 여건 변화를 적극적으로 수용해서 투자 사업을 탄력적으로 운영할 필요가 있다. 마지막으로 사업이 마무리된 후 시행 결과에 대한 사후적인 분석 및 평가 체계를 확립하여 그 결과를 새로운 투자 사업 계획 수립에 반영하는 보다 적극적인 '환류(feed-back) 노력'이 수반되어야 할 것이다.

물론 위에서 제시한 단계별로 지방 투자 사업의 효율적 사용을 위해서는 지방정부 관련 공무원들의 전문성이 제고될 필요가 있을 것이며, 아울러 지방의회 의원들의 이해도 뒷받침될 필요가 있을 것이다. 그러나 이 모든 것이 지역 사회의 이해를 반영하여 실효성을 발휘할 수 있기 위해서는 무엇보다 지역 주민들의 지속적인 관심과 참여 노력이 필요하다는 사실도 더불어 유념할 필요가 있다 할 것이다.

필요가 있다.

3. 사회적 효율성의 개념과 중요성

지금까지의 논의는 지방 경비 지출의 기준을 효율성에 두고 있는바, 거기서 일컫는 효율성은 '경제적 효율성' 개념에 바탕을 두고 있었다. 그런데 이 '경제적 효율성' 개념은 어디까지나 개별적이고 주관적인 편익과 비용만을 의미하는 평균적이고 총량적인 개념으로서, 이 개념은 사회 구성원의 개별적 합리성과 그들의 자유권적 기본권에 바탕을 두고 있는 개념이다. 이러한 입장에서는 지방 경비 지출의 목적이 균질성을 전제로 한 개별 주민들의 편익과 비용을 계산하여 전체적으로 경제적 이득의 크기를 제고시키는 데 그 뜻을 두고 있다.

그러나 지역 주민들의 생활의 질을 제고시킨다는 관점에서 보면 개별 주민들의 편익과 비용의 단순한 합으로서의 경제적 효율성에 초점을 맞추기보다는, 지역적 가치를 반영하여 이질적인 지역 주민이 얼마나 인간으로서의 잠재적인 능력을 개발할 수 있는지의 관점에서 파악할 필요가 있음을 유념할 필요가 있다. 이러한 맥락에서 이하에서는 '사회적 효율성' 개념에 바탕을 두고 지방 경비 지출의 방향성을 제시하고자 한다.[21]

(1) 사회적 효율성의 개념과 의의

개별적 합리성에 바탕을 두고 '경제적 효율성' 개념을 사용하는 경우에도 '사회적 효율성' 개념을 수용하고는 있다. 그러나 그 개념은 어디까지나 개별적인 비용 또는 편익의 총합이라는 단순히 수량적인 관점에서 접근하고 있다. 그러나 그와 같은 개념으로는 특정 지역의 자연적 · 역사적 · 사회적 특성을 달리하는 특정 지역 주민들의 생활을 지배하는 지역 특성 반영적인 사회적 합리성을 담아 낼 수 없다. 이러한 맥락에서 사회적 효율성을 정의하기 위해서는 단순히 사회 구성원의 개별적 합리성이 아니라 특정 지역의 특성이 반영된 사회적 합리성에 바탕을 두고, 아울러 자유권적 기본권이 아니라 사회권적 기본권, 즉 생활권에 기초를 둠으로써 경제 활동으로 인한 편익 또는 비용 발생 과정에서 나타나는

21 이하 본 항의 논의는 주로 池上 惇 外(1990), pp. 94-95를 참고.

주민들 사이의 관계에 미치는 효과까지를 포괄하는 개념을 필요로 한다. '사회적 효율성'의 개념은 바로 이와 같은 지역의 특성을 반영한 개념으로서 "지역 주민들의 생존이 보장되고, 더 나아가 그들의 잠재적인 능력이 발휘되는 정도"를 의미한다. 경비 지출의 적절성 여부를 판단하는 기준으로 이와 같이 사회적 효율성을 제기하는 주장은 이론적으로는 일찍이 카프(K. W. Kapp, 1978)의 사회적 비용론에 관한 분석, 宮本憲一(1999; 2007)의 도시 · 환경 문제의 분석 등을 근거로 계속 진행되어 왔다.

이러한 맥락에서의 사회적 효율성이 제고되면 개념적으로는 무엇보다 지역 주민의 인간으로서 타고난 잠재적 능력을 활성화시켜 지역 전체의 경제적 활력을 제고시키게 되며, 결국 지역 공공 서비스에 대한 지역 주민의 비용 부담 능력을 높임으로서 스스로 지역의 문제를 다루어 나갈 능력이 높아지게 된다. 일반적으로 '경제적 효율성' 개념에 의한 경비 지출의 평가는 시장 원리로 수렴되지만, 여기서 제시하는 '사회적 효율성' 기준에 의하면 경비 지출이 얼마나 주민의 잠재적 능력을 끌어내어 그것을 발달시키는 방향으로 사용되는지 여부에 초점을 맞추게 된다. 이런 기준에 의하면 공공 부문의 활동은 사적 기업의 생산 활동에 따라 제3자나 사회 전체가 부담하게 되는 유해한 결과나 손해와 같은 사회적 비용이 어떻게 하면 최소한의 수준에 머무르게 할 것인지에 관심을 기울일 필요성을 인식하게 된다.

(2) 사회적 효율성 제고 방법

사회적 효율성을 측정하는 데는 많은 어려움이 따를 것이다. 그것은 사회적 효율성과 관련된 자료나 그 측정을 위한 수리적 정형화가 어렵기 때문이다. 그러나 그렇다고 해서 주민의 생존과 발달을 보장하는 지역 사회를 만들어 가는 과정에서 그러한 가치가 포기될 수는 없다. 이렇게 보면 보다 중요한 것은 측정상의 정확성이라기보다는 목표의 선택, 즉 지역 주민의 삶의 과정에 보다 필수적인 것과 덜 필수적인 것을 구별하는 것이다. 이러한 사실은 서로 다른 조치들이 가져올 결과들에 대한 자료나 사실 이상의 것을 요구한다. 그것은 무엇보다도 주민들이 동의하고 선택하는 사회적 목표의 일반적인 기준을 요구한다. 일반적으로 수용되는 기준이 일단 규정되고 나면, 그러한 목표를 달성하는 과정에서 서로 다른 조치들이나 통제 수단들이 발생시키는 실질적인 비용을 비교할 수 있게 될 것이다. 카프는 예상 순화폐 수입의 극대화라는 형식적이고 총량적인 합리성에 의한 경제적 효율성이 아니라, 사회적 효율성 개념에 입각하여 이용할 수 있는 자원의 범위 내에서 가능한 한 최저 비용으로 인간 생활에 필수적인 것을 만족시킨다고 하는 기준이 설정되어야 함을 역설하고 있다.[22)]

위와 같은 인식 위에서 보면 대원칙으로는 "지방 경비가 주민 생존의 보장에 기여하고, 더 나아가 지역권 내에서 주민의 잠재적 능력을 찾아내고 개발하는 데 기여하는가" 하는 점에 둘 필요가 있다. 이러한 점에서 사회적 효율성론자들은 '인간의 노동 기회'를 중시하는바, 이 경우도 단순히 '인적 자원의 효과적인 활용'이라는 관점에서 다루는 것이 아니라, 노동을 '인간 발달의 기회'라는 관점에서 다루고 있다. 이렇게 볼 때 노동의 장을 지역에서 보장하는 것이 중요하게 대두된다.

한편, 위와 같은 대원칙에 부합하는 세부적인 기준으로는 다음과 같은 사항들이 제시되고 있다. 첫째, 지방 경비가 지역 주민의 공동 소비 생활의 발전을 뒷받침하는 물적 수단이나 인적 서비스를 공급하고 네트워크를 형성하는 데 쓰이는가 하는 점이다. 이때 중요한 것은 단순한 '물질적 풍요' 그 자체가 아니라 지역 주민의 자립과 지역 내에서의 제 구성원들의 연대 여부가 판단의 기준이 되어야 한다. 둘째, 지방 경비를 통해 형성된 사회적 기반 시설이 생활 기반적인 것인가, 아니면 산업 기반적인 것인가 하는 점이다. 이 중에서 생활 기반적인 시설의 경우 공동 소비 활동을 보장하는 생활 기반 시설인가, 얼마나 그러한가 하는 점이 고려되어야 하며, 산업 기반적인 시설의 경우 지역 내 제 산업 간의 유기적 관련성을 제고시키는 데 기여하는가, 얼마나 기여하는가 하는 점이 주된 고려 사항일 필요가 있다. 다음으로 지방 경비가 지역 주민과 자연의 공존과 상생에 기여하는가, 나아가 지역 사회의 유지 · 발전에 불가결한 자연환경의 보전에 사용되는가 하는 점이다. 사회적 효율성론자들은 자연적 환경을 인간의 생존을 규정하

22 이와 관련된 카프 주장의 보다 자세한 내용은 K. W. Kapp(1978)의 제14장과 제15장을 참고.

는 가장 기초적인 조건으로 파악하고 있다. 한편, 지방정부의 활동이 반독점(반영리주의), 반관치(반관료주의), 반연고주의의 환경을 조성하여, 주민 자신의 재정적인 자치 능력을 제고시키는 데 기여하는지 여부를 중요하게 고려한다.

한 걸음 더 나아가서 보면 사회적 효율성을 측정하고 평가하기 위해서는 평가의 기술도 중요하지만 그 주체의 형성이 더욱 중요하다. 우선 사회적 효율성의 측정과 그 달성을 위해서는 주민의 잠재적 요구나 발달 가능성을 찾아내고, 그 요구를 채우기 위한 물적 수단이나 서비스의 내용을 종합적 관점에서 구상할 수 있는 높은 전문성을 갖춘 공무원을 필요로 한다. 나아가 정보를 상호 공개하고 학습의 기회를 보장하는 전문가 집단이나 주민 조직과의 공사 협동의 사회적 네트워크를 갖추는 것이 필요하다. 그러나 무엇보다 이러한 사회적 효율성은 '지역 주민의 잠재적 능력의 개발'에 초점을 맞추고 있는 것이기 때문에, 지역 주민의 자립과 연대를 통해서만 달성할 수 있다는 사실은 유념할 필요가 있다.

요약컨대, '경제적 효율성'을 기준으로 하여 경비 지출을 논의하면 새로운 영리주의나 관료주의의 발생과 경직적인 재정 조직의 재편성을 초래하는 부작용을 가져오지 않을 수 없다는 사실은 많은 논자들이 지적한 바와 같다. 그에 비해 '사회적 효율성'을 기준으로 하면 장기적이고 종합적인 시각에서 지방 경비에 대한 주민의 민주주의적 통제와 생존의 보장 및 능력의 개발에 기여하는지 여부가 중요하게 다루어지며, 궁극적으로 지방 경비의 지출이 지역 주민의 삶의 과정에 얼마나 기여하는지 여부가 중요하게 다루어진다. 이러한 사회적 효율성에 의한 경비론이 현실적 의미를 갖기 위해서는 지역의 특성을 반영하여 지역마다 차별성을 가진 사회적 효율성의 구체적인 조건을 어떻게 찾아내고 추구해 나갈 것인지 여부가 중요한 문제로 떠오르게 됨을 유념할 필요가 있다.

제4부

지방세입-자체재원

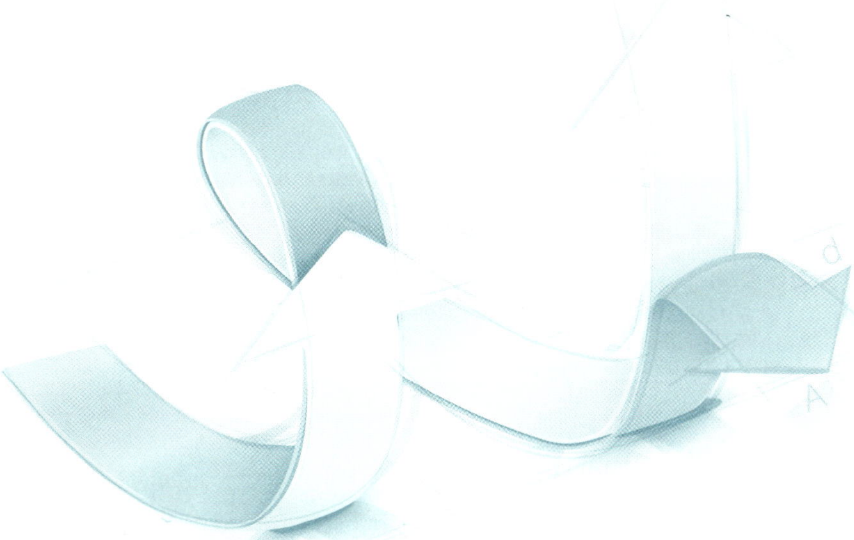

일반적으로 지방정부의 재원은 중앙정부와는 달리 자체재원과 상위 단계 정부로부터의 이전되는 이전재원으로 크게 나누어진다. 이 중에서 자체재원은 지방세와 세외 수입으로 구분되며,*) 지방채 수입은 자체재원의 일종으로 구분되기도 하고 별도의 재원으로 독립해서 구분하기도 한다.**) 한편, 재원 활용 면에서의 지방정부의 자율성 여부에 초점을 맞추어 자주재원과 특정재원으로 구분하기도 한다. 이런 맥락에서 이전재원은 자주재원인 일반 보조금과 특정재원인 특정 보조금으로 나누어진다. 아울러 이전재원에는 자주성과 특정성이 섞인 혼합 재원으로 포괄 보조금이 포함되는 경우도 있다. 이 밖에도 지역 개발 기금이나 지역 공공 금융 기관을 활용하는 방안이나 민관 협력 방안이 제시되기도 한다. 이제 이하에서 이들 각각이 갖는 지방정부의 재원으로서의 성격을 검토해 보고자 한다.

표 지방정부 세입 구성

총재원(대분류)	세부 분류	자주성 여부
자체재원	지방세	자주재원
	지방세외 수입	
	지방채	
이전재원	일반 보조금	자주재원
	특정 보조금	특정재원

* 공기업 수입의 경우 공기업이 원래 재정 수입 확보에 뜻이 있다기보다는 다른 경제 정책 내지 사회 정책적인 목적 수행을 위해서 운영되고 있다는 점에서 세외 수입과 별도로 분리해서 다루기도 한다. 그러나 본서에서는 이런 점에 유의하면서도 일반적인 관행에 따라 세외 수입에 포함시켜 다루기로 한다.

** 지방채 수입은 어떤 경우는 지방 공기업 수입과 같이 세외 수입의 일종으로 다루기도 하고 또 어떤 경우는 지방정부가 기채권을 가지고 있다는 점을 중시하여 지방정부의 별도의 자체재원으로 구분하기도 하며, 또 다른 경우 지방정부의 채무라는 점에 초점을 맞추어 자체재원과 이전재원과 구분하여 별도 항목으로 다루기도 한다. 그러나 본서에서는 지방정부의 기채권에 초점을 맞추어 자체재원의 한 유형으로 파악하기로 한다. 참고로 우리나라 통계 자료에서는 자체재원 및 이전재원과 구분되는 별도 유형의 재원으로 다루고 있음을 유념하기 바란다.

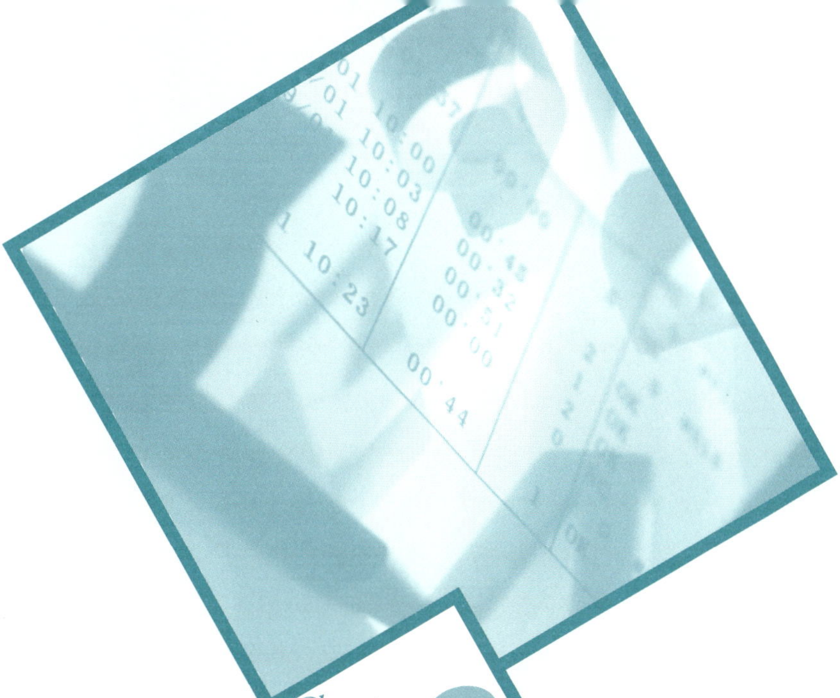

Chapter 8

지방세

제1절 지방세 원칙

제2절 지방세 체계

제3절 지방세의 특수 문제

8

지방세

먼저 지방세의 개념은 현상적으로는 "지방정부가 관할 영역 내에서 부과하는 조세"라 정의할 수 있으며, 이러한 지방세에는 지방정부 활동을 위한 재원 조달이라는 목적뿐만 아니라 관할 지역 사회를 바람직한 상태로 가져가고자 하는 정책적 목적이 부여될 수 있다. 이러한 목적은 주어진 사회와 시대에 따라 서로 다르게 나타날 것이다. 그러나 지방자치가 시행되는 나라에서는 이와 같은 지방세 일반에 요구되는 목적을 넘어서서 특히 지방자치의 물적 기초를 제공한다는 지방자치적 목적을 가지고 있다 할 것이며, 이것이 보다 본질적인 목적이라 할 수 있다. 이러한 맥락에서 보면, 지방세는 보다 엄격하게 "지방정부가 과표와 세율에 대한 결정권을 가지고 자율적으로 징수하는 조세"라고 정의할 수 있다. 이처럼 지방세의 개념은 지방세가 갖는 현상적인 또는 본질적인 의미에 따라 그 개념이 다르게 파악될 수 있다는 점을 유념할 필요가 있다.

이러한 지방세와 관련해서는 나라 전체적으로 주어진 세원들 중에 어떠한 세원을 지방세로 배분하고 또 어떠한 세원은 국세로 배분할 것인가 하는 소위 '세원 배분'(tax assignment)의 문제가 중요하게 다루어진다. 이러한 세원 배분 문제를 이해하기 위해서는 지방세로서의 바람직한 조건들, 즉 지방세 원칙을 이해할 필요가 있으며, 이러한 원칙을 이해하고 나면 그러한 원칙에 바탕을 두고 전체적으로 지방세 체계는 어떻게 꾸려 나갈 것인지 하는 문제가 다루어질 수 있다. 나아가 그러한 지방세 체계 수립 과정에 세원 배분 방식은 어떻게 하는 것이 바람직한지를 논할 수 있다. 마지막으로 지방세 문제를 다루어 나감에 있어서 등장하는 특수한 문제들에 대해 이해하는 순서를 택하도록 한다.

제1절 지방세 원칙

지방세 문제를 다룸에 있어서 중요한 문제는 어떠한 조세가 국세가 아니라 지방세로 적합한지, 나아가 광역 단위의 지방세로 적합한지 아니면 기초 단위의 지방세로 적합한지에 대한 논의가 될 것이다. 이러한 논의를 위해서는 그 판단의 기준을 제시해 줄 조세 원칙에 대해 이해할 필요가 있다. 물론 좋은 조세가 갖추어야 하는 원칙은 중앙정부뿐만 아니라 지방정부 차원에서도 다 같이 적용되는 것으로 볼 수 있을 것이다. 그러나 중앙정부와 지방정부는 그 관할 영역이 다르기 때문에 구체적으로 보면 중앙정부 차원의 조세와 지방정부 차원의 조세에는 어느 정도 다른 원칙이 요구될 수 있을 것이다. 이하에서는 바람직한 지방세로서 갖추어야 할 원칙을 구체적으로 다루기 전에 먼저 조세 일반에 요구되는 원칙을 개관하고자 한다. 이러한 조세 원칙 일반에 대한 이해는 지방세가 갖는 특수성에 대한 이해를 제고시킬 것이기 때문이다.

1. 조세 원칙 일반

(1) 조세 원칙의 다양성

일반적으로 바람직한 조세에 요구되는 원칙은 그 조세가 적용될 사회의 역사적 · 사회적 특성에 따라 서로 다르게 제시되어야 할 것이다. 그러나 여기에서는 이러한 사실을 염두에 두면서도 먼저 그 동안 여러 연구자들에 의해 다양하게 제시되어 온 조세 원칙의 대표적인 내용을 나열하여 설명함으로써 조세 원칙을 개괄적으로 이해하고자 한다.

이런 맥락에서 보면 시대를 대표하고 있거나 공통적으로 제시되어 온 원칙 중에서 중요한 조세 원칙으로는 '효율성 원칙'과 '공평성 원칙'을 들 수 있다. 이 밖에도 납세자들의 편의성이나 확실성과 같은 세무 행정적인 원칙이 동시에 제시되고 있음은 물론이다. 여기서는 먼저 경제적인 관점에서 다루어지는 효율성 원칙과 공평성 원칙에 대해 검토해 보고, 이어서 후자의 원칙들에 대해서도 개관해 보고자 한다.

1) 효율성 – 응익 원칙

이 원칙은 좋은 조세는 납세자가 공공 서비스로부터 받는 편익에 상응하게 부담을 부과하는 조세이어야 한다는 원칙이다. 이는 응익 원칙에 상응하게 조세를 부과하여야만 공공 서비스로부터 받는 편익과 조세 부담을 직접적으로 연계지음으로써 납세자 입장에서 효율성을 확보할 수 있을 뿐 아니라 나라 전체적으로도 자원 배분의 효율성을 확보할 수 있게 된다는 의미를 담고 있다. 이러한 원칙에 상응하게 조세가 부과될 때 흔히 '이익 과세' 또는 '편익 과세'가 행해진다고 일컫는다.

이러한 응익 원칙에 따른 조세 부과의 사례로 휘발유세를 들 수 있다. 이 조세는 도로의 유지 · 보수에 소요되는 비용을 도로를 이용하는 차량들이 사용하는 휘발유에 대한 소비에 조세를 부과하여 조달하고자 하는 취지에서 부과하는 세금이다. 또한 재산세도 특정 영역을 관할하는 지방정부가 당해 영역 내에서 제공하는 공공 서비스로부터 편익을 받는 재산에 대해 편익에 상응하게 부과한다는 뜻에서 편익 과세의 주요한 예로 자주 거론된다. 이는 지방정부가 자신이 공급하고자 하는 공공 서비스의 비용을 주민들로 하여금 인식하게 해주는 일종의 신호로 재산세를 활용하기가 용이하다는 점에 기인한다. 말하자면, 세율을 높이면 제공하는 공공 서비스가 확장될 것이라는 것을 알려 주는 역할을 한다는 것이다.[1]

2) 공평성 – 응능 원칙

응능 원칙은 납세자의 능력에 상응하게 조세를 부과하여야 한다는 원칙을 일컫는바, 이 원칙에 따라 조세가 부과될 때 '응능 과세'가 행해진다고 한다. 이러한 응능 원칙에 따라 조세를 부과하기 위해서는 '능력'의 지표가 무엇인지, 능

1 이 밖에도 종전에 우리나라에서 채택한 적이 있는 도시계획세도 응익 과세의 사례로 들 수 있다. 이 세는 도시 계획 서비스와 그로 인해 늘어난 재산 가치를 연계짓는다는 취지의 편익 과세의 대표적인 예로 제시되곤 하였다.

력에 따라 얼마나 부과되어야 능력에 상응한 부담이 되는지의 여부 등의 문제에 대한 견해에 따라 구체적인 조세 부담의 내용이 달라질 수 있다. 그러나 어느 경우에도 '수평적 공평성'과 '수직적 공평성'이 충족되어야 응능 원칙에 부합한 조세가 될 수 있다는 점은 일반적으로 받아들여지고 있다.

여기서 '수평적 공평성' 원칙이란 능력이 같은 납세자는 동일하게 부담이 과해지도록 하여야 한다는 원칙을 말한다. 한편, '수직적 공평성' 원칙은 능력이 다른 납세자는 서로 다른 부담이 과해지도록 하여야 한다는 원칙을 일컫는다. 말하자면, 능력이 높은 사람은 높은 부담을, 능력이 낮은 사람은 낮은 부담을 지도록 부담 구조가 짜져야 한다는 원칙을 일컫는다. 그런데 이 두 원칙은 동전의 양면처럼 같은 사실을 다른 관점에서 제시하고 있다는 사실을 알 수 있다.

그런데 위의 수직적 공평성 원칙에 따라 능력이 큰 사람이 더 큰 부담을 하게 하기 위해서는 구체적으로 세율 구조가 '비례적인 부담 구조'가 될 수도 있고 '누진적인 부담 구조'가 될 수도 있다는 사실을 이해해 둘 필요가 있다. 비례세는 과세 표준이 높아지는 비율만큼 세금도 높아지는 구조의 세율 체계를 일컫는바, 엄밀하게 말하면 한계세율이 일정하게 주어진 상태에서 한계 세율과 평균 세율이 일정하게 유지되는 세율 구조를 일컫는다. 반면 누진세는 과세 표준이 높아지는 비율보다 더 높은 비율로 세금이 많아지는 세율 체계를 일컫는바, 과세 표준이 높아짐에 따라 한계 세율 자체가 높아지면서 한계 세율이 평균 세율을 웃도는 세율 체계를 일컫는다.[2)]

3) 세무 행정상 원칙

위의 조세 부담과 관련된 원칙 이외에 세무 행정과 관련해서도 주요한 원칙들이 제시되고 있다.

무엇보다 좋은 조세가 되기 위해서는 누가 언제 얼마나 어떻게 납부하여야

2 이러한 누진세가 전통적으로 알려져 있는 '비선형 누진세'에 해당된다. 조세 부담 구조가 누진이 되는 구조로는 이러한 비선형 누진세 이외에도 '선형 누진세'라는 것도 있음을 유념해 둘 필요가 있다. 후자는 '면세점'과 '음의 소득세' 구간을 동시에 갖추는 경우 한계 세율을 일정하게 하더라도 과세 표준이 커감에 따라 평균 세율이 높아져서 궁극적으로 조세 부담이 누진성을 띠게 되는 세율 체계를 일컫는다. 자세한 내용은 우명동(2007)의 해당 부분을 참고할 수 있다.

하는지가 분명하여야 한다는 '확실성의 원칙'과 조세의 납부는 납세자가 편리한 시기에 편리한 방법으로 납부할 수 있어야 한다는 '편의성의 원칙'이 제시되고 있다. 흔히들 이러한 원칙은 '세무 행정상의 원칙'이라 하여 경제학적 관점에서 소홀히 취급받기 쉬우나 스미스(A. Smith)는 이러한 확실성의 원칙이 지켜지지 않으면 앞에서 제시한 편익에 따른 과세인지 여부가 따져질 수 없기 때문에 매우 중요한 원칙이라는 사실을 지적하고 있는 점을 유념할 필요가 있다.

이 밖에도 '행정 비용의 최소화', '납세 협력 비용의 최소화', '초과 부담의 최소화' 등을 들 수 있다. 이 중에서 초과 부담 최소화는 조세의 부과가 납세자들의 선택 행위를 방해하지 말아야 한다는, 그리하여 후생 손실을 최소화해야 한다는 것으로서 단순히 행정적인 문제를 넘어서서 경제학적으로 효율성과 관련하여 매우 중요한 의미를 지니는 원칙으로 받아들여지고 있다는 사실을 유념해 둘 필요가 있다.

(2) 조세 원칙의 역사성과 사회성

위에서는 바람직한 조세에 요구되는 원칙들을 나열하면서 설명하였다. 그러나 특정 사회에 요구되는 바람직한 조세 원칙이라는 것은 일률적으로 제시될 수 있는 것이라기보다는 연구자에 따라서 또는 그 연구자가 처한 역사적 · 사회적 배경에 따라서 서로 다르게 제시되기 마련이다. 이제 조세 원칙이 갖는 이러한 맥락을 각 시대를 대표하는 경제학자들의 견해를 살펴보면서 이해해 보고자 한다.

먼저 중세 말 자본주의 초기 시대를 살았던 스미스는 크게 네 가지 원칙을 제시하고 있다. 먼저 '평등성' 내지 '균등성(equality)의 원칙'을 제시하고 있는데, 이 원칙은 모든 국가는 납세자들이 국가가 제공하는 공공 서비스의 편익에 비례하게 그들의 부담분을 납부할 수 있도록 조세를 부과하여야 한다는 원칙이다. 이는 흔히들 이익설적 입장으로 알려져 있는 내용이다. 이어서 그는 납세자가 언제, 어떻게, 얼마나 납부하는지가 분명하고 단순해야 하며, 이러한 내용이 자의적으로 정해져서는 안 된다는 원칙을 제시하고 있으며, 나아가 모든 조세는 납세자가 가장 편리한 시기와 방법으로 납부할 수 있도록 부과되어야 한다는 원칙도 제시하고 있다. 마지막으로 모든 조세는 조세액을 넘어서는 부담이 최소가 되도록 하여야 함도 밝히고 있다. 이렇게 제시한 여러 가지 원칙들 중에서 경제 이론적으로 중요하게 받아들여지고 있는 원칙은 첫 번째의 '균등성의 원칙'인바, 이 원칙은 조세를 국가가 제공하는 서비스에 대해 반대급부로 지불해야 하는 '가격'으로 간주함으로써 조세가 시장 기능에 중립적일 것을 요구하고 있는 것을 볼 수 있다. 이는 조세에도 시장 기능을 수용함으로써 전반적으로 사회 경제의 자연적 질서를 저해하지 않을 것을 요구하고 있었던 것으로 평가된다. 결국 스미스는 자유 자본주의 하에서 '작은 정부'를 선호하면서, 가능한 최소한의 정부 개입에 필요한 조세 징수에 있어서도 '자원 배분의 효율성'이 지켜질 것을 요구하고 있었던 것을 볼 수 있다.

한편, 19세기 중 · 후반의 시기를 살았던 독일의 바그너(Wagner)는 스미스와는 사뭇 다른 조세 원칙을 제시하고 있다. 그는 크게 재정 정책적 원칙, 국민 경제적 원칙, 공정의 원칙, 그리고 조세 행정상 원칙 등을 제시하였는데, 그 중에서 특히 재정 정책적 원칙과 공정의 원칙에서 큰 차별성을 보이고 있다. 먼저 재정 정책적 원칙에는 국가가 필요한 경비를 충분히 조달할 수 있어야 한다는 조세 수입의 충분성과 필요에 따라 신축적으로 증수가 가능하여야 한다는 과세의 신축성을 들고 있으며, 이어서 공정의 원칙에는 조세 부담은 널리 일반 국민이 나누어 져야 한다는 보편성 원칙, 그리고 조세는 지불 능력에 따라 누진세율로 부과되어야 한다는 과세의 공평성 원칙을 제시하고 있는 것을 볼 수 있다. 바그너는 스미스와 달리 조세를 필요에 따라 충분히 징수할 수 있어야 하고 납세자들의 지불 능력에 따라 누진적으로 부과되는 것을 바람직한 원칙으로 제시하고 있는 것을 볼 수 있다. 그의 이러한 원칙은 그가 살았던 시대가 19세기 후반 자본주의가 성숙기로 접어드는 시대적 배경 하에, 점차 격화되기 시작한 부와 소득의 불공평 분배와 그로 인한 노사 간 대립을 완화시키려는 사회 정책적 조세 원칙을 제시하고 있었던 것으로 해석된다.

한편, 세계 대불황 시기를 겪고 그 이후 굴곡이 많은 현대 자본주의 시기를 살아온 머스그레이브(R. A. Musgrave)는 위 두 사람과 같이 행정적인 측면에서는 유사한 원칙을 제시하고 있으면서도 다른 원칙도 제시하고 있다. 먼저 그는 조세 수입을 적절히 걷을 수 있어야 하며, 조세 부담 배분이 공평하여야 한다는 원칙을 제시하고 있다. 그리고 초과 부담의 최소화, 명확성, 행정 비용의 최소화 등 다른 논자들이 제시하고 있는 대부분의 원칙들을 수용하는 입장을 보이고 있다. 그러나 남들과는 달리 그는 바람직한 조세가 되기 위해서는 경제의 안정 · 성장에 기여할 수 있어야 한다는 원칙을 추가하고 있다. 이러한 그의 원칙은 다원주의적 민주주의자로서 그가 갖는 학문적 위상에 따라 그 동안 많은 학자들이 좋은 조세가 갖추어야 할 조건으로 제시하고 있는 대부분의 원칙을 포괄하고 있는 것으로 볼 수 있다. 그럼에도 불구하고 그는 다른 이들과 달리 조세에 '안정 · 성장 지원 기능'을 부여함으로써 적극적인 경기 조절적 재정 정책의 기능을 수행할 것을 요구하고 있다는 점이 다르다. 이 안정 · 성장 지원 기능은 그에게서 새롭게 등장한 원칙으로 그가 직접 겪은 세계 대공황으로 특징지어지는 현대 자본주의적 상황을 반영하고 있는 것으로 볼 수 있다.

위의 세 학자의 견해를 종합해 보면 바람직한 조세가 갖추어야 할 원칙이라는 것은 일률적이고 고정적으로 제시될 수 있는 것이 아니라 해당 조세가 적용될 사회의 역사적 · 사회적 성격에 따라 서로 다르게 제시된다는 사실을 알 수 있다. 이렇게 볼 때, 한 사회의 바람직한 조세 체계를 구상하고자 하는 경우 일률적으로 정의된 보편적인 원칙이 무엇인지를 찾아 나서기보다는 해당 사회의 역사적 · 사회적 상황을 고려하여 주민들의 의사를 수렴하는 것이 무엇보다 필요하다는 사실을 유념할 필요가 있다.

2. 지방세 원칙의 특수성

이제 위에서 제시한 조세 원칙 일반에 대한 이해에 바탕을 두고 특히 관할 영역이 특정 지역에 한정되어 있는 지방세에 적합한 원칙에 대해 검토해 보고자 한다. 그런데 1980년대 이래로 세계화 · 지방화 추세가 심화되면서 '지역'의 중요성이 커감에 따라 지방정부의 기능이 제고되고 이에 따라 지방세 원칙에도 일정한 변화가 나타나고 있는바, 여기서는 기존의 전통적인 원칙과 새로운 변화 추세로 나누어 설명하고자 한다. 이어서 일반적으로 제시되는 이러한 지방세 원칙에 대한 비판적 견해를 소개함으로써 보다 객관적 이해를 돕고자 한다.

(1) 전통적 원칙

전통적인 원칙으로는 무엇보다 주민 부담상의 원칙과 세수상의 원칙, 그리고 세무 행정상의 원칙과 지방자치의 원칙 등을 들 수 있다.

1) 주민 부담상 원칙

지방 차원에서의 주민들의 부담과 관련된 원칙은 응익 원칙과 부담 분임 원칙으로 나누어 설명된다.

① 응익 원칙

먼저 지방세는 특정 지역 내에서 부과되는 조세이기 때문에 무엇보다 자원 배분상의 효율성 제고에 초점을 맞춘다. 이러한 취지에 부합하기 위해서는 지방세는 납세자들이 서비스 사용에 대한 지불 의지를 담아 낼 것을 요구받는다. 물론 이 원칙은 조세 일반에 요구되는 원칙이기는 하지만, 특히 지방정부의 공공 서비스와 주민 부담과의 관계는 중앙정부의 공공 서비스에 비해 개별적인 보상의 성격을 많이 내포하고 있기 때문에 특정 지역 내의 공공 서비스 공급 재원과 관련되는 지방세의 경우에 더욱 요구되는 원칙으로 받아들여지고 있다. 말하자면, 공공 서비스의 편익이 미치는 범위 내에 있는 주민을 관할하는 정부가 편익에 따라 과세함으로써 과세의 효율성이 확보될 수 있어야 한다. 전술한 편익 과세는 '지역적 차원에서'는 이렇게 "편익이 미치는 지역적 범위에 따라 서로 다른 단계의 정부에 세원이 배분되어야 한다"는 원칙으로 재정의될 수 있다. 이러한 '편익 과세'는 민간의 입지 선택에 미치는 영향을 중립화시켜 분권화된 재원 조달이 한 국가 내의 지역 내에서 교역이나 생산 입지를 방해하지 않게 된다. 이러한 맥락에서 보면 지방정부가 이동성이 높은 요소들에 대해 비편익 과세(non benefit tax)를 사용하는 것은 피하는 것이 바람직하다. 그것은 그 경우 세원이 다른 지역으로 이동해 감으로써 과세와 관련해서 자원 배분의 비효율을 발생시키게 될 것이기 때문이다.

이러한 논리를 보다 잘 이해하기 위해서는 이러한 주장의 이면에 내재되어 있는 가정을 이해하는 것이 중요하다. 여기에 내재되어 가정이란 소비자, 재화 또는 용역 내지 각종 자원은 관할 영역의 크기가 넓을수록 이동 가능성이 작아지고, 좁을수록 이동 가능성이 커진다는 것이다. 이러한 가정 아래에서는 한 나라 안의 하위 지방정부 관할 지역 차원에서는 그 이동이 실질적으로 완전하다는 것이 전제되어 있다. 이러한 전제 위에서는 지방정부가 이동 가능한 재화 또는 서비스에 대한 비편익 과세를 피할 수 있는 규정을 갖추는 것이 필요하게 된다.

이와 관련하여 지방세의 경우에는 왜 응능 원칙에 적합한 조세를 부과하기가 어려운지를 이해해 둘 필요가 있다. 응능 원칙의 세부적인 원칙에는 수평적 공평성과 수직적 공평성 원칙이 있었음을 고려해 보면, 지방정부도 물론 같은 능력을 가진 납세자에게는 같은 부담을, 그리고 다른 능력을 가진 납세자에게는 다른 부담을 부과할 수 있어야 할 것이다. 그런데 이러한 응능 원칙은 이동 가능성이 큰 재화 또는 서비스의 생산이나 소비 행위에 대한 조세의 경우 한 나라 전체의 범위에서 부과하는 중앙정부의 조세로 보다 적합한 원칙으로 이해되고 있다. 왜냐하면 이 경우 지방정부의 조세로 해서 응능 원칙을 적용하게 되면 지역 간에 요소의 자유로운 이동으로 인해 자원 배분의 왜곡 현상이 일어나기 쉬운 데 비해, 중앙정부 차원에서는 그러한 왜곡 현상이 일어나지 않기 때문이다. 그것은 중앙정부 조세의 경우에는 전국 어느 지역에서도 동일한 세율이 적용되어 지역 이동을 통해 세율을 낮출 수 있는 여지가 없기 때문이다. 그래서 중앙정부 차원에서는 응능 원칙에 바탕을 둔 전국적 차원의 누진적인 소득세 형태의 과세가 용이하게 행해질 수 있으며, 이런 맥락에서 보면 재분배를 위한 누진 과세는 주로 전국에 걸친 세원을 포괄적으로 관리할 수 있는 중앙정부 차원에서 부과되는 것이 바람직함을 알 수 있다.

그런데 그와 같은 이동성이 높은 요소의 경우 국가들 사이에서도 다른 나라로 이동할 가능성이 있다는 점을 고려해 둘 필요가 있다. 그러나 일반적으로 국가들 사이에는 이동성이 제한되며 이동 가능한 경우에도 그 이동 비용이 높기 때문에 그로 인해 한 국가의 응능 과세가 제한받을 가능성은 크지 않을 것으로 볼 수 있다. 그러나 최근에는 세계화가 심화되어 감에 따라 국가 간의 자원 이동 가능성도 높아지고 있다. 이러한 변화되는 환경 속에서는 중앙정부들은 다른 나라의 낮은 세율로 인해 세원이 다른 나라로 이동해 가지 않도록 주의를 기울이게 된다. 이처럼 국가와 국가 간의 이동성이 높아지고 있는 현실을 고려해 보면 국세의 경우에도 반드시 온전히 이러한 응능 과세를 부과할 수 없는 사정이 있음을 유념할 필요가 있을 것이나, 이에 비해 지방의 경우는 이러한 사정이 더욱 뚜렷하게 나타남을 알 수 있다. 물론 이 말은 거꾸로 이동성이 제약된다면 중앙정부뿐만 아니라 지방정부의 경우도 응능 과세를 택해도 자원 배분은 크게 왜곡되지 않을 수 있다는 사실을 유념해 둘 필요가 있다.

② 부담 분임 원칙

이러한 주민 부담상의 원칙으로 앞에서 기술한 응익 원칙 이외에 '부담 분임 원칙'을 드는 경우가 많다. 부담 분임 원칙이란 지방자치의 기본적 이념에 보다 부합하기 위해서는 지방정부의 행정에 소요되는 경비를 고르게 나누어 부담하는 것이 바람직하다는 사실을 의미한다.

이 원칙은 지방정부의 비용을 해당 지역 주민이 나누어 부담하는 것이 지방자치의 원칙에 부응한다는 취지에서 요구되는 원칙이다. 그러나 조세는 납세자의 부담 능력에 따라 부과되어야 한다는 입장에서 비판이 제기되기도 한다. 특히, 능력 원칙을 중시하는 논자들은 영세 소득자에게도 과세하는 것은 결국 대중과세화를 가져와 수직적 공평성이라는 커다란 과세 원칙을 훼손하게 된다고 비판한다. 이러한 부담 분임 원칙의 가장 극단적인 형태가 영국의 대처(Thatcher) 총리 시절에 도입되었던 인두세로서 'community charge'이다. 이 세는 대처 정부가 주민의 부담 능력을 무시하고 강권적으로 도입함으로써 국민적 저항을 초래하여 결국 철회되지 않을 수 없었다.

2) 세수상 원칙

한편, 지방세로 배분되기 위해서는 지방 공공 서비스의 성격, 나아가 과세 대상의 기술적 성격에 기인한 세수상의 원칙으로서 '세수의 안정성', 과세 대상의 '지역적 정착성' 내지 '국지성', 나아가 세원 편재의 '지역적 보편성' 등이 제시된다.[3)]

3 이러한 원칙들과 더불어 세수상의 원칙으로는 지방자치에 필요한 만큼의 충분한 세수를 확보할 수 있어야 한다는 소위 '세수의 충분성'의 원칙이 요구되기도 한다. 이 원칙은 특히 지방자치가 시행되고 있는 나라에서는 지방자치의 물적 기초를 확립한다는 차원에서 중요한 원칙의 하나로 제시되기도 하는바, 후술하는 바와 같이 분권화가 강화되고 있는 오늘날의 상황에서는 그 중요성이 더 커지고 있는 원칙임을 유념해 둘 필요가 있다. 이와 관련된 내용은 본서 p. 135 참고.

① 세수의 안정성

지방정부가 공급하는 서비스는 상하수도, 쓰레기 처리 시설, 가로등, 소방 서비스 등으로 중앙정부가 제공하는 서비스들에 비해 상대적으로 주민들의 일상생활과 관련이 깊다는 것을 알 수 있다. 이와 같은 생활 관련 서비스들은 경기 변동과 크게 관련 없이 안정적으로 공급될 필요가 있는 서비스들이다. 만약 이러한 서비스를 공급할 재원으로서 지방세의 세원을 경제 여건에 따라 변동성이 큰 것을 배분하게 되면 재원의 안정성이 결여되어 서비스 공급의 안정성이 훼손되게 될 것이다. 바로 이러한 요구로 인해 지방세에는 상대적으로 세수의 안정성이 높은 세원을 배분할 필요가 있음을 유념할 필요가 있다.[4)]

② 과세 대상의 정착성(국지성)

특정 세목이 지방세의 대상이 되기 위해서는 납세의무를 발생시키는 구체적인 사실 또는 경제 행위가 여러 지역에 걸쳐 일어나는 것이 아니라 특정 지역에 정착되어 있을 필요가 있다. 이러한 원칙은 과세 대상의 정착성 내지 국지성이라 일컫는 것으로서 지방세가 되기 위한 주요 원칙의 하나로 간주된다.

이 원칙에 의하면 지방정부는 지역 간 이동성이 적은 세원에 대해 조세를 부과하는 것이 바람직한 것으로 이해된다. 만약 과세 대상의 지역 간 이동성이 자유로운 세원이 지방세로 배분되면 과세 대상(활동)이 해당 조세 부담이 낮거나 또는 전연 없는 다른 지방정부로 이전되게 되어 해당 지방정부가 과세권을 적절히 행사하기가 어려워질 것이다. 예를 들면, 법인세 같은 것을 지방세로 배분하면 법인들은 그러한 세금 부담이 큰 지역으로부터 낮은 지역으로 법인 활동의 근거지를 옮겨버릴 가능성이 커져 지방정부는 결국 법인세를 징수하는 데 실패하게 될 것이다.

③ 세원 편재의 지역적 보편성

특정 세원이 지방세로 배분되기 위해서는 세원이 여러 지역에 골고루 분포되어 있을 필요가 있다. 그것은 특정 지역에 집중적으로 배분된 세원을 지방세로 배분하면 그 특정 지역을 관할하는 정부에만 집중적으로 세수가 확보되는 데 비

4 이에 비해 국세의 경우는 신장성이 크고 신축적인 성격을 갖는 과세 대상을 배분한다.

해 그러한 세원이 없거나 작은 지역은 세수가 제대로 징수될 수 없어서 지역 간의 재정력 격차가 더욱 커지게 될 가능성이 있기 때문이다.

여기서 유념할 것은 이러한 '과세 대상의 지역적 보편성'을 '세수의 지역적 보편성'으로 이해해서는 안 된다는 사실이다. 세수가 상대적으로 지역적으로 보편적일 것을 잠재적으로 고려하여 과세 대상이 여러 지역에 보편적으로 편재되어 있을 것을 요구하고 있는 것으로 볼 수는 있겠으나, 어느 과세 대상으로부터의 조세 수입도 지역들 사이에 보편적일 수는 없다는 점을 유념할 필요가 있다. 이러한 현상은 보다 근원적으로 지역 경제력의 격차에서 유래되는 것으로서, 지방세로 이러한 문제를 해결토록 하는 것은 원래 지방세에 주어진 기능이 아님을 인식할 필요가 있다.

3) 세무 행정상 원칙

세무 행정 면에서 특정 세목이 지방정부 단위의 세무 행정에 적합한지 여부가 고려될 필요가 있다. 구체적으로 해당 세목에 대한 행정 관리 능력, 징세 기술(징세 가능성 내지 징세 비용), 나아가 과세 표준의 책정(재산 과세의 경우 재산 가치 평가 문제를 포함) 등 세무 행정 전반이 지방정부의 업무로서 적절한지 여부가 고려되어야 한다.

그것은 예를 들어 과세 대상 활동이 전국에 걸쳐 이루어지는 법인 이윤 창출 활동과 같은 경우 지방정부가 과표 금액을 확인하거나 부과 · 징수하는 것은 기술적으로 어려울 뿐만 아니라 설령 가능하더라도 해당 지역분을 가려내는 과정에 징세 내지 행정 비용이 크게 소요될 것이 분명하기 때문이다. 또 다른 예로 전국적 종합을 요하는 종합 재산세와 같은 경우 전국에 산재되어 있는 과세 표준을 납세자 주소지 세무 관서에서 파악해서 종합 재산세를 부과하고 그 세수를 과표 소재지별로 배분하는 작업이 갖는 세무 행정상의 기술적인 어려움이나 소요 비용 등을 고려해 보면 이해할 수 있다.

4) 지방자치의 원칙

뿐만 아니라 지방세가 단순히 지방정부가 부과 · 징수하는 조세라는 행정적

표 8-1 지방세 원칙과 지방세 체계

지방세 원칙		지방세 체계	
전통적 원칙	주민 부담상 원칙 – 응익 원칙, 부담 분임 원칙 세수상 원칙 – 세수의 안정성 세원 분포의 지역적 보편성 과세 대상의 지역적 정착성 세무 행정상 원칙 – 지역적 적합성 지방자치의 원칙 – 분권 가치 실현에 기여	전통적 체계	수익세 체계 (토지, 가옥, 영업세 등)
새로운 추세	주민 부담상 원칙 – 응능 원칙 수용 세수상 원칙 – 세수의 탄력성 · 신축성 수용 세무 행정상 원칙 – 과세 대상 범위 확대 가능 지방자치의 원칙 – 분권화 요구 확대에 부응	새로운 추세	소득 또는 소비 과세 체계 수용

주: 본문의 지방세 원칙과 후술하는 지방세 체계 관련 내용을 근거로 필자가 작성한 것이다.

이고 기술적인 차원을 넘어서서, 지방정부가 자율적으로 지역의 문제를 다루어 가는 데 필요한 주요 재원이라는 관점에서 보면, 지방세가 되기 위해서는 지방자치의 이념에 상응하게 운영되어 실질적 분권 가치의 실현에 기여할 필요가 있다는 점을 인식할 필요가 있다. 구체적으로 과세 표준, 세율, 나아가 비과세 · 감면 제도 운영 등 지방세 운영 면에서 지방정부에 자율성이 부여되어야 한다는 원칙이 이에 해당한다 하겠다. 앞에서 학습한 '분권화 정리'에 의하면 각 지방정부는 관할 지역민들에게 편익이 미치는 공공 서비스를 공급하면서 그들로부터 그 재원을 조달할 때 사회 전체적으로 후생 수준이 극대가 된다고 하였다. 이와 같은 분권화 정리가 충족되어 실질적인 지방 분권이 실현되기 위해서는 무엇보다 지방정부와 해당 지역 주민들은 자발적으로 조세의 종목과 세율을 정할 수 있어야 한다.

이는 원래 모든 조세의 종목과 세율은 법률로 정한다는 조세법률주의의 원칙에 예외적인 조치로서, 오늘날 지방 분권화가 강화되는 추세 속에서 예외적으로 법외세 제도, 임의세 내지 선택세 제도, 탄력세율 제도 등의 이름으로 점점 더 그 수용의 범위를 넓혀 가고 있는 원칙들이다. 이에 대한 자세한 내용은 후술한다.

(2) 새로운 추세

한편으로 경제 발전 과정에서 소득 수준이 높아지고 생활 여건이 고양되어 감에 따라 주민들의 분권에 대한 요구가 커지고 있을 뿐만 아니라, 또 한편으로 1980년대 이래로 범세계적 시장화로 일컬어지는 세계화가 진행되면서 지역의 중요성이 제고됨에 따라 지방화가 더욱 진전되고 있다. 이러한 변화에 부응하여 지방정부의 역할이 더욱 커지고 있다. 뿐만 아니라 이론적인 측면에서도 공공 선택론적 관점에서 출발한 소위 '제2세대 재정연방주의론'[5] 등에서 전통적인 세원 배분 원칙에 일정한 변용을 가하여 지방정부의 자체 세원 제고를 주장하는 입장을 보이기도 하고 있다.

위와 같은 현실적 · 이론적 근거에 의지하여 중앙과 지방의 세원 배분 원칙면에서 기존에 중앙정부에 주로 요구되던 탄력성 내지 신축성이라든가 응능성 등의 원리가 지방정부에도 요구되기에 이르렀다. 이러한 원칙의 변화에 부응하여 현실적으로 정부 간 세원의 배분도 이에 상응하게 기존 국세의 지방세로의 이양이 요구되거나 지방세 자체의 강화가 요구되기도 하고, 국세와 지방세의 공동이용이 요구되는 경향을 보이기에 이르렀다.

1) 기능과 조세 원칙의 변화

오늘날 세계화와 지방화가 심화되고, 그에 따라 '지역'의 중요성이 점점 더 커지게 되고, 이에 따라 지방정부 활동에 대한 요구가 더욱 커지는 추세를 보이고 있다. 그리하여 제2부의 지방정부 기능 변화에서 기술한 바와 같이 중앙정부와 지방정부가 나누어 담당해 오던 자원 배분 기능에 있어서도 지방정부가 담당하는 몫이 점점 더 넓어지고 있다. 한편, 전통적으로 중앙정부의 기능으로 간주되어 왔던 소득 재분배, 경제 안정화 기능까지도 지방정부가 나누어 수행할 필요

5 오츠(W. E. Oates), 머스그레이브 등 소위 전통적인 재정연방주의론자들의 경우 서로 다른 단계의 정부들 사이에 기능 배분에 상응하는 재원을 배분할 때 사회 전체적으로 후생 수준이 제고될 수 있다는 소위 '분권화 정리'를 제시하고 있었다. 이들에 의하면 현실적으로 기능 배분과 세원 배분이 정확하게 상응되지 못하는 상황에서도 중앙정부가 이전재원을 정교하게 배분하면 여전히 분권을 통해서 사회 후생 극대화를 달성할 수 있는 것으로 파악하고 있다. 이에 비해 와인개스트(B. R. Weingast)를 비롯한 소위 '제2세대 재정연방주의론자'들은 이전재원의 배분이 지방정부의 자기 이익 극대화에 활용되어 주민의 편익으로 이어지지 못함을 지적하면서 자체재원 배분의 중요성을 강조하는 견해를 취하고 있음을 유념할 필요가 있다. 이에 대한 보다 자세한 논의는 본서 제12장 제1절의 내용을 참고하기 바란다.

성이 제기되고 현실적으로도 그러한 변화가 나타나고 있다. 이러한 변화를 감지한 논자들은 상황이 이렇게 변화되고 있는데도 전통적인 중앙정부의 기능을 그대로 중앙정부에 남겨 둘 경우 집권적 중앙정부에 의한 공공 서비스의 공급으로 인해 지역 주민 입장에서 효율성의 손실이 커질 것인바, 그러한 사태를 막기 위해서 지방정부에 과세와 지출의 책임을 나누어 주는 소위 '경쟁적 연방제'가 유효하다는 주장을 제기하고 있다.

이러한 상황의 변화를 고려해 보면 전통적 원칙에 부합하는 세원만을 지방세로 할당할 경우 지방세수로는 이렇게 늘어나는 지방정부 활동을 뒷받침하기가 어려워지게 된다. 이러한 시대적 상황 속에서 세원 배분을 위한 전통적인 원칙에 변화가 나타나기에 이르렀다. 먼저 기능의 확충에 따라 전통적인 원칙에 덧붙여 지방세에 있어서도 세수의 충분성 내지 세수의 재정 수요에의 적응성, 즉 경제 규모의 성장 정도에 부응해서 징수될 수 있는 세수의 신장성 내지 신축성 등이 중요한 원칙으로 더해질 것이 요구되기에 이르렀다. 더구나 지역 차원에서의 재분배 정책의 필요성도 높아져 지역 특성을 반영한 기초적인 공공 서비스의 경우에는 그 공급 비용은 부담의 공평을 도모할 수 있게끔 응능 원칙을 기준으로 조세를 부과하는 것도 수용할 것이 요구되고 있다. 뿐만 아니라 정보 통신 기술의 발달로 세무 행정 기술상 과세 범위 확대 가능성도 높아지게 되어, 위의 주민 부담상의 원칙이나 세수상의 원칙의 변화를 뒷받침해 줄 수 있게 되었다. 그러나 무엇보다도 전술한 바와 같이 지방 분권화 추세가 강화됨에 따라 지방자치 원칙이 더욱 요구되기에 이르렀다.

2) 지방세 자율성 강화를 위한 제 수단의 활용

위와 같은 조세 원칙의 변화와 더불어 지방 분권의 강화에 부응하여 지방세 운영의 자율성을 제고시키기 위한 여러 수단들이 보다 폭넓게 활용될 것도 요구되고 있다.

일반적으로 지방세도 조세의 일종으로 '조세법률주의'의 제약을 받게 되어 있다. "대표 없는 과세 없다"라는 표현으로 알려진 이 원칙은, 국민에게 부담을 주는 모든 조세의 종목과 세율은 법률로 정해야 한다는 것으로서, 조세 민주주의 실현을 위한 중요한 원칙으로 받아들여지고 있다. 그러나 이와 같은 조세법률주의에 따르는 경우 원칙적으로 지방정부가 자주적으로 또는 지역 주민의 의사에 부응하여 세목을 정할 수 있는 가능성이 제약받게 된다. 바로 이러한 점 때문에 지방자치가 실시되는 나라에서는 지방세 운영에 분권적 가치가 요구되어 지방정부에게 지방세 제도의 운영에서 자율성을 제고시키기 위한 다양한 방안들이 강구되고 있다.

위와 같은 요구에 부응하여 지방세 운영의 자율성을 강화하기 위한 수단들로는 대표적으로 법외세(법정외세) 제도, 임의세(탄력세) 제도, 탄력세율 제도 등이 제시되고 있다. 이제 이하에서 조세법률주의에 예외적인 이와 같은 제도들의 내용에 대해 좀더 구체적으로 검토해 보자.

① 법외세 제도

'법외세 제도'는 원래 조세가 갖는 조세법률주의적 성격에 대한 예외적인 조세로서, 지방정부가 일정한 조건 속에서 조례로 설치 · 운영하는 조세를 일컫는다. 이렇게 법적인 틀을 벗어난 예외적인 조세가 거론되는 이유는 지방세가 갖는 원칙 중에 '지방자치의 원칙'을 보강해 주는 데 그 뜻이 있다. 국회가 제정한 지방세법에 따라 모든 지방정부가 동일한 세목의 조세만을 부과하는 것은 지방자치의 본질에 어긋나는 것으로 볼 수 있다. 이러한 제도를 활용함으로써 특정 지역의 고유한 재정 수요를 당해 지역 단위에서 스스로 해결할 수 있게 할 뿐만 아니라 특정 지역에 편재되어 있는 특수 재원을 지방세원으로 수용할 수 있는 이점이 있는 것으로 평가되고 있다.[6)]

이러한 법외세 제도를 채택하고 있는 대표적인 나라로 일본이 자주 거론된다. 일본은 후술하는 임의세 제도도 부분적으로 활용하고 있으나 무엇보다 법외세 제도를 통해 지방세의 자율성을 높여 주는 나라로 알려져 있다. 일본의 법정외 세제에는 법정외 보통세와 법정외 목적세로 분류된다. 지방정부는 법에 정해져 있지 않은 세금이라도 조례를 제정하여 법정외 보통세 또는 법정외 목적세를 부과할 수 있다. 이러한 법외세 제도를 시행함에 있어서 중앙정부는 과세 표준이 국세 또는 다른 지방세와 동일하고 주민에게 부담이 심하게 과해지는 경우이거

6 심정근 외(1997), p. 190.

나 심각하게 재산 분배를 방해하는 경우 및 국가 경제 정책의 관점에서 적절하지 않은 경우 등이 아닌 한 이에 동의해야 하는 것으로 규정함으로써 지방정부에 법정외세 설정의 권한을 폭넓게 인정해 주고 있다.[7)]

② 임의세 제도

'임의세 제도'는 '선택세 제도'라고도 하는데, 특수한 사정에 놓인 각 지방정부가 선택할 가능성이 있는 여러 유형의 조세를 미리 법률로 정해 놓고, 그 중에서 각 지방정부가 자기 지역의 특성에 맞는 조세 종목이나 세율을 조례로 선택해서 운영할 수 있게 해주는 제도이다.

이 제도 또한 조세법률주의를 벗어나지 않으면서도 지방정부에 자율성을 부여하기 위해 고안되었다. 구체적으로 특정 지방정부의 지역 개발 노력으로 창출된 응익적 세원에 의한 세목, 예를 들면 수자원, 지하자원과 같은 부존자원으로부터 부가된 가치 등은 지역적 특성이 강하기 때문에, 해당 지방정부가 부과할 수 있는 세목으로 미리 준비해 둘 필요가 있다. 그리고 외부 불경제를 만들어 내는 경제 행위에 대해 발생자 부담 원칙의 차원에서 부과하는 특정 소비 과세 등에 대해서도 해당 지방정부에서 과세권을 갖는 것이 합리적이라 할 수 있다.[8)]

이러한 임의세 제도를 적극적으로 활용하는 나라로 프랑스를 들 수 있다. 프랑스는 헌법 제72-2조에 "지방정부들은 각종 세금의 전부 또는 일부를 징수할 수 있다. 지방정부들은 법률이 정하는 범위 내에서 그 과세 표준, 세율을 정할 수 있다"라고 규정하고 있다. 프랑스는 지방정부가 지방세를 설치할 독자적인 권한은 갖고 있지 않다. 그러나 이와 같은 헌법 규정에 의해 프랑스의 지방정부는 법에 정해진 조건 하에서 인정된 재원을 자유로이 소유하고 사용할 수 있으며, 모든 성질의 조세 수입의 일부 내지 전부를 세입으로 할 수 있고, 법에 정해진 범위 내에서 지방정부가 과세 표준과 세율을 정하는 것을 법률에 의거해 인정할 수 있게 해주고 있어, 임의세 제도를 폭넓게 수용하고 있는 것을 알 수 있다.[9)]

③ 탄력세율 제도

'탄력세율 제도'는 법률에서 일정한 범위의 세율 폭을 정해 놓고, 그 범위 내

7 히라시마 아키히데(2012) 참고.
8 권형신 외(2001), p. 92.
9 안창남(2013) 참고.

에서 각 지방정부로 하여금 자기 지역의 사정을 고려하여 특정 세율을 정할 수 있도록 하는 제도를 일컫는다. 이 제도는 각 지역이 재정 지출의 내용뿐만 아니라 과세 대상의 기반 자체가 서로 다르기 때문에, 조세법률주의 원칙에 따라 법률로 세율을 정하되 그 상 · 하한선을 명시해 놓고, 각 지방정부가 자기 지역의 특수한 사정에 따라 세율을 탄력적으로 운용함으로써 지방재정의 자주성을 살리는 데 기여하도록 하자는 것이 그 본래 취지이다.

다른 나라들처럼 우리나라도 '조례'로 탄력세율을 적용할 수 있는 제도를 폭넓게 활용하여 지방정부의 자율성을 제고시키는 제도적 장치를 갖고 있다. 그러나 우리나라 현실에서는 이 제도 또한 제대로 활용되지 않고 있는 실정이다.[10)]

(3) 비판적 견해

지금까지 제시한 원칙은 주로 개별적 합리성에 바탕을 둔 논자들의 일반적인 견해에 해당되는 것이라 할 수 있다. 이러한 견해에 비해 사회적 합리성을 중시하는 비판적 논자들의 견해는 이들과 일정한 차별성을 보이고 있음을 유념할 필요가 있다.[11)]

먼저 이들은 비판적 논자들은 응익 과세 원칙이라는 것은 지역 주민이 모두 동질적이라는 가정 하에서 제시되는 원칙이라는 점에 주의를 기울이고 있다. 이들에 의하면 자본주의 발전 과정에서 지역 내 주민들 사이에 계층 분화 현상이 나타나면서 지역 주민의 동질성은 퇴색하게 되었을 뿐만 아니라 보건, 교육, 의료, 그리고 도로, 교통, 주택, 상하수도 등 지역 공공 서비스들은 서로 종합적으로 관련성을 갖고 있어서 성질상 개별적으로 분할하는 것이 불가능한 것이 대부분이다. 이러한 점을 고려해 볼 때 지방세 부과에 있어서 공공 서비스에 대한 편익과 부담을 개별적으로 대응시키는 것은 논리적으로 맞지 않을 뿐 아니라 현실적으로도 이러한 이익 과세를 강화할 경우 지역 주민들의 계층 분화 내지 분단화 경향을 더욱 촉진시켜 지역 사회의 지속 가능성을 저해하는 상황에 이를 수도 있다는 견해를 취하고 있다. 그러나 이러한 비판적 논자들도 편익에 따른 비용 부

10 우리나라의 탄력세율 제도 운영 현황에 대해서는 우리나라 지방재정 관련 문헌을 참고할 수 있다.
11 이하 서술 내용은 우명동(2001), pp. 293-303의 내용을 가독성을 높이기 위해 재서술한 것이다.

담이 요구되는 경우 부분적으로 특히 개별 주민이 아니라 기업 활동 부분에서 이익 원칙의 적용을 수용하는 입장을 보이고 있다. 그것은 기업이 수익 창출 활동 과정에서 지역의 토지와 물을 활용하고 각종 공공 서비스를 향수함으로써 지속적으로 유지되는 단체라는 점에서 개별 주민과는 달리 응익 원칙에 의한 과세가 필요하다는 점을 수용한 데 따른 것이다.

결국 이들은 지방세에서도 응능 과세의 폭을 넓히는 것이 필요하다고 본다. 그것은 주민들의 지역 간 이동이 재정적 이유만으로 이루어지는 것이 아닐 뿐 아니라 일정 부분 이동성이 있다는 사실을 받아들인다 하더라도 현실적으로 각국은 다양한 지방재정 조정 제도를 통해 국민적 최저 수준을 보장하는 체제를 갖추어 가고 있기 때문에 재정적 요인에 의한 이동성을 전제로 응능 과세가 불가능하다고 볼 수는 없는 것으로 보는 데 따른 것이다.

아울러 세수상의 원칙에서는 현대 자본주의 하에서 지역 경제 불균등 발전의 법칙으로 인해 지방세의 세원을 특정 지역 내로 한정시키면 세원의 지역 간 편재가 심화되어 지역 간 재정력 격차를 심화시키는 문제를 노정시키게 될 것으로 보아 긍정적으로 수용하지 않는 입장을 보이고 있다. 뿐만 아니라 세무 행정상의 원칙에서도 세무 행정이라는 기술적인 요건에만 집착할 경우 세수 면에서 우수한 세원이 중앙정부에 집중되므로 이 또한 지역 간 재정력 격차와 관련하여 세수상의 원칙의 경우와 유사한 문제를 안고 있는 것으로 보고 있다.

결국 비판적 논자들은 지방세 원칙을 논함에 있어서 외형적이고 기술적인 문제보다는 보다 본질적인 실질적 주민 자치를 어떻게 하면 제고시킬 수 있을지를 판단 기준으로 삼을 것을 강조하고 있다.

제2절 지방세 체계

1. 바람직한 지방세 체계

일반적으로 조세 체계란 "복세 체계 하에서 전체적으로 기능과 조세 부담의 조화를 고려하여 파악한 여러 조세들의 통일된 조합"을 일컫는바, 지방세 체계의 경우는 중앙과의 관계에서 어떻게 세목과 세율을 나누어 배분함으로써 전체적으로 기능과 조세 부담의 조화를 이루어 갈 것인가 하는 문제를 다루게 된다. 말하자면, 바람직한 지방세 체계를 다루기 위해서는 지방세가 국세와의 관계에서 존재하는 조세이기 때문에 중앙과 지방 사이의 '세원 배분'의 문제를 다루어야 한다. 여기서 세원 배분의 문제란 이처럼 한 나라에 주어진 세원을 중앙과 지방 사이에 어떻게 나누어 배분되고 있는가, 나아가 어떻게 나누어 배분하는 것이 더 바람직한가 하는 문제를 다룬다. 이러한 바람직한 세원 배분의 틀, 즉 지방세 입장에서는 지방세 체계를 구상하는 과정에서는 앞에서 살펴본 지방세가 갖추어야 할 원칙들이 원용됨은 물론이다.

하나의 조세는 그 조세를 부과하고 징수함에 있어서 서로 다른 단계의 정부 중에서 보다 적절한 정부가 존재한다. 물론 어떤 세원은 서로 다른 단계의 정부에게 명확하게 차별적으로 배분되지 못하고 서로 나누어 가지는 것이 수용되는 경우도 있을 수 있다. 그러나 여기서는 특정 세원을 서로 다른 단계의 정부가 나누어 가진다고 볼 때, 어떤 세원을 어느 단계의 정부에 배분하는 것이 보다 더 바람직할 것인지에 대해 살펴보고자 한다.[12]

(1) 전통적 논의

앞에서 지방세 원칙에 대해 검토하였으나, 실제 조세 체계는 그와 같은 원칙

12 아래에서 제시하는 기준은 R. A. Musgrave(1983; 1989) 등을 참고한 것임을 밝혀 둔다.

적인 측면과는 늘 일치하는 것은 아니다. 그러나 위와 같은 원칙에 상대적으로 더 잘 부응할 수 있는 세원 배분의 틀에 대한 개괄적인 내용은 제시해 볼 수 있을 것이다. 한마디로 중앙정부는 개인이나 법인의 소득 창출 활동과 소비 활동에 과세하고, 지방정부는 토지, 건물 등 재산 가치에 과세하는 것이 바람직하다.

먼저 개인 소득세와 법인 소득세, 그리고 소비세의 경우 과세 대상 활동이 다른 지방정부로 용이하게 이동하는 성질을 띠고 있어서 특정 지방정부에서 차별적으로 부과될 경우 과세 대상 활동 과정에서 초과 부담이 일어나서 비효율이 발생하게 된다. 따라서 전술한 조세 원칙에 비추어 볼 때, 이러한 과세 대상은 국세로 운영하는 것이 바람직한 것으로 평가된다.

한편, 토지 또는 주택과 같은 부동산 관련 조세와 특정 지역에 영업장을 두고 행하는 영업 행위에 대한 과세는 세원이 지역적으로 분할되어 있으며, 즉 국지화되어 있으며, 상대적으로 지역적인 보편성을 가지고 있다. 아울러 토지 및 가옥의 소유자와 영업자에게는 편익과 부담이 보다 긴밀하게 연결되어 있어 지방정부로부터 받는 서비스에 대한 반대급부로서 그에 상응하는 부담이 이루어질 수 있으므로 지방정부의 합리적인 과세권의 행사가 용이하다. 또한 부동산 관련 조세의 경우는 과세 대상의 이동을 통한 조세 회피가 곤란하기 때문에 초과 부담도 없다는 특성을 가지고 있다. 따라서 이러한 조세는 지방세로 운영하는 것이 바람직하다. 그런데 이와 같은 토지, 가옥 등에 대한 과세, 그리고 영업장에 대한 과세 등은 주로 과세 기술상의 이유 등으로 외형 표준에 대해 수익세 형태로 부과되어 오고 있다. 요약컨대, 이와 같은 토지, 가옥, 영업장 등에 대해 부과되는 소위 수익세 3종이 전통적으로 지방세의 고유한 형태로 간주되어 왔다.

이제 위와 같은 정부 간의 개괄적인 세원 배분의 틀을 염두에 두고, 좀더 구체적으로 서로 다른 정부 단계별 세원 배분의 내용을 검토해 보고자 한다.

1) 중앙정부 세원

앞에서 논의한 원칙에 따르면 중앙정부에는 소득과 소비에 부과되는 조세, 그리고 전국적 차원에서의 사용자 부담을 배분하는 것이 적절한 것으로 판단된다. 이러한 원칙적인 입장에서 보면 누진 소득세와 상속 및 증여세, 그리고 전국적 차원의 사용자 부담이 중앙정부의 세목으로 평가되고 있다.

먼저 포괄적인 누진 소득 과세가 중앙정부 차원의 조세로 가장 적당한 것으로 평가받고 있다. 말하자면, 특정 공공 서비스의 편익이 미치는 범위가 전국적이거나 전국적인 차원에서 재분배 정책이나 안정화 정책이 시행되는 경우 소득의 원천과는 관계없이 전국에 걸친 모든 소득을 대상으로 포괄적인 누진 소득세가 부과되는 것이 타당하다는 입장이다. 같은 맥락에서 법인 소득세나 소비세, 특히 종합 소비세(지출세)는 중앙정부가 전국 단위로 부과하는 것이 바람직한 것으로 평가된다.

한편, 이와 유사한 맥락에서 상속 · 증여와 관련된 조세는 중앙정부 차원에서 부과되는 것이 적절한 것으로 평가된다. 왜냐하면 상속 · 증여 관련 조세를 지역에 따라 서로 다르게 부과하면 과세 대상 자산의 이동이 일어나게 과세가 불안정해질 것이기 때문이다.

마지막으로 다양한 단계의 정부에서 각각 관할 영역 내에서 제공되는 서비스에 대해 비용과 편익 사이에 일대일 대응 관계가 선명하게 나타나는 경우 보다 직접적인 사용자 부담을 부과해서 징수하는 것이 바람직한 것으로 평가된다. 이러한 맥락에서 전국적인 단위에서의 사용자 부담은 중앙정부가 부과하는 것이 타당한 것으로 볼 수 있다.

2) 상위 지방정부 세원

같은 맥락에서 상위 지방정부 차원에서 적절한 조세로는 거주민에 대한 소득세, 소비지 기준 소비세(소매 매상세), 자연환경 관련세, 광역 차원에서의 사용자 부담금 등을 들 수 있다.

먼저 거주민에 대한 소득세 내지 거주민이 소유하는 요소로부터 얻어지는 소득에 대한 소득세는 상위 지방정부 차원의 조세로 적절한 것으로 평가되고 있다. 그러나 이 경우는 주민의 지역 간 이동 가능성을 고려하여 누진성은 약하게 부여하는 것이 바람직하다. 이런 입장에서 보면 비거주자가 특정 지역에서 소득을 발생시키면서 그 소득을 자기 거주 지역으로 이전시켜 가는 경우 소득 발생 지역으로서의 권한에 바탕을 두고 해당 소득 창출 행위에 대해 소득세(개인 또는 법인)를 부과하는 것은 적절한 것으로 볼 수 있다.

다음으로 소비 과세 중에서 소비지 기준의 소매 매상세 또한 상위 지방정부 차원에서 부과되는 것이 적절한 것으로 평가된다. 이것은 소비가 실제로 행해지는 곳에서 소비세를 부과함으로써 최종 소비자가 조세 부담을 지게 할 수 있기 때문이다.[13] 특히, 관할 영역이 충분히 커서 해당 조세를 회피하기 위해 관할 지역을 벗어나서 소비하는 것이 어려운 경우에 이러한 소비세는 그러한 넓은 지역을 관할하는 상위 지방정부 차원에서 부과되는 것이 적절하다. 만약 이러한 소매 매상세가 관할 영역이 좁은 하위 지방정부에서 부과되면 소비자들은 어렵지 않게 다른 지역에서 소비 행위를 함으로써 조세 부담을 피하고자 노력할 수 있게 된다. 이에 비해 상위 지방정부 차원에서 부과하면 이와 같은 소비세 부과로 인해 나타나는 소비 행위의 왜곡을 줄일 수 있을 것이다.

아울러 전술한 사용자 부담에 있어서 상위 지방정부의 경우도 해당 지방정부 관할 영역에서 공공 서비스의 공급과 편익의 대응 관계가 보다 선명하게 나타나는 경우 상위 지방정부 차원에서 사용자 부담을 부과하는 것은 전술한 지방세 원칙에 부응하는 것으로 볼 수 있다.

3) 하위 지방정부 세원

마지막으로 하위 지방정부에 적절한 조세들로는 재산세, 사회 보장세, 그리고 하위 지방정부 차원에서의 사용자 부담금 등이 제시되고 있다.

먼저 부동산 관련 세를 보자. 관할 영역이 좁은 하위 지방정부 차원으로 돌아가 보면, 세원이 특정 지역에 정착해 있는 토지나 주택 같은 부동산의 보유 행위나, 그러한 부동산의 가치 증식에 대한 조세는 전술한 조세 원칙에 비추어 볼 때, 가장 낮은 단계의 지방정부가 부과하는 것이 바람직하다는 것을 알 수 있다.

아울러 급료(payroll)에 대해 선취하는 사회 보장세(payroll tax) 또한 소득에 대해 부과하면서도 다른 지역으로 쉽게 이전이 일어나기 어렵기 때문에 이 또한 하위 지방정부 차원에서 부과하는 것이 적절한 것으로 평가되고 있다.

13 원래 소비세는 특정 재화의 모든 거래 단계, 즉 도매 단계, 유통 단계, 그리고 소매 단계 등에 부과될 수 있을 것인바, 여기서는 최종 소비 단계에 대한 소비세를 의미함을 유념하기 바란다.

마지막으로 사용자 부담금은 특히 하위 지방정부 차원에서도 중요한 의미를 갖는다. 그것은 특정 공공 서비스의 편익이 특정 집단의 수혜자들에게 국한해서 주어지는 경우에 하위 지방정부가 그러한 편익에 대한 대가 형태로 부과하는 것이 해당 지방정부의 대 주민 책임성 제고를 통해 경제적 가치에도 부응할 수 있기 때문이다.

(2) 새로운 추세

전통적으로는 전술한 지방세 원칙에 상응하게 외형 표준인 수익에 대해 비례세율로 과세되는 수익세 중심의 조세 체계가 중심을 이루어 왔다. 비례 과세 형태의 토지에 대한 재산세, 주택에 대한 재산세, 영업 행위에 대한 영업세 등이 대표적인 사례이었다.

그러나 오늘날은 각국에서 지방 분권화가 진행되면서 지역의 중요성이 제고되고 이에 따라 지방재정의 기능이 확대되어 옴에 따라 그러한 변화되는 상황에 부응하는 과정에서 전통적인 지방세 원칙에도 변화가 생기게 되고, 종국적으로는 세원 배분 틀 내지 지방세 체계에도 변화가 나타나기에 이르렀다. 세수 신장성이 크고 탄력적인 세원이 보다 많이 지방정부로 배분될 것이 요구되고 있으며, 현실적으로도 그러한 추세를 보이고 있다. 구체적으로 지방세에도 부담의 공평성이 큰 소득세 또는 소득 · 소비세 체계가 도입되고 있거나 그러한 과세를 늘리는 방안이 지속적으로 요구되고 있는 실정이다.[14]

2. 세원 배분 방식

중앙과 지방 사이에 세원을 배분하는 방식에는 각 단계의 정부가 독립적으로 별도의 세원을 이용하는 '세원의 분리 방식'과 서로 다른 단계의 정부가 동일

14 일반적인 논자들뿐만 아니라 전술한 비판적 논자들도 공평성이 큰 소득세의 도입을 수용하는 점에서는 마찬가지이나, 그들이 제시하는 근거에는 차이가 있다. 비판적 논자들은 전술한 지방세 원칙에 대한 그들 자신의 견해에 바탕을 두고 응익 원칙이 갖는 주민의 분단화 경향, 나아가 세수상 원칙으로서 지역적 보편성과 정착성 등의 원칙이 자본주의 발전 과정에서 나타나는 지역 간 불균등 발전의 법칙에 대응하지 못하고 있는 현상 등을 극복하기 위해 응능 원칙에 부합하는 소득 과세 체계의 도입을 주장하고 있다는 점에서 차별성이 있음을 지적해 두고자 한다(우명동, 2001, p. 302).

한 세원을 공유하는 '세원의 공동 이용 방식'이 있다. 이러한 세원 배분 방식도 전술한 지방정부의 기능 변화에 따라 달라지는 추세를 보이고 있다.

앞에서 제시한 바람직한 지방세 체계는 세원의 분리 방식에 바탕을 두고 정리된 내용이다. 그러나 현실적으로는 이러한 분리 방식으로는 늘어나는 지방정부 기능 수행에 애로가 나타나게 됨에 따라 일정한 세원은 분리해서 운영하면서도, 다른 일정한 세원은 각급 단계의 정부가 공동 이용하는 경우가 점점 늘어나는 추세를 보이고 있다. 이제 이하에서 세원 분리 방식의 장단점을 살펴보고, 이어서 세원 공동 이용 방식과 관련된 여러 논의를 정리하고자 한다.

(1) 세원의 분리 방식

세원의 분리 방식이란 중앙정부와 지방정부가 세원을 각각 독립적으로 이용하는 방식, 즉 일정한 과세 대상에 대해서 중앙정부와 지방정부 중 어느 한 단계의 정부만이 과세권을 행사하는 방식을 일컫는다. 예를 들어, 중앙정부는 소득세를, 지방정부는 재산세를 서로 독립적으로 부과 징수하는 방식이 이에 해당된다.

이러한 세원 분리 방식을 택하게 되면 다음과 같은 장단점이 있다. 먼저 서로 다른 단계의 정부가 같은 과세 대상(객체)에 대해서 중복해서 과세하는 일은 없게 할 수 있다. 이렇게 하면 동일한 과세 객체에 대한 이중 과세에서 오는 조세 부담의 중압감을 적게 할 수 있다는 장점이 있는 것으로 평가된다. 한편, 이 방식에 의하면 각 단계의 정부는 자신만의 수입원을 가질 수 있게 된다. 이렇게 세원을 독립적으로 배분하게 되면 하위 지방정부 입장에서는 상위 정부, 특히 중앙정부의 권한 확산을 막아서 재원 면에서 어느 정도 안정적인 세수를 확보할 수 있는 장점이 있는 것으로 평가된다. 뿐만 아니라 이 방식에 의해 세원을 배분하면 지방정부의 과세 자주권 보장에 유리한 측면이 있다. 아울러 모든 단계의 정부 입장에서 세원의 관리가 단순 · 간편하며 이에 대한 책임 소재가 분명하다는 이점도 있다.

그런가 하면 이 방식에 의해 세원을 독립적으로 보유하게 되면 무엇보다 세입이 안정되고 신장성이 높은 세원은 주로 상위 정부에 배정되고 하위 정부에게는 영세한 세원만 배분되어 하위 정부로서는 세수 부족 사태를 초래하기 쉽다는 단점이 있다. 뿐만 아니라 이처럼 세원을 단계별로 같은 단계의 정부가 같은 세원을 보유하는 경우 지역 간 세원의 편재 여부에 따라 재정력의 지역 간 불균등이 심화될 가능성이 있다는 점이 단점으로 지적되기도 한다.

(2) 세원의 공동 이용 방식

위의 세원 분리 방식과는 달리 중앙정부와 지방정부가 일정한 범위 내에서 동일한 세원을 공동으로 이용하는 방식을 활용하는 경우도 있다. 이제 이 방식이 갖는 장단점을 살펴보고, 나아가서 이 방식이 갖는 문제점에 대한 다양한 극복 대안을 검토해 보도록 하자.

먼저 이 방식을 택하면 지방정부 입장에서는 무엇보다 신장성과 안정성이 높은 주요 세원을 일부 분할해서 이용할 수 있게 됨으로써 지방정부의 세수 확보가 유리해진다는 장점이 있다. 한편, 전반적으로 정부에 주어진 경제적 기능을 보다 원활하게 수행할 수 있다는 장점이 있는 것으로 평가된다. 그것은 예를 들어 세원을 지방정부와 공유하게 되는 경우 필요에 따라 전반적으로 누진성을 강화하거나 줄일 수 있어서 경기 보정 기능을 제고시킬 수 있기 때문이다.

그러나 위와 같은 장점에도 불구하고, 중앙정부와 지방정부가 하나의 과세 대상에 대해 서로 독자적으로 과세권을 행사하는 경우 징세 절차가 복잡해질 뿐만 아니라, 불필요하게 징세비가 늘어나는 상황이 발생할 수 있다. 한편, 동일한 과세 대상에 대해 여러 번 과세되어 복수(중복) 과세로 인한 여러 가지 문제가 발생할 수 있다는 단점이 있다.[15] 무엇보다 복수 과세는 그것이 공공 부문과 민간 부문 사이, 나아가 공공 부문 내에 미치는 전반적인 효과를 고려하지 아니하고 행해지는 경우 정책 효과의 왜곡을 초래하는 문제가 나타날 수 있다. 그것은 서로 다른 단계의 정부가 하나의 과세 대상에 대해 각각 과세권을 행사하는 경우,

15 '복수 과세' 내지 '중복 과세'라 하더라도 서로 다른 형태의 중복 과세가 행해지는 경우가 있다. 먼저 중앙정부와 지방정부처럼 서로 다른 단계의 정부들에서 행해지는 '수직적 중복 과세', 같은 단계의 서로 다른 지방정부나 또는 나라에 따라서 도시 정부와 학교 특구와 같이 같은 단계의 정부 내의 서로 다른 정부 단위들에서 행해지는 '수평적 중복 과세', 그리고 법인 소득에 대해 같은 단계의 정부(가령 중앙정부)가 법인 단계에서 법인세를 개인 단계에서 소득세를 부과하는 경우와 같이 같은 정부 단위 내에서 동일한 과세 표준에 대해 여러 번 과세되는 '동일한 정부 단위 내에서의 중복 과세' 등이 있을 수 있다. 그러나 여기서는 중복 과세의 대표적인 형태로서 '수직적 중복 과세'를 대상으로 설명한다.

때에 따라서는 특정 정책 목표가 중첩되기도 하고 또는 서로 상쇄되는 경우가 나타날 수도 있기 때문이다.

(3) 공동 이용 방식의 문제점 극복 방안

세원의 공동 이용 방식은 위에서 제시한 바와 같은 장 · 단점을 가지고 있다. 그런데 오늘날과 같이 지방정부의 활동이 확대되면서 그렇게 늘어난 활동을 위한 세원의 필요성이 더 커지고 있는 상황에서 탄력성과 신축성이 큰 세원에 대한 정부 간 공동 이용의 필요성은 더욱 커지고 있는 실정이다. 이러한 맥락에서 이제 이하에서 전술한 세원의 공동 이용 방식이 갖는 장점을 살리면서, 공동 이용 방식의 경우 복수 과세 내지는 중복 과세로 인해 발생하는 문제점을 완화시키기 위한 조정 방법에 대해서 살펴보도록 하자. 이러한 방안으로는 부가세 방식, 공동세 방식, 그리고 공제 방식 등이 제시되고 있다.

1) 부가세 방식

먼저 '부가세(surtax) 방식'이란 과세 대상에 대해 중앙정부가 사용한 과세 표준에 지방정부가 일정한 세율을 부가 징수하는 방식을 일컫는다. 이 방식을 택하면 징세비 절약이 가능하고 세무 행정이 용이하다는 장점이 있다.

그에 비해 이 방식에 의하면, 지방세의 세액 결정이 전적으로 본세의 결정에 따라야 하기 때문에 지방정부 입장에서는 과세의 자주성이 약화될 소지가 있다. 또한 지방정부의 재정에 대한 책임 관념을 약화시켜서 궁극적으로 지방정부로 하여금 스스로 새로운 수입원을 개발하고자 하는 노력을 약화시킬 수 있다는 문제점이 있다.

2) 공동세 방식

다음으로 '공동세(revenue sharing) 방식'이란 동일한 세원에 대하여 중앙, 지방의 구분 없이 일시에 과세한 후, 그 세수를 중앙정부와 지방정부 간에 일정한 비율에 따라 배분하는 제도를 일컫는데, 분여세 방식이라고도 한다. 예를 들면, 소득세, 법인세 및 부가가치세 등을 중앙정부나 지방정부가 징수하여 세목에 따라 일정 비율로 공동 배분하는 방식을 들 수 있다.

이 방식도 부가세 방식과 유사하게 각급 정부의 분여 비율은 중앙정부의 입법 기관에 의해 결정되기 때문에 지방정부로서는 조세 수입에 대한 자유 재량권이 없다는 문제가 있다. 말하자면, 이 제도 하에서는 지방정부가 필요할 경우 수입원으로 해당 조세를 활용할 수 없다. 그리하여 이 제도 하에서는 지방정부가 외생적인 예산 제약에 직면할 뿐 아니라 지출 감소의 유인을 갖지 못한다는 문제점이 지적되고 있다.[16)]

3) 공제 방식

한편, '공제 방식'이란 중앙정부와 지방정부가 과세 표준을 동일하게 한 상태에서, 국세를 과세할 때 지방세 부담분을 공제해 줌으로써 전체적인 조세 부담을 합리적으로 조정하는 방식을 일컫는다. 이러한 공제 방식은 크게 세액 공제 방식과 소득 공제 방식으로 나누어진다.

먼저 '세액 공제(tax credits) 방식'은 연방제 하에서 한 단계의 정부에 내야 하는 조세 부담액을 다른 단계의 정부에 납부한 조세액을 기준으로 줄여 주는 방식을 일컫는다. 이러한 세액 공제 방식은 다시 수직적 세액 공제 방식과 수평적 세액 공제 방식으로 나누어 볼 수 있다. 이 중에서 '수직적 세액 공제 방식'은 중앙정부가 각 단계의 지방정부에 납부된 특정 조세에 대해 중앙정부의 조세 납부 시 그 세액을 공제해 주는 방식을 일컫는다. 이 방식은 하위 정부가 특정 세원을 사용하도록 상위 정부가 자극해 주는 역할을 수행한다. 예를 들어, 중앙정부가 지방정부에 납부한 개인 소득세에 대해 중앙정부의 개인 소득세를 납부할 때 그 25%까지의 세액 공제를 인정해 주게 되면 그 한도액까지 지방정부로 하여금 개인 소득 과세를 활용하도록 자극하는 역할을 수행하게 된다. 한편, '수평적 세액 공제 방식'은 같은 단계의 서로 다른 두 지방정부가 동일한 개인이나 기업에게 특정 조세를 공동으로 부과하는 경우 하나의 지방정부에서 이미 부과된 세액의 일정 비율을 다른 지방정부의 세액에서 공제해 주는 방식을 일컫는다. 이 방식은

16 독일의 부가가치세와 소득세를 가지고 공동세 방식이 갖는 이러한 문제점을 설명하고 있는 문헌으로 J. M. Buchanan and R. A. Musgrave(1999), pp. 199-200(우명동 외, 2003, pp. 192-193)을 참고.

하위 정부들의 보다 큰 징세 노력을 유도하는 수직적 세액 공제 방식과는 달리 납세자들 사이의 부담의 공평성을 개선시키려는 노력을 나타낸다는 점에서 차별성을 갖는 제도이다. 이러한 수평적 세액 공제 방식도 물론 중요하지만 세액 공제 방식은 주로 수직적 정부 간 세액 공제 방식을 지칭한다는 점을 유념할 필요가 있다.

한편, '소득 공제(tax deductions) 방식'은 과세 표준에 세율을 적용하기 전에 과세 표준 자체에서 공제해 주는 방식을 말하는데, 이는 앞의 세액 공제 방식이 세율을 과표에 적용한 후의 조세 부담액에서 공제해 주는 방식이었던 것과 대비된다. 이 소득 공제 방식도 상위 정부가 하위 정부로 하여금 그들 자신의 세원을 개발하도록 자극하기 위해서 사용된다는 점에서는 세액 공제 방식과 마찬가지이다. 그러나 이 경우 '조세 절감'액은 납세자의 한계 세율 구간에 따라 달라진다는 점이 다르다. 예를 들어, 동일한 100만 원이 소득 공제되더라도 해당 개인이 중앙정부의 개인 소득세 납부 단계에서 한계 세율 구간이 어디인가에 따라 사실상 공제 혜택이 달라지게 된다.

(4) 평가

지방세 체계는 중앙정부와 지방정부 사이에 독립된 세목을 갖고 형성되기도 하며, 또는 서로 다른 단계의 정부가 세원을 공유하는 방식을 통해서 형성되기도 한다. 그런데 종전에는 서로 다른 단계의 정부가 각각 독립된 조세를 나누어 갖는 방식이 주를 이루었으나, 최근에 와서는 서로 다른 단계의 정부가 같은 세원을 공유하는 방식으로 옮아가고 있는 것을 볼 수 있다. 말하자면, 최근에는 독립세 방식보다는 세원 공유 방식이 주류를 이루고 있음을 유념해 둘 필요가 있다. 이런 맥락에서 볼 때, 세원 공동 이용 방식을 채택하는 경우 제기되는 중복 과세 문제를 극복하는 위와 같은 방안들을 이해해 두는 것은 중요한 의미를 지닌다 할 것이다.

제3절 지방세의 특수 문제

한 국가 내에는 다양한 지방정부가 동시에 존재하며, 그러한 지방정부의 관할 영역 사이에서 인적 · 물적 요소들은 상당한 이동성을 갖는다. 이러한 요소들의 지역 간 이동성으로 인해서 분권화된 지방정부들에 의해 부과되는 조세 수준에 차이가 있을 경우 그러한 조세 부담의 조정 과정에서 과세 대상들이 지역 간에 더욱 활발하게 이동하는 현상이 나타나게 된다.

이러한 과세 대상의 이동 가능성으로 인해 지방세 부분에서는 한편으로는 조세 부담의 지역 간 이전 현상이라는 소위 '조세 수출' 현상이 일어나며, 또 한편으로는 '조세 경쟁' 현상이 일어남으로써 지방세 문제를 다루는 경우 지역 주민들의 부담과 조세 징수의 효율성 등 경제적 가치와 관련해서 특별히 주의를 기울일 필요가 있다. 이제 이하에서 이 두 현상의 개념과 지역 경제에서 갖는 의의를 검토해 보고자 한다.

1. 조세 수출

(1) 개념

특정 지역 또는 지방의 생산 활동의 결과물(산출물)에 조세가 부과되는 경우 그 일부는 다른 지역 주민들에 의해 판매되기도 한다. 이 경우 해당 지역의 조세 수입의 일부를 다른 지역 주민들이 부담하게 되는 현상이 나타나게 된다. 이 경우 조세가 부과된 지역의 조세 부담의 일부가 다른 지역(주민)에게로 이전되는 결과를 낳게 되는바, 이와 같은 "조세 부담의 지역 간 이전 현상"을 '조세 수출'(tax exportation) 현상이라 한다.

이러한 조세 수출의 아주 일상적인 형태로는 관광지 레스토랑이나 호텔 요금에 부과되는 조세, 특정 지역의 상품에 부과되는 조세 등을 들 수 있다. 이러한 조세 수출 현상은 특정 지역이 주로 다른 지역의 주민들이 구입하는 고도로 전문화된 상품을 생산하는 경우 특히 그 중요성이 커질 수 있다. 이렇게 다른 지역 주민들이 부담하는 조세 수입은 해당 지방정부의 금고로 들어가 그 지방정부의 조세 수입을 증가시키게 된다.[17] 오늘날 이러한 현상은 더욱 광범위하게 나타나는 추세를 보이고 있어 이러한 현상이 갖는 경제적 의의를 확인하는 것은 중요한 의미가 있다 할 것이다.

(2) 경제적 귀결

이와 같은 조세 수출 현상이 갖는 경제학적 의의는 특정 지역 관할 지방정부의 주민들은 그들 자신의 공공 프로그램의 비용 전부를 부담하지 않을 수 있고, 그래서 결과적으로 지역 공공재의 산출을 효율적인 수준을 넘어서는 수준으로 끌어올리는 유인으로 작용할 것이라는 데 있다.

일반적인 효율 조건에 따르면, 특정 공공재의 최적 공급 수준은 특정 공공재의 총한계 편익과 총한계 비용이 일치하는 수준에서 주어져야 할 것이다. 그런데 조세 수출이 이루어지는 경우 특정 공공재의 편익은 해당 지역 주민에게 모두 귀착되는 데 비해, 공급 비용은 해당 지역 주민뿐만 아니라 조세 수출로 인해 다른 지역 주민도 같이 부담하는 것으로 나타나고 있다. 말하자면, 조세 수출 현상이 일어나는 경우 관할 지역 주민이 부담하는 한계 비용은 해당 프로그램의 총한계 비용에 미달하게 된다. 이러한 상황에서 해당 지역 주민은 해당 공공재 공급 비용을 전부 부담하지 않고 자기가 부담하는 것만을 부담으로 인식함으로써 한계 비용보다 한계 편익이 더 큰 것으로 인식하여 보다 많은 공공 서비스를 요구하게 된다. 이러한 요구는 결국 지방정부에게는 지역 공공재 산출 수준을 효율적인 수준을 넘어서는 수준으로 늘리게 하는 유인으로 작용하게 된다.[18]

가령 조세 부담의 일부, 예를 들어 50%를 다른 지역으로 전가시킬 수 있는 경우, 주민 입장에서는 조세 수출이 없는 경우에 부담해야 할 조세 비용의 50%만

17 이러한 현상은 물론 소비 관련 과세가 지방세로 채택되고 있는 경우를 상정한 것임을 유념하기 바란다.

18 특정 공공재의 편익이 다른 지역 주민들에게 일부 주어지는 경우도 상정해 볼 수 있을 것이나, 여기서는 설명의 편의상 특정 공공재 편익은 해당 지역 주민이 모두 받고 비용은 해당 지역 주민과 조세 수출 현상으로 인해 다른 지역 주민도 같이 나누어 부담하는 경우를 상정하고 있음을 유념하기 바란다. 그러나 다른 지역 주민에게 편익이 돌아가는 경우를 상정하더라도 그 크기가 조세 수출액에 비해 작은 경우를 상정하면 큰 틀에서 본문의 논의는 그대로 유효한 것으로 볼 수 있다.

부담하게 되는데 편익은 그러한 비용을 초과하는 크기로 발생하기 때문에 계속해서 세출 규모의 증대를 요구하게 될 것이다. 나아가 이러한 요구는 지방정부로 하여금 지역 공공재 산출 수준을 끌어올리는 유인으로 작용하여, 결국 관할 지역 입장에서 보면 '과잉 생산'을 불러오게 된다.

2. 조세 경쟁

(1) 개념

한편, '조세 경쟁'(tax competition)이란 지방정부가 경제 활동, 특히 기업의 투자 활동을 자기의 관할 지역으로 유치하기 위하여 세율을 경쟁적으로 낮추는 현상을 지칭한다. 특정 관할 지역에서 투자 활동의 수익에 대한 조세를 다른 지방에 비해 과중하게 부과하게 되면 그 지역에서의 투자 활동이 위축되고 상대적으로 다른 지역으로 빠져나가게 하는 경향을 유발시키게 된다. 이러한 이유로 각 지방정부는 자기 지역에서 고용과 소득 창출 활동을 자극시키기 위한 투자를 끌어들이기 위해 세율이나 세액을 내리고자 서로 경쟁을 하게 된다.

이와 같은 조세 경쟁에 대한 논의는 전통적으로 이처럼 자본 유치를 위한 경쟁에 초점을 맞추어 왔다. 그것은 노동이 지리적으로 이동성이 적다는 전통적인 가정에 바탕을 두어 왔기 때문이다. 그러나 다 같이 노동이라 하더라도 숙련 노동자의 경우는 미숙련 노동자의 경우에 비해 이동성이 높게 나타나며 그러한 경향성이 갈수록 강해지고 있기 때문에, 조세 경쟁에 대한 논의에서 숙련 노동자를 유치하기 위한 조세 면에서의 경쟁도 중요한 의미를 지니게 되었다.

(2) 경제적 귀결

1) 효율성의 상실

특정 관할 지역에서 투자 활동의 성과에 대한 조세를 다른 지역에 비해 무겁게 부과하면 그 지역에서 자본 사용을 위축시키고 자본을 다른 지역으로 빠져나가게 하는 경향이 나타난다. 이와 같이 지역 간의 차별적인 조세로 인해 어떤 기업이 단지 특정 지역의 조세 유인으로 인해 특정 지역에 투자하려 한다면 세후 자본의 한계 생산물이 지역들 사이에 차이가 나게 되며, 사실상 자원이 최선의 지역에 사용되지 않게 됨으로써 사회 전체 입장에서 효율성이 저해되는 결과를 가져오게 될 것이다. 이제 이러한 비효율성을 특정 지방정부 입장에서 보면, 모든 지방정부가 이같이 자본을 유치하기 위해 조세 경쟁을 강행하면, 특정 지방정부 입장에서는 기업 투자를 유인하기 위해 세율을 낮게 유지하려는 의도에서 지출을 한계 편익과 한계 비용이 일치하는 수준보다 낮은 수준으로 고정시키려 한다. 결국 조세 경쟁의 결과 지방 공공 서비스의 산출 수준이 효율적인 수준보다 낮게 나타나는 '과소 생산'의 경향을 보이게 됨으로써 비효율성을 노정시키게 된다.

이와 같은 조세 면에서의 지나친 경쟁은 자본과 금융상의 흐름을 왜곡시키며, 나아가 실물 경제 활동에서도 공정한 경쟁을 더욱 어렵게 하여 전국적으로 보면 산출물에 손실이 일어나게 된다. 결국 자원 사용에 있어서 비효율이 발생하게 된다. 그런데 이러한 비효율이 실질적으로 투자 활동으로 인한 수익의 관점이 아니라 조세 요인으로 인해 자본의 이동이 일어나게 됨으로써 자원 사용의 관점에서 보면 비효율이 발생하게 되었다는 점에서 조세 경쟁이 갖는 문제점을 인식할 필요가 있다. 이러한 현상이 현실에서 얼마나 일어날 것인지는 보다 체계적인 실증 분석을 통해서만 확인할 수 있을 것이다. 그러나 현실적으로 분권화된 지방정부들 사이에서는 조세 경쟁이 광범위하게 존재할 수 있으며, 이러한 경쟁은 공공 서비스의 산출을 효율적인 수준에 미치지 못하도록 유인하게 될 것은 분명하다. 그러나 한 나라가 집권적 국가이어서 각 지방정부가 조세 운영상 자유권을 갖고 있지 못한 경우라면 현실적으로 이러한 조세 경쟁 현상이 나타나지 않음은 물론이다.

2) 공평성의 상실

조세 경쟁이 가져오는 또 하나의 문제로는 과세 대상별로 이동성이 서로 다르기 때문에 서로 다른 납세자들 사이에 조세 부담의 불공평성이 심화될 수 있다는 점을 유념할 필요가 있다.

일반적으로 동일한 과세 대상에 조세가 부과되더라도 납세자에 따라서는 그 부담을 피해 다른 지역으로 이동해 갈 수 있는 정도에는 차이가 있다. 노동에 대한 과세에 비해 자본 소득에 조세가 부과되면 일반적으로 납세자의 이동성이 더 크다. 또한 노동 중에는 미숙련 노동자에 대한 과세에 비해 의사, 컴퓨터 전문가, 경영자, 과학자 등 소위 전문직 숙련 노동자에 대한 과세가 행해지는 경우 납세자의 이동성이 더 크다. 그리고 자본 중에서는 실물 자본에 대해 과세하는 경우보다 금융 자본 소득에 대해 과세하는 경우가 이동성이 더 크다. 한편, 소비에 대해 과세하는 경우는 고소득층의 소비가 저소득 일반인들의 소비에 비해 납세자들의 이동성이 더 크다. 이와 같은 납세자의 이동성을 고려해 볼 때 만약 특정 지방정부가 조세 경쟁을 통해 줄어드는 조세 수입을 메꿀 수 있는 만큼 정부 지출을 줄이지 못한다면, 자본 소득에 대한 과세보다는 노동 소득에 대해 과세하고, 숙련 노동자보다는 이동성이 상대적으로 낮은 미숙련 노동자에 대한 과세를 늘리게 되며, 금융 자본보다는 실물 자본에 대한 과세를 늘리게 된다. 한편, 고소득층보다 저소득층의 소비에 대한 과세를 늘리는 등 비이동적인 경제 활동에 대한 과세를 늘릴 수밖에 없다.

이 경우 이동성이 높은 과세 대상은 조세 부담이 낮은 지역으로 이동해 감으로써 부담을 회피할 수 있지만 이동성이 낮은 과세 대상은 조세 부담이 낮은 지역으로 쉽게 이동해 가지 못함으로 인해 상대적으로 큰 부담을 질 수밖에 없게 되어 주민들 사이에서 조세 부담의 공평성이 크게 훼손되어 전체적으로 조세 체계의 불공평성이 심각하게 제기된다. 이렇게 보다 이동성이 작은 과세 대상에 보다 무겁게 조세를 부과함으로써 나타나는 납세자들의 부담의 불공평성을 심화시키는 현상을 흔히 '재정적 퇴보'(fiscal degradation)라고 부른다.[19] 각 지방정부가 자신에게 유리한 경제적 환경을 조성하기 위해 전개하는 조세 경쟁은 상술한 자원 사용의 비효율성을 낳는 문제를 갖고 있을 뿐 아니라 이와 같은 납세자들의 부담의 불공평성을 심화시키는 문제점도 아울러 야기할 수 있다는 사실을 유념할 필요가 있다.

19 V. Tanzi(1995), pp. 16, 134.

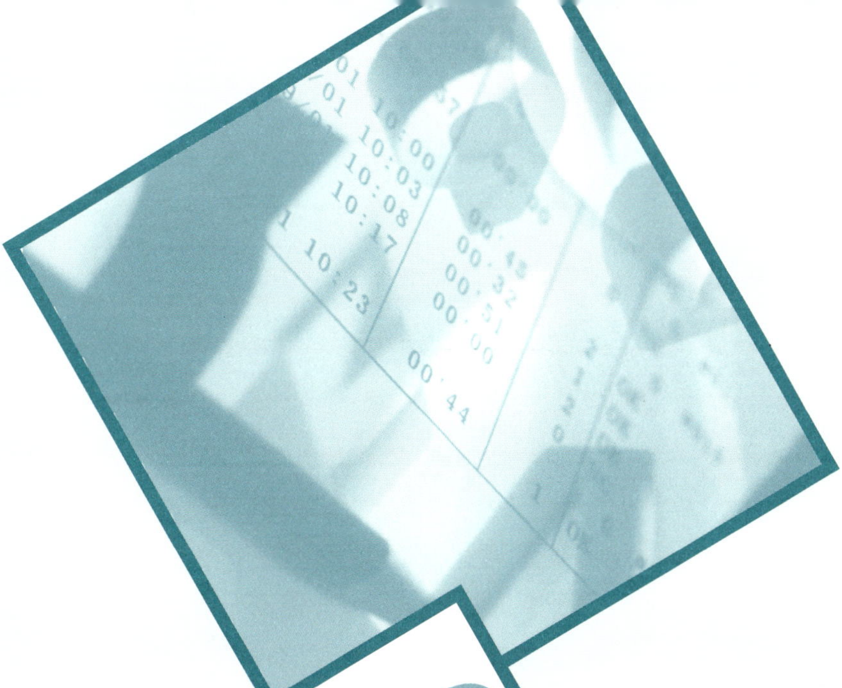

Chapter 9 지방세외 수입

9
지방세외 수입

본 장에서는 먼저 지방세외 수입의 개념과 유형을 살펴본 후 세외 수입을 부과하게 되는 다양한 경제적 근거를 검토한다. 아울러 세외 수입과 관련하여 현실에서 자주 거론되는 경영 수익 사업 활동이 요구되는 배경과 문제점들도 개괄적으로 파악한다.

이어서 공기업과 관련된 내용을 검토한다. 원래 공기업은 지방정부의 재정수입 확보 차원에서 운영되는 것이 아니어서 세외 수입과는 별도로 다루기도 하나, 본서에서는 일반적인 분류 관행에 따라 세외 수입 장에서 같이 다루기로 한다. 그러나 내용은 세외 수입의 관점이 아니라 특정 서비스가 공기업 방식으로 공급되게 되는 경제적 근거와 공기업 서비스의 요금의 특성을 중심으로 설명한다. 나아가 그렇게 운영되던 공기업 서비스의 민영화가 요구되는 배경도 아울러 개관한다.

제1절 지방세외 수입 개관

1. 개념과 유형

지방정부의 자체 수입은 조세 수입과 세외 수입으로 구성되어 있다. 이 중에서 세외 수입(non tax revenue)은 그 구분이 복잡하여 일률적으로 설명하기에 어려

표 9-1 세외 수입의 분류

세외 수입(대분류)	세부 분류
사용자 부담금	사용료 수수료 기타(사업 수입, 재산 임대 수입 등)
기타 세외 수입	재산 매각 수입 과태료, 벌금 등 기부금, 이월금, 부담금 등
공기업 수입	상하수도 사업, 공영 개발 사업, 지역 개발 기금 등

움이 있다. 그래서 세외 수입의 개념이나 그 성격을 설명하기 전에 먼저 개괄적으로 세외 수입을 구분해서 여기서 다루고자 하는 세외 수입의 범주를 설정할 필요가 있다.

세외 수입은 실질적인 수입인지 여부를 기준으로 실질적 수입과 명목적 수입, 회계별로 일반회계 수입과 특별회계 수입, 수입 발생의 계속성 내지 반복성 여부를 기준으로 경상적 수입과 임시적 수입, 사업 활동 여부를 기준으로 사업수입과 사업외 수입 등으로 다양하게 구분된다.[1] 그러나 여기서는 재원의 성격에 따라 〈표 9-1〉과 같이 구분하며, 이하 내용은 실질적인 수입 중에 사용자 부담금과 공기업 수입을 중심으로 설명하고자 한다. 물론 공기업 수입도 일종의 사용자 부담금적인 성격을 띠고 있는 것으로 볼 수 있으나, 공기업 수입은 공기업 활동을 통한 수입이라는 점에서 사용자 부담금과 구분하여 다음 절에서 별도로 다루고자 한다.

실질적인 수입으로서 '사용자 부담금'(user charge) 형태의 세외 수입은 크게 '사용료'와 '수수료'로 나눌 수 있다. 먼저 '사용료'(direct charge)란 특정 공공시설의 이용이나 공공 서비스 소비에 대한 대가 형태로 징수하는 직접적인 부담금을 의미하며, 구체적으로 도로, 하천, 공원, 주차장, 해수욕장, 체육 시설 등의 이용에 대해 징수하는 대가를 들 수 있다. 한편, '수수료'(fee)란 정부가 제공하는 행정

1 구체적인 구분은 나라마다 시기마다 차이가 있으니 필요한 시기의 관련 통계 책자를 참고하기 바란다.

서비스로부터 일정한 권한을 수혜받는 데 대해 지불하는 대가를 의미하는바, 그 예로는 특정 행위에 대한 허가 수수료, 공공 문서 발급 수수료, 운전 면허 발급 수수료 등을 들 수 있다. 이와 관련하여 별도로 '경영 수익 사업 수입'을 드는 경우가 있다. 이는 위의 세외 수입의 구분과는 다른 형태의 구분에 해당하는바 구체적인 내용은 후술한다.

이제 이와 같은 개념과 유형에 대한 설명에 이어 이하 논의에서는 실질적 수입으로서 사용자 부담금을 중심으로 세외 수입 부과의 근거를 검토하고, 이어서 공기업의 경우는 후술하는 바와 같이 세외 수입으로서의 의미보다는 공기업으로 운영하게 되는 별도의 근거가 있는 만큼 따로 분리해서 다루고자 한다.

2. 세외 수입 부과의 근거

(1) 비용 편익의 대응성

이론적으로 사용자 부담금은 개개인들이 받는 편익에 따라 개인들이 비용을 분담하는 응익세 형태로 운영되는 것이다. 경제적 효율성을 확보하기 위한 주요한 원칙이 한계 편익과 한계 비용을 일치시키는 것이라는 점에서, 특정 공공 서비스가 직접적으로 특정 주민들에게 편익을 주는 경우 그 대가는 한계 비용과 일치되도록 해야 한다는 것이다. 이러한 원리는 경제적인 관점에서만 보면 매우 단순해 보임에 틀림없다. 만약 주민들이 공공시설이나 서비스를 대가 없이 사용할 수 있다고 믿으면 그러한 시설이나 서비스를 효율적인 수준 이상으로 더 갖고자 할 유인이 생길 것이다. 이러한 점을 고려해 보면 사용자 부담금을 부과하는 것은 주민들로 하여금 그들의 소비에 대한 의사 결정 과정에서 진정한 비용을 고려하게 함으로써 궁극적으로 효율적인 선택을 하게 할 것이다.

물론 이러한 사용자 부담금은 중앙정부에서도 부과된다. 그러나 일반적으로 지방정부는 중앙정부에 비해 주민들 가까이에 있는 '생활 정부'로서 이러한 지방정부가 제공하는 서비스에는 중앙정부에 비해 편익에 상응하는 부담을 부과할 수 있는 응익적 성격이 강한 서비스들이 더 많은 경향이 있다. 이러한 서비스의 공급 비용은 서비스로부터 편익을 얻는 주민들에게 직접 그 비용을 분담시키는 것이 가능하고 또 그렇게 하는 것이 자원 배분의 효율성을 제고시킬 수 있게 되는 것이다. 이러한 이유로 지방정부가 제공하는 서비스에 대해서는 중앙정부에 비해 이와 같은 사용자 부담이 보다 폭넓게 적용되는 경향이 있다.

한편, 이와 같이 세외 수입은 특정 서비스에 대한 응익적 요소를 내포하기 때문에 조세 수입과 달리 재원 조달 과정에서 마찰이나 저항이 적은 것으로 평가되고 있다. 이러한 연유들로 인해 지방세외 수입은 장기적인 지방 재원 확충에 유망한 분야로 간주되고 있다.

(2) 지방 재원 증대 욕구

제2부에서 지적한 바와 같이, 오늘날 세계화(시장화), 지방화 과정에서 갈수록 지역의 중요성이 커지고, 이에 따라 지방정부의 기능이 커감에 따라 지방정부의 지출이 점점 확대되고 있다. 이렇게 지방정부의 재정 수요는 점점 더 커지고 있는 데 비해 지방세원은 정부 간 세원 배분의 틀 속에 갇혀 경직화되는 경향이 있어서 재정 수요의 팽창에 상응하게 늘어나지 못하고 있다. 구체적으로 보면 중앙과 지방 사이의 세원 배분에서는 중앙정부가 보다 신축적이고 탄력적인 양질의 세원을 보다 많이 보유하고 있어서 지방정부 차원에서는 세출 수요 증가에 상응하게 세입이 늘어나지 못하고 있다. 이에 따라 지방정부들은 더욱 다양한 수입 사업을 발굴하려 노력하고 있으며 그러한 사업으로부터 수입, 말하자면 세외 수입에 점점 더 의존하려는 경향을 보이고 있다.

지방정부가 조세 수입보다 세외 수입의 확대에 더 의존하게 되는 이유는 다른 곳에서 찾아지기도 한다. 지방세는 조세법률주의에 의해 중앙정부가 정한 지방세법 등으로 과세할 수 있는 세목과 주요한 과세 요건을 법률로 정하고 있어 지방정부로서는 지방세수의 근본적인 확충 방안을 강구하는 것은 어려운 실정이다. 이에 비해 세외 수입의 경우도 각종 법률이나 시행령 등에 의해 지방정부가 징수할 수 있는 세외 수입의 종류나 요건 등이 규정되어 있기는 하나 지방세와 비교하면 상대적으로 지방정부의 의지와 노력에 따라 확대 개발이 용이하며 징수에 따른 주민들의 저항도 조세에 비하면 크지 않다는 장점을 가지고 있다.

이러한 연유로 지방정부들은 지방세외 수입에 의존을 강화하는 경향을 보이고 있다. 그 과정에서 사기업들이 활용할 수 없는 유휴 공유 자원을 활용하여 독자적인 수입원을 확보하고자 하는 경향을 보이기도 한다. 구체적인 사례로는 전술한 주차장, 해수욕장 등의 사용료, 재산 임대 수입, 사회 교육 프로그램 운영 수입뿐만 아니라 하천 부지나 하천 골재를 활용하는 방안, 관광지나 유원지를 개발하는 방안 등의 다양한 방안들이 제시되고 있다.[2)]

더구나 현대 사회는 갈수록 공공재나 서비스가 점점 더 시장화되어 가는 추세를 보이고 있다. 이러한 추세로 인해 세외 수입 특히 경영 수익 사업으로부터의 세외 수입의 비중은 점점 높아지는 양상을 보이고 있다.

(3) 비판적 견해

전술한 바와 같이 세계화 · 지방화 추세 속에서 지방 내지 지역의 중요성이 커감에 따라 지방정부의 역할이 커지면서, 한편으로 지방정부 세출이 급격하게 늘어나는데 지방세입은 경직적인 정부 간 세원 배분 틀에 갇혀 있어서 세출에 상응하게 늘어나지 못하면서 세출과 세입의 괴리를 메꾸기 위한 지방정부 차원의 자발적인 노력의 일환으로 세외 수입에 대한 관심이 높아지고 있다. 구체적으로 그 동안 일반회계 내에서 행해져 오던 지방정부의 특별 사업을 비롯한 각종 사업 활동이 일반회계로부터 독립되어 기업적으로 공급되는 경향을 보이고 있다. 뿐만 아니라 지방재정의 고유 영역으로서 일반회계를 통해서 무료로 제공되어 오던 공공 행정 분야마저 서비스의 비용을 수익자에게 부담시키는 방식인 특별회계화해 가는 현상이 강화되고 있다. 예를 들어, 상하수도, 도로, 항만 정비, 유통 시설, 도시 서비스 시설 등 사회적 기반 시설에 해당하는 각종 공공 서비스가 그러하며, 더 나아가서 복지, 의료, 건강, 여가 등 각종 생활 관련 서비스에 이르기까지 공사, 공단 또는 공사 혼합의 제3 섹터 등 다양한 형태로 기업적으로 운영되는 경향을 보이고 있다.

이렇게 일반회계 내에서 이루어져 오던 사업 활동이나 일반 행정 활동이 이처럼 특별회계화해 간다는 것은 지방정부가 해당 서비스를 기업적으로 제공하

2 다양한 경영 수익 사업의 사례로는 심정근(1995), p. 34; 손희준 외(2011), p. 148 참고.

고, 그 비용을 요금화해서 수익자에게 부담시킨다는 것을 의미한다. 그리고 이와 같이 지방행정의 수익 사업화가 확대되어 간다는 것은 자유주의적 경제 개혁의 세계적 추세 속에서 지방행정까지도 기업주의적으로 운영하여 산업 우선 정책으로 기울어지면서 결국 지방재정의 운영이 공공성보다는 기업성을 추구하는 쪽으로 기울고 있다는 사실을 의미한다. 이러한 경향은 단순히 지방재정 적자 현상에 대응해 나간다는 소극적 명분에서 나아가 재원 배분, 나아가 자원 배분의 효율화라는 명분 하에 더욱 가속화되는 경향을 보이고 있다.

그러나 이러한 명분은 보다 근본적으로 사용자 부담금 부과 대상 공공 서비스가 갖는 사회 경제적 성격에 바탕을 두고 재고할 필요가 있다. 무엇보다 특정 공공 서비스의 가격은 그것이 갖는 공공 서비스로서의 성격 때문에 단순한 경제적 요인에 의해서만 결정되는 것이 아니다. 그것은 그와 같은 공공 서비스는 비록 편익과 부담의 상관성이 보다 직접적으로 나타나는 경우라 할지라도 단순히 민간재적 성격만을 가지고 있는 것이 아니라 민간재의 성격과 공공재의 성격을 동시에 가지고 있기 때문이다. 이러한 점을 고려하면 이와 같은 공공 서비스의 사용자 부담금을 결정할 때에는 그것이 갖는 공공재로서의 성격에 유념하여 그러한 재화 또는 서비스가 특정 지역 사회의 주민의 생활이나 기업의 생산 과정에서 갖는 의미를 고려할 필요가 있다는 사실을 유념할 필요가 있는 것이다. 전술한 바와 같이 세외 수입의 비중이 높아진다는 것은 지금까지 공적으로 공급되던 공공 서비스가 대가 수수를 통해 사적으로 공급되는 폭이 넓어지고 있다는 의미이며, 다른 한편으로는 지금까지 유휴 공유 자원으로 다 같이 활용해 오던 공공 자원이 개별화하고 상품화되는 폭이 넓어지고 있다는 점이다. 물론 특정 지역 사회가 개인 중심적인 사회로서 이와 같은 공공 자원의 개별화 내지 상품화 경향을 기꺼이 수용할 수 있는 사회라면 오히려 이러한 추세가 지역 사회에 더 활력을 불어넣을 수도 있을 것이다. 그러나 해당 지역 사회의 경제 생활을 지배하는 문화가 공동체 중심, 사회 중심적인 사회라면 위와 같은 변화는 해당 지역 사회 구성원들을 계층별로 단층화 내지 파편화를 심화시키면서 지역 사회의 갈등을 증폭시키고 통합을 저해하게 될 것이다. 결국 지방정부들이 수익자 부담금을 더 활용할 것인지의 여부는 보다 본질적으로 각 지역 사회의 사회 문화적 배경 내지 경제적인 생활 문화를 둘러싸고 전개되는 사회 경제적 상황에 따라 서로 다르게 판단되어져야 할 것이라는 점을 유념할 필요가 있다.

뿐만 아니라 수익자 부담금이 높아진다는 것은 상술한 바와 같이 그 동안 지역 사회에 공동으로 활용되어 오고 있던 유휴 공유 자원이 기업적으로 활용된다는 것을 의미하는바, 그와 같이 공유 자원을 기업적으로 활용하는 과정에서 자연환경을 악화시킴으로써 공유 자원의 재생 가능성이 약화될 수 있다는 점에 주의를 기울일 필요가 있다. 결국 세외 수입의 증가는 공공 서비스의 상품화를 불러오면서 사회 취약 계층에 대한 부담을 가중시켜 사회 통합을 저해할 뿐만 아니라 공유 자원의 재생 가능성을 약화시켜 궁극적으로 지역 사회의 지속 가능성을 떨어뜨리는 역할을 하게 될 수 있다는 점을 유념할 필요가 있다.

3. 세외 수입과 경영 수익 사업

세외 수입을 논하는 경우 위에서 제시한 세외 수입의 구분과는 별도로 '경영 수익 사업'의 수입을 드는 경우가 자주 있다. 지방재정 수입의 만성적 부족 상황에 직면하여 오늘날 경영 수익 사업에 대한 관심이 높아지는 경향을 보이고 있다. 이하에서 경영 수익 사업의 개념과 의의를 개관해 보고자 한다.

먼저 '경영 수익 사업'이란 지방정부가 "지역의 자연적, 역사적, 사회 · 문화적인 특성에 따라 유휴 공유 자원, 유 · 무형의 문화유산 등을 활용하여 수익 창출 활동을 통해 얻은 수입"을 일컫는다. 구체적인 사업 활동의 대상으로는 지역의 특성에 따라 모래, 돌, 약수, 산림 등 각종 지역의 부존자원이라든가, 온천, 동굴, 해수욕장, 민속놀이 등 자연적 · 문화적 특성에 부합하는 관광 자원, 나아가 지역 특유의 전통이나 문화유산 등을 들 수 있다. 나아가 이러한 다양한 사업 활동에 따른 수입은 각종 사용료, 다양한 교육 · 문화 프로그램 운영 수입, 재산 임대 수입 등 광범위한 형태를 취하고 있으며, 그러한 사업의 운영은 지방정부의 직영 사업 형태로부터 공사나 공단 등 공기업 형태에 이르기까지 다양한 형태를 보이고 있는바, 이러한 경영 수익 사업 수입은 위의 세외 수입의 구분과는 또 다른 형태의 별도의 구분으로 볼 수 있다.

이러한 경영 수익 사업 활동은 일반 행정이 권력적 행위인 데 비해, 공적 유휴 자원을 활용하는 행위로서 비권력적 행위라는 점에서 차이가 있다. 한편, 민간 기업 활동은 이윤 극대화를 통해 주주들에게 이윤을 배당하는 것을 주된 목적으로 하고 있는 데 비해, 경영 수익 사업 활동은 자체 수입 증대를 통해 지방재정 운영의 재정적 어려움을 타개하는 데 일차적 뜻을 두고 있지만 궁극적으로는 사업을 통해 창출된 이익을 공공 투자 또는 공적 서비스의 향상 등의 형태로 주민들에게 환원하는 것을 주된 목적으로 한다는 점에서 차별성이 있다.

이와 같이 경영 수익 사업 활동은 자체 수입 증대에 뜻이 있는 것이기는 하나, 보다 근본적으로는 공공 서비스를 확대하여 공익에 기여하고자 하는 데 그 뜻이 있다는 점을 고려해 볼 때, 사업을 무리하게 추진하여 사업 자체가 부실해져서 오히려 공공 서비스의 공급 능력을 떨어뜨리는 일이 없도록 해야 할 것이다. 뿐만 아니라 민간 부문에서 이미 공급되고 있는 사업을 경합적으로 추진함으로써 민간 부문의 활동을 구축하는 일이 없도록 대비할 필요가 있을 것이다. 그러나 무엇보다도 오늘날 사회 구석구석까지 시장화가 심화되어 감에 따라 지금까지 공공 서비스로 정부에 의해서 공공 서비스 형태로 공급되어 오거나 주민들이 다 같이 활용해 오던 공유 자원이 개별화 · 상품화되는 정도가 심해지면서 그 과정에서 환경 문제까지 겹쳐 지역 사회의 지속 가능성을 훼손시키는 경향을 보인다는 점에서는 지방세외 수입 전반이 갖는 문제점과 그 궤를 같이한다는 점도 유념해 둘 필요가 있다.

제2절 지방 공기업

이하에서는 먼저 지방 공기업의 개념과 유형을 설명하고, 나아가 지방재정 수입원으로서 공기업 수입의 차원이라기보다는 특정 서비스 부문에서 공기업으로 운영해야 하는 근거와 나아가 공기업의 성격과 공기업 요금 책정 과정에서의

고려 사항을 중심으로 서술하고자 한다.[3)]

1. 공기업의 개념과 유형

'지방 공기업'은 "지방정부가 소유 · 경영하는 기업"을 일컬으며, 구체적으로 지방정부가 별도의 인적 및 물적 자원을 갖고 '준공공재적 서비스'를 공급하는 사업적 활동 전반을 일컫는다. 여기서 준공공재적 서비스라는 것은 일정한 범위 내에서 '비경합적 소비'의 성격을 띠면서도 대가 지불 관계에서는 '배제성'을 띠고 있는 혼합재적 성격을 띠는 서비스를 일컫는다. 구체적으로 예를 들면 상하수도, 지하철, 병원 등과 같은 사업들로서, 이러한 서비스들은 공공재와 민간재의 성질을 동시에 가지고 있다. 이러한 서비스들은 한편으로 민간재적 성격으로 인해 대가를 지불받으면서 기업적으로 공급이 가능하고, 다른 한편으로 주민들에 의해 공동 소비되는 특성을 가지고 있어서 공공성이 강한 서비스들이다. 특히, 해당 서비스가 주민들의 생활에 필수적인 경우 공공성은 더 커진다 할 것이다. 그래서 정부는 이러한 서비스들을 공적으로 공급할 필요가 있다고 판단하여 공기업 형태로 공급하게 되는 것이다.

이러한 지방정부의 사업적 활동의 유형으로는 소유 · 경영하는 형태에 따라 지방정부가 직접 경영하는 직영 기업과 별도의 법인을 설립하여 간접 경영 형태로 운영하는 공사, 공단 등으로 나눌 수 있다.[4)] 이 밖에도 지방정부가 공유하는 각종 부존자원을 개발하여 재원을 확보하기 위해 사기업과 유사한 입장에서 영위하는 경영 수익 사업 활동을 포함시키는 경우가 있으나, 이러한 사업 활동은 전술한 바와 같이 세외 수입의 또 다른 형태의 구분으로 별도의 항목으로 다루는 것이 일반적이다. 여기서는 위에서 정의한 공기업 활동에 국한해서 검토하기로 한다.

3 이하 내용은 주로 우명동(2001), pp. 164-172의 내용을 가독성을 고려하여 수정 · 보완한 것임을 밝혀 둔다.

4 구체적인 분류는 나라와 시대에 따라 서로 다르게 제시될 수 있음을 유념하기 바란다.

2. 지방 공기업의 경제적 근거

이제 좀더 구체적으로 지방정부가 특정 서비스를 공급하기 위해 공기업을 설립 · 운영하게 되는 경제적 근거를 검토해 보고자 한다. 지방 공기업 존재의 경제적 근거는 공기업이 제공하는 서비스의 경제적 성격을 통해서 확인할 수 있다. 지방 공기업이 제공하는 서비스는 중앙정부가 제공하는 공기업 서비스의 경우와 같이 해당 서비스의 준공공재적 성격으로 인해, 즉 어느 정도 '비경합적 소비'의 성격을 띠고 있으면서도 '배제성'을 띠고 있다. 이제 이러한 성격에 유념하면서 지방 공기업의 경제적 근거를 제시해 보고자 한다.

(1) 공공성 확보와 지방 공기업

이 중에서 전자의 비경합적인 소비의 성격으로 인해 해당 서비스가 집단 소비 내지 공동 소비가 행해지게 되어 공기업이 '공공성'을 갖게 되는 것으로 파악된다. 그런데 지역적 공공 서비스가 갖고 있는 소비의 비경합성은 그 편익이 미치는 범위가 전국적이 아니라 '지역적'이라는 점에서 전국적 범위의 공기업의 공급 대상과 차이를 보이는 점은 다른 점이다.

물론 공기업 서비스가 갖는 공공성은 이와 같이 해당 서비스가 갖는 경제적 성격으로서의 비경합적 소비의 관점에서만 주어지는 것은 아니다. 전국적인 또는 지역적인 상황에 비추어 볼 때 특정 지역 주민 일반에게 공동으로 필요한 서비스의 경우 취약한 지역 주민의 최저한의 생활 보장을 위해 그 소비가 상당 부분 경합적인 성격을 띤 경우라도 해당 서비스에 공공성을 부여하여 시장에서와는 다른 대가를 지불하게 하면서 공급할 수도 있다. 그러나 이 경우의 공공성은 일반 행정 과정에서 무상으로 공급되는 보편적인 행정 서비스가 갖는 공공성과는 달리 지방 공기업이 일정한 양의 재화 또는 서비스를 공급한다는 점과 민간재화의 가격과는 다른 적절한 대가에 의한 제공 등을 의미한다는 점에서 구분된다는 점을 유념해 둘 필요가 있다.

(2) 효율성 확보와 지방 공기업

다른 한편, 위와 같은 서비스는 배제성을 지니고 있어서 그 서비스의 편익이 개별 주민에게 귀착되는 민간재로서의 성격도 동시에 가지고 있다. 바로 이러한 성격으로 인해 공기업의 '기업성' 내지 '경제성'이 도출되는 것이다. 여기서 '경제성'이라는 것은 가치 기준으로 볼 때 '효율성'을 추구한다는 의미가 된다. 그런데 공기업도 순수하게 영리를 추구하는 민간 기업 활동과는 다르기는 하지만 주민에게 일정한 재화 또는 서비스를 제공하고 그 대가를 획득하고 있다는 의미에서 전형적인 경제 활동으로서의 성격을 띠고 있어서 경제적 효율성 추구의 대상으로서의 성격을 띠고 있다.

그런데 우리는 일반적으로 경제적 효율성의 관점에서는 해당 서비스를 민간 기업이 담당하는 영역임을 알고 있다. 그런데 여기서 거론되고 있는 소위 준공공재적 서비스들, 특히 철도, 항만, 도로, 전력, 상하수도 등의 서비스들은 그러한 서비스가 갖는 물리적 속성, 즉 요소의 불가분성으로 인해 소위 '비용 체감 산업'으로서의 성격을 띠는 서비스들이 대부분이다. 이러한 서비스들은 생산량이 늘어남에 따라 장기적으로 비용이 체감하여 민간에게 맡기면 '자연독점적' 성격을 띠게 되어 자원 배분이 비효율성을 야기하는 성질을 갖고 있다. 그 경우 정부가 효율성을 확보하기 위해 규제를 가하려 하면 비용 체감 산업으로서의 비용과 수입 구조상 민간 기업은 원가를 회수하지 못해 사업을 포기하는 사태가 빚어지게 된다. 이러한 사태에 직면해서도 당해 서비스들이 주민들의 생활이나 기업의 생산 활동에 반드시 필요한 서비스들인 경우 정부가 해당 사업을 포기하지 못하고 공기업으로 운영하면서 그 효율적인 공급을 기도하게 되는 것이다. 이렇게 공기업은 효율성의 관점에서도 그 존립의 근거가 주어지는 것으로 이해되고 있다.

그런데 여기서 제시한 효율성은 '경제적 효율성'의 관점에 근거한 것이다. 그러나 지방 공기업으로서 존립하면서 추구하게 되는 효율성은 이와 같은 경제적 효율성 이외에도 '경영상의 효율성'도 동시에 확보된다는 것을 전제로 하고 있다. 여기서 경영상의 효율성이란 공기업 운영의 조직 · 인사 · 물류 시스템 등 제도적 측면에서의 관리상의 효율을 의미하는 것으로서 경제적 효율성과는 일정한 차별성을 갖는 개념으로 구분해서 이해할 필요가 있으며, 효율성에 관한 이와 같은 차별적인 이해는 후술하는 공기업의 민영화 논의와 관련해서 중요한 의미를 갖는 부분으로서 미리 유념해 둘 필요가 있다.

위와 같이 공기업의 존립 근거가 효율성의 확보를 위해서도 주어진다는 점을 고려해 보면, 공기업의 경우도 요금 구조 조정 등을 통해 경쟁적 시장 구조를 조성함으로써 시장 기능에 의해 공기업 서비스의 배분 과정에서 경제적 효율성을 추구할 필요가 있음을 알 수 있다. 뿐만 아니라 공기업 운영 과정에서 나타나기 쉬운 조직, 인사, 물류 시스템 등 관리 측면에서의 비효율성을 억제하기 위해 공기업 관리상의 효율성 제고 정책을 꾸준히 추구해 나갈 필요가 있다는 점도 유념해 둘 필요가 있다.

3. 지방 공기업 서비스의 성격과 공공요금

앞에서 제시한 공기업이 공급하는 서비스가 갖는 성격은 공기업 서비스의 요금 결정에서 중요한 역할을 하는 것은 당연하다. 이제 공기업 서비스가 갖는 공공성과 기업성이 공기업 요금 결정 과정에 어떠한 의미를 지니는지에 유념하면서 공기업 요금 결정 논리를 이해해 보고자 한다.

(1) 공공성에 기인한 조세에 의한 부담의 필요성

먼저 일반적으로 지방 공기업 서비스는 공공성을 띠고 있기 때문에 후술하는 원가주의에 바탕을 둔 수익자 부담 원칙에 따르지 않고 지방정부의 일반회계 또는 다른 특별회계로부터의 전입으로 조달해야 할 필요가 있는 경우가 나타나게 된다. 일반적으로 공공시설물이나 공공 소방 시설에 소요되는 수돗물이라든가 전염병에 관한 의료 서비스, 구급 의료 서비스 등과 같이 해당 공공 서비스의 성질로 보아 지방 공기업의 경영 수입으로 그 비용을 충당하는 것이 적절치 않는 경우가 이에 해당된다. 뿐만 아니라 산간벽지, 낙도 등 오지의 의료 서비스를 확보하기 위해 설치된 병원의 경우와 같이 해당 지방 공기업의 성질로 보아 능률적으로 기업을 운영하더라도 경영 수입만으로는 그 비용 충당이 객관적으로 곤란하다고 인정되는 경우도 이에 해당된다. 이러한 경우는 수익자 부담에 전적으로

의존하지 않고 공익적 차원에서 사업 운영 면이나 요금 결정 면에 일정한 통제나 규제가 인정되고, 그 경우 부족한 경비는 지방정부의 일반회계나 다른 특별회계로부터의 전입에 의해 충당하는 것이 인정된다.

(2) 기업성에 기인한 요금에 의한 부담의 필요성

1) 원가 보상의 필요성

다른 한편, 공기업도 일종의 기업으로서 기업성 내지는 경제성을 확보하기 위해서는 원가가 보상될 것이 요구된다. 이러한 입장에서 지방 공기업의 운영에서는 공기업 일반의 경우와 마찬가지로 '독립 채산제'가 요구된다. 여기서 '독립 채산제'(self-supporting accounting system)란 공기업 경영에서 일반적으로 "수지 적합, 자본의 자기 조달, 이익금의 자주적 처분 등을 내용으로 하는 경영 원칙"을 일컫는 것으로서, 지방 공기업에서 독립 채산제가 적용되어야 한다는 것은 지방 공기업 운영에서도 '응익 원칙'을 적용하여 수지 균형을 꾀할 필요가 있다는 것이다. 이러한 관점에서 보면 구체적으로 상하수도, 항만 정비, 용지 조성, 도시 기반 서비스 시설 등 지역 공공 서비스의 경우에도 수익자 부담 원칙에 의한 이와 같은 독립 채산제 방식의 기업적 운영을 통해 효율성을 제고시킬 필요성이 있는 것이다.

이론적인 관점에서 공기업의 요금을 결정하는 논리에는 흔히 평균 비용 가격 설정 방식, 한계 비용 가격 설정 방식, 그리고 차별 가격 설정 방식 등이 있는바, 이들 서로 다른 가격 설정 방식을 위와 같은 원가 보상이라는 경제적 효율성의 관점에서 이해해 보고자 한다.

전술한 바와 같이 일반적으로 정부가 공급하는 공공 서비스는 초기에 막대한 투하 자본을 필요로 하면서 요소 공급이 불가분적이어서 생산량이 늘어남에 따라 비용이 체감하는 성질을 띠고 있다. 이러한 서비스는 〈그림 9-1〉에서와 같이 장기 한계 비용이 장기 평균 비용보다 낮게 나타나는 특성을 보인다. 이러한 산업을 이윤 극대화를 추구하는 민간에게 맡길 경우 E_m에서 균형을 이루고 가격은 P_m 수준에서 설정한다. 만약 이 산업이 경쟁적으로 공급되어 효율적인 공급이 이루어지기 위해서는 수요 곡선과 장기 공급 곡선(*LMC*)이 만나는 E_c에서 이루어져야 할 것이기 때문에, 이와 같은 균형점 E_c에 비추어 보면 민간에게 맡길 경우

그림 9-1 공기업의 균형과 공공요금 결정

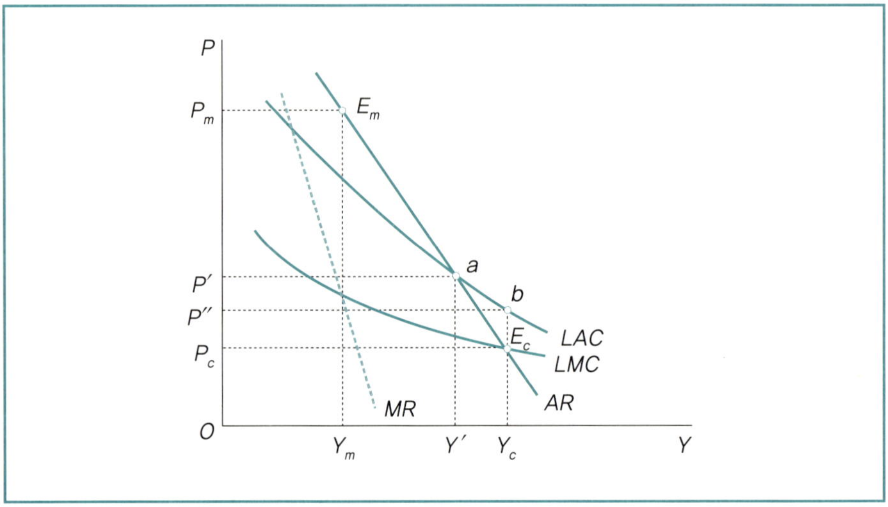

나타나는 자연독점적인 균형 E_m은 비효율을 나타내고 있음을 알 수 있다.

이제 이러한 상황에서 원가를 평균 비용으로 인식하여 평균 비용을 보상할 수 있는 수준, 즉 P'에서 설정하는 경우를 상정해 볼 수 있다. 이 방식이 '평균 비용 가격 설정 방식'(average cost pricing)이라 일컫는 것이다. 그러나 이 방식은 수요 곡선과 장기 공급 곡선이 만나는 점에서 이루어지는 효율적인 수준의 자원 배분을 가져다주지 못하는 문제점이 있다.

그래서 이번에는 사회적 관점에서 효율성을 보장할 수 있는 수준, 즉 한계 비용과 가격이 일치하는 수준에서 가격을 설정하는 경우를 상정해 보자. 이 방식은 '한계 비용 설정 방식'(marginal cost pricing)으로 불린다. 이렇게 하면 수요 곡선과 장기 공급 곡선이 만나는 점에서 균형이 이루어짐으로써 사회적 효율성을 확보할 수 있기는 하다. 그러나 공기업으로서는 그 가격 수준으로는 평균 비용 수준에도 못 미치기 때문에 원가도 보상받지 못하는 사태가 발생한다. 전술한 바와 같이 공기업도 일종의 기업으로서 독립 채산제 하에서 최소한 원가는 보상되어야 하기 때문에 이러한 손실분을 그대로 안은 채로 사업 활동을 지속할 수는 없다. 그래서 이러한 손실분을 해소시켜 주기 위해서 지방정부는 일반회계에서 이러한 손실분을 보전시켜 주는 방법을 택할 수 있다. 그러나 이 경우도 문제는 일반회계로부터의 보전분은 조세 일반을 그 재원으로 하고 있는데, 그렇게 되면 해당 서비스 운영 손실을 일반 재원으로 보충하는 격이 되어 편익과 부담의 대응이 이루어지지 못하는 문제가 발생하게 된다.

한계 비용 가격 설정 방식이 갖는 위와 같은 문제점을 해소하는 방안으로 흔히 '차별 가격 설정 방식'(discriminating pricing)이 권유되고 있다. '이부 요금(二部料金) 제도'(two-part tariff)라고도 일컫는 이 방식은 우선 완전 경쟁 균형에서의 단위당 한계 비용 수준에 해당하는 만큼은 사용자에게 변동 비용으로 징수하면서, 그 수준을 넘어 평균 비용에 못 미치는 부분에 해당하는 만큼은 전체 총손실분 $P''bE_cP_c$를 균형 수량으로 나누어 단위당 고정 요금으로 사용자에게 부과하는 방안을 말한다. 이 방식은 비용 체감적인 성격을 가진 지방 공공 서비스를 효율적으로 공급하면서도 한편으로는 해당 공기업에게 원가에 해당하는 평균 비용은 회수할 수 있게 해주면서 더 나아가 일반 재원에 의한 손실 보전 시 나타나는 부담과 편익의 비대응성 문제도 동시에 해결해 주고자 하는 것이다.

현실에서 전기, 수도 등의 경우 나타나는 기본 요금과 사용 요금의 차별 요금 부과가 바로 이러한 예에 해당한다 하겠다. 더구나 이러한 기본 이치에 바탕을 두고 현실적으로 응용되고 있는 공기업의 요금 제도로 전력이나 전화 등에서 사용량이 많은 시간대의 사용분에 대한 요금과 한가한 시간대의 사용분에 대한 공공요금에 차이를 두는 제도를 들 수 있다. 물론 이러한 요금 결정 방식에도 문제가 없는 것은 아니다. 즉, 이러한 방법에 의하면, 기본 요금이 지나치게 많을 경우 해당 공공 서비스의 소비를 포기할 우려가 있으며, 나아가 기본 요금 징수를 통해 소비자 잉여의 상당 부분이 줄어듦으로써 비효율이 발생될 수 있는 문제점 등이 지적되기도 한다는 것을 유념해 둘 필요가 있다.

2) 원가에 대한 다양한 견해와 공기업 요금

위에서는 원가 보상 수준의 공기업 요금 결정 방식과 관련된 내용을 서술하였다. 그러나 이 경우 '원가'를 어떤 수준으로 책정할 것인가를 두고 많은 논의가 이루어지고 있음을 유념할 필요가 있다. 그 핵심은 공기업이 제공하는 공공 서비스의 원가를 공기업 운영 과정에서 발생하는 경상적 경비만을 충당하는 수준으로 볼 것인가, 아니면 이와 같은 경상적 경비 이외에도 투하 자본 회수를 위한 경비까지 합친 수준을 원가로 볼 것인가 하는 데 있다. 후자의 견해는 공기업도 지속적으로 양질의 재화 또는 서비스를 안정적으로 공급하기 위해서는 기업으로서의 장기적인 경영 기반을 강화할 수 있어야 하며, 그러기 위해서는 경상 경비의 회수 차원을 넘어 투하 자본의 회수를 위해 일정한 자금을 기업 내부에 유보시킬 필요가 있다는 것이다. 이러한 입장에서는 공기업 서비스의 요금 수준에는 경상 경비를 넘어서는 어느 정도의 잉여까지를 포함할 것을 요구한다. 나아가 이러한 원가 문제와 관련하여 원가를 계산할 때는 경영상 효율이 보장되는 상태에서 산정된 비용을 사용해야지 비능률적인 방만한 경영에서 나타나는 비용을 원가로 산정해서는 안 된다는 사실도 인식해 둘 필요가 있다.

이러한 원가 관련 논의에서 경상 경비 회수 차원의 원가는 일반적으로 받아들여지고 있다. 그러나 비경합적인 공공 서비스의 원가 개념에 투하 자본의 회수 부분까지 포함해야 하는가, 해야 한다면 얼마나 포함해야 하는가 하는 부분은 여전히 논란의 여지가 있다. 아울러 어느 정도의 원가 수준이 경영상 효율성이 보장된 원가 수준인지에 대해서도 확정적으로 대답하기가 힘들다.

(3) 평가 및 비판적 견해

원가 문제는 상술한 바와 같이 자본 비용 부분을 어떻게 처리하느냐에 문제가 집중되고 있음을 알 수 있다. 그러나 그 문제는 단순히 원가 산정의 기준을 산술적으로 어떻게 측정할 것인가 하는 문제보다 먼저 공공사업을 위한 자금 조달 및 그 사업 활동이 갖는 특성과 더불어 고려할 필요가 있으며, 다른 한편으로는 해당 공공 서비스가 갖는 공공성과 관련하여 고려할 필요가 있다는 사실을 유념할 필요가 있다.

먼저 공공사업 수행을 위한 자금 조달상의 특성을 살펴보자. 일반적으로 민간 기업은 사업 활동에 필요한 자본금을 주식 발행을 통해 조달하고 수익금으로 배당을 지불하면 된다. 그에 비해 공기업 활동 대상으로서 공공사업은 주로 거대한 초기 자본의 투자를 필요로 하는 사업임에도 불구하고 그러한 자본 조달을 위한 투자 및 출자 제도가 제대로 확립되어 있지 못하다. 따라서 소요 자금의 보다 많은 부분을 공기업 채권을 발행하거나 차입금을 통해 조달하지 않으면 안 되며, 따라서 독립 채산제 하에서 원가 보상을 위해서는 그러한 원리금 상환 부담까지를 요금에 포함시킬 것을 요구받게 된다. 여기서 배당이 이자에 상응한다고 보면 공기업의 경우는 민간 기업보다 원본 상환분만큼 요금 수준이 더 높은 경향을 보이게 된다. 한 걸음 더 나아가 독립 채산제 하에 설비에 대한 감가상각까지 행해져 그것마저 공공요금으로 반영되는 경우 이용자의 부담이 이중으로 증가되기도 한다. 물론 전반적인 요금 수준은 민간 기업은 이윤 극대화를 추구하는 대신에 공기업은 원가 보상주의를 견지한다는 점에서 차이가 있지만 여기서는 자본금 부분에 초점을 맞추어 논하는 것임을 유념하기 바란다.

더구나 공기업이 사업을 수행하고 운영하는 과정에서 환경을 훼손하는 등 각종 외부 불경제를 발생키고 있어서 전반적으로 경비가 늘어나는 성질을 가지고 있다는 사실도 유념할 필요가 있다. 그런가 하면 공기업의 대상 사업이 주로 도로, 항만, 전력 등과 같은 산업 활동 지원적인 성격을 갖고 있어서, 만약 그러한 활동이 없었다면 민간 기업이 직접 생산 비용으로 흡수했어야 할 부분이 공기업에 의해 부담됨으로써 민간 기업 생산 비용의 상당 부분이 사회화되는 결과를 낳고 있는 것으로 볼 수 있다. 이뿐만 아니라 공공 지하철과 접속함으로써 보다 많은 고객을 유치할 수 있는 백화점과 같이 유통업에 종사하는 기업들도 마찬가지로 직접 생산 비용상 혜택을 보는 것은 아니더라도 공기업 활동의 수익자인 것은 사실이다. 이와 같은 외부 불경제 내지 외부 경제의 발생 주체들의 부담 문제까지 고려해 보면 일반인을 대상으로 하는 공공요금만으로 해당 공공사업에 소요되는 비용 전반을 회수하고자 하는 것은 잘못이 아닐 수 없다.

공기업 운영 과정에 내재되어 있는 재정 부담 구조가 위와 같은데도 독립 채산제 하에서는 원가 보상주의를 근거로 이러한 비용 모두를 일반인에 대한 요금으로 회수하고자 하며, 이를 명분으로 각종 공공요금의 인상이 추진되고 있는 것이다. 그러나 이러한 움직임은 상술한 바와 같이 공공사업의 자금 조달상의 특수성, 그리고 공공사업 관련 비용 유발 내지 편익 수혜 주체들의 부담 문제 등을 종합적으로 고려하면, 공기업 서비스의 요금 결정 과정에 비용과 편익의 대응성이 제대로 작용하고 있다고 보기 어렵다는 사실을 알 수 있다.

이제 여기서 한 걸음 더 나아가 공기업이 제공하는 공공 서비스의 요금을 설정함에 있어서는 경제적 효율성을 고려하여 위와 같이 복잡한 문제를 담고 있는 원가 수준에 대한 사회적 합의가 이루어진다 하더라도, 해당 서비스가 공공 서비스이기 때문에 고려해야 할 사정이 더 있을 수 있다는 점을 유념해 둘 필요가 있다. 말하자면, 공기업의 요금 정책은 원가 요인에 의해서만 의해서 결정되는 것이 아니라 전술한 사회적 취약 계층에 대한 공공성의 관점도 고려할 필요가 있다. 뿐만 아니라 국가의 전반적인 물가 안정 정책이라든가 소득 재분재 정책 등의 관점에서 중앙정부 차원에서 결정되는 측면이 있다는 점도 유념해 둘 필요가 있다.

종합적으로 볼 때, 공기업의 요금 결정 과정에서는 그 서비스가 갖는 사회 취약층에 대한 최저한의 생활 보장 문제, 국가의 정책적 요인 등을 포함한 공공성의 가치와 기업성의 가치라는 서로 상충되는 가치들 사이에서 조화를 이루어야 하는 문제가 제기된다. 공기업 요금 결정 과정에서 서로 다른 가치들 사이의 조화의 문제에 대해서도 모든 경제 행위에서 합리적 선택을 중시하는 근대 경제학적 논자들은 합리적인 선택과 조화의 문제로 파악하고 있음은 물론이다. 그러나 상충된 가치들 사이에서 조화를 찾기 위해서는 주어진 지역 사회의 구조적 특성을 고려하여야 할 것이며, 그러기 위해서는 무엇보다 공기업 운영 내용이 투명하게 공개되어야 할 뿐 아니라 공기업 운영에 관한 의사 결정 메커니즘에 지역 사회의 의사가 반영될 수 있는 통로를 갖추는 것이 보다 긴요하다는 사실을 인식할 필요가 있다.

4. 공기업의 민영화

공기업 운영 과정에 내재되어 있는 재정 운영 상황이 상술한 바와 같아서 공기업 운영으로 인한 생산 비용의 사회화로 혜택을 보는 기업에게 사실상 편익에 부응하는 부담이 부과되지 않은 상태에서 일반 이용자에 대한 요금의 인상도 한계에 다다르면서 공기업은 만성적인 재정 적자 상태에 놓이게 된다. 이런 상황에 직면하여 공기업의 민영화가 추진되는 경향이 나타나고 있다. 특히, 1980년대 이래 세계화로 알려진 시장의 범지구적 확산 과정에서 한편으로 전술한 바와 같이 공공 서비스로 인식되어 오던 공공 행정 서비스가 점차 공기업으로 운영되는 폭이 넓어지고 있는가 하면, 다른 한편으로는 기존에 공기업으로 운영되어 오던 서비스들이 점차 민영화되는 경향을 보이고 있다.

이와 같은 공기업의 민영화는 먼저 근대 경제학적 입장에서는 공기업 대상 사업의 경제적 성격 변화에서 찾고 있다. 우리는 앞에서 일정한 서비스가 비용 체감 산업적 성격을 띠는 경우 민간에 맡겨 두면 자연독점적 경향이 나타나므로, 해당 서비스의 효율적 공급을 위해 정부가 공기업에게 맡겨 운영하면서 효율적 공급을 꾀한다는 점을 공기업으로 공급하게 되는 하나의 근거로 설명하였다. 그러나 오늘날 경제가 발전해 가면서, 한편으로 생산 기술이 향상되면서 공급 조건에 변화가 생기고 다른 한편으로 주민들의 소득 수준의 향상으로 수요 조건에 변화가 생김으로써, 종래의 비용 체감 산업의 속성이 비용 체증 산업으로 바뀌면서 다시금 해당 서비스의 효율적 공급 기능을 민간이 수행할 수 있는 상황이 나타나기에 이르렀다. 바로 이러한 산업의 성격 변화가 공기업의 민영화를 요구하기에 이른 것으로 설명한다.

그러나 비판적 논자들은 지금까지 공기업 활동이 주는 공공 서비스로 인해 민간 기업의 생산 비용의 사회화를 통해 편익을 취해 온 기업이 점차 자신들의 생산 능력이 높아져 감에 따라 그 동안 공기업 대상 사업을 자신들의 이윤 추구 대상으로 삼고자 하여 공기업의 민영화를 요구하고 있는 것으로 보고 있다.[5)] 그 과정에서 그들은 전술한 이유로 인한 공기업의 만성적인 적자가 공기업 운영의 비효율에 기인하는 만큼 보다 합리적 대응이 필요하다는 것을 명분으로 내걸고 있다. 그러나 원래 공기업 재정 적자 발생의 원인이 공기업 운영의 비효율에 있었다기보다는 전술한 바와 같은 공기업 재정 운영에 내재된 구조적인 특성 때문이라는 점을 고려해 보면 외형상 적자가 노정되고 있다고 곧바로 민영화를 통한 합리화를 요구할 것이 아니라 공기업 운영상의 재정 부담 구조상의 특성에 상응

5 비판적 논자들의 이러한 설명은 근대 경제학적 논자들이 기존의 공기업 대상 산업의 기술적 성격 변화로 민영화의 필요성을 설명하는 것에 상응하는 것으로 볼 수 있다.

하는 대응이 필요하다는 점을 인식할 필요가 있다. 말하자면, 진정한 수익자 부담 체계를 갖출 것이 요구된다는 사실을 인식해야 할 것이다. 물론 해당 사업에 공공성이 약화되거나 없어졌다면 굳이 공기업으로 운영할 필요가 없다고 볼 수도 있을 것이다. 그러나 해당 사업의 운영이 여전히 공공성을 부여해야 할 이유가 있는 분야로 판단된다면 공기업으로 운영하면서 재정 부담 구조에 변화를 주는 방안을 강구하는 것이 순리일 것이다. 물론 공기업 운영상 나타나는 '경영상의 비효율'이 배제되어야 한다는 것은 어느 경우에도 사실이라 할 수 있다. 그러나 어떤 경우에도 지금까지 논의한 공기업 운영이나 그 민영화 논의에서는 획일적인 정답을 찾으려 할 것이 아니라 해당 지역 사회의 특성에 부응하는 운영 방식을 찾아내는 것이 중요하며, 그러기 위해서는 무엇보다 전술한 바와 같이 공기업 운영 내용이 보다 투명해야 할 뿐 아니라 공기업 운영에 관한 의사 결정 과정에 지역 사회의 참여 메커니즘을 갖추는 것이 중요하다는 사실을 인식할 필요가 있다.

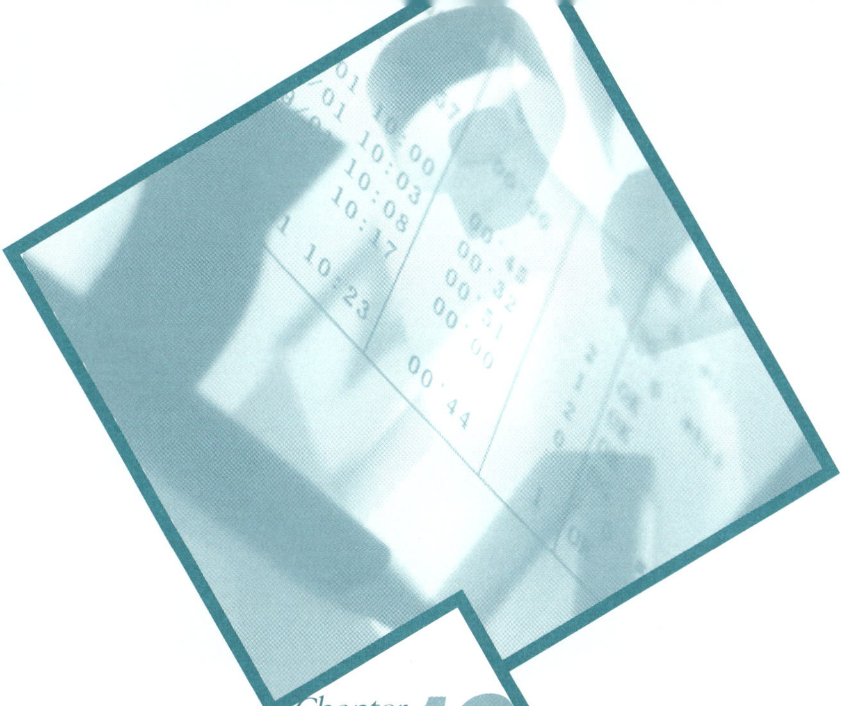

Chapter 10

지방채

10

지방채

제10장에서는 지방채 관련 내용을 다룬다. 지방채 수입은 지방정부의 채무라는 관점에서 자체재원 및 이전재원과 별도로 다루기도 하나, 본서에서는 지방정부에 주어진 기채권에 의해 조달된 자금이라는 점을 중시하여 자체재원의 한 유형으로 구분해서 설명한다.

먼저 지방채의 개념과 다양한 유형을 살펴보고, 이어서 지방채 논의의 핵심 주제라 할 수 있는 지방채 발행의 경제적 근거를 검토한다. 마지막으로 지방채 운영 과정에서의 지방정부의 자율성이라는 관점에서 지방채 관리가 갖는 의미를 살펴본다.

제1절 개념과 유형

'지방채'란 "지방정부가 지방행정 수행 과정에서 재정 수입 부족분을 보충하거나 지역 사업의 재원을 조달하기 위한 채무"를 일컫는다. 넓은 의미로 지방채라 하면 지방정부가 부담하는 금전적 채무 전반을 지칭하는 것으로 볼 수 있다. 이러한 광의의 지방채는 증권 발행 형태를 취하는 협의의 지방채와 예산 내 지출에 필요한 재원을 마련하기 위한 일시 차입금, 그리고 지방정부 채무 부담의 원인이 되는 계약을 채결하는 채무 부담 행위,[1] 나아가 보증 채무 등을 포괄한

1 '지방 채무 부담 행위'란 세입 세출 예산 외로 지방정부에 장래의 재정 부담을 부과하는 행위로서, 계약 시

다.[2)]

이제 이러한 지방채는 그것이 갖는 성격과 관련지어 보면, 먼저 다 같이 지방채라 하더라도 지방정부의 일반 행정 수행 과정에서 세입 부족분을 보전하기 위해 발행하는 소위 '세입 보전 공채'와 다른 한편 특정 사업을 수행하기 위한 재원을 충당하기 위해 발행하는 '사업 공채'로 구분된다. 전자는 지방정부가 일반 행정 수행 과정에서 발생하는 적자를 메우고자 발행한다 하여 '적자 공채'라고도 일컬으며, 회계 면에서는 일반회계상의 채무가 주를 이루고 있다. 이에 비해 후자는 다 같이 지방정부가 발행하더라도 특정한 사업 또는 특정한 자금을 운영하기 위하여 발생시키기도 하나, 주로 지방 공기업이 공기업 대상 사업을 운영하는 과정에서 발행하는 사업 공채가 주를 이루는 것으로서 회계 면에서는 특별회계상의 채무가 주를 이루고 있다. 공기업이 발행하는 공채를 특히 '공기업 공채'라 부르기도 한다. 한편, 전자의 적자 공채는 주로 단기 상환을 예정하고 발행되는 단기채인 데 비해, 후자의 사업 공채는 주로 중장기적 상환 기간을 갖는 중장기채 형태를 취한다. 이와 같은 지방채의 구분은 지방채의 경제적 성격과 관련하여 중요한 의미를 지니는 구분인 만큼 그 구분에 주의를 기울일 필요가 있다.

한편, 이러한 지방채를 지방채의 인수와 관련하여 구분하기도 한다. 지방정부가 발행한 공채는 다른 정부, 주로 상급 정부가 인수하기도 하며, 어떤 경우는 중앙정부와 지방정부가 별도로 마련해 둔 특별한 기금에서 인수하기도 한다. 뿐만 아니라 민간인들이나 민간 은행 또는 자본 시장 등 민간이 인수하기도 하며, 외국 정부나 기관 또는 민간이 인수하는 경우도 있을 수 있다. 이러한 구분은 후술하는 지방채의 관리와 관련하여 중요한 의미를 지닐 수 있음을 유념해 둘 필요가 있다.

이러한 지방채 수입은 국채 수입과 더불어 재정 수입 조달 방법상 정부의 사경제적 행위에 의해 그 대가로 취득하는 선택적 수입이면서, 그 원리금과 공채증권 내지 증서의 교환이라는 측면에서 개별적 보상이 이루어지는 유상 수입의

점에 자금의 이동이 이루어지지 않는 것을 특징으로 한다.

2 이는 우리나라의 지방채 형태 구분에 해당하기도 하는바, 자세한 내용은 「지방재정법」을 참고하기 바란다. 물론 구체적인 채무의 구분은 나라와 시대에 따라 서로 다를 수 있음을 유념하기 바란다.

일종이라 할 수 있다. 물론 임의 공채가 아니고 강제 공채의 경우에는 선택권이 부여된 사경제적 수입이라기보다는 공경제적 수입에 해당된다 할 것이다. 이러한 공채 수입은 흔히 그 원리금의 상환이 미래의 조세로 지불된다는 점에서 '지연된 조세'(deferred taxation)라고도 한다.[3)]

제2절 지방채 발행의 경제적 근거

공채 일반의 경우와 같이 지방채의 경우도 공채 발행의 목적은 재원 조달 목적과 정책적 목적으로 나누어 볼 수 있을 것이다. 그리고 현대 사회에서는 재원 조달 목적보다는 정책적 목적에 더 큰 비중이 주어져 있음도 공채 일반의 경우와 마찬가지라 할 것이다.

그런데 전통적인 재정연방주의론에 의하면 지방정부의 기능이 자원 배분 기능에 초점이 맞추어져 있어서 공채 발행의 정책적 목적도 자원 배분 기능 수행에 초점이 맞추어져 있다. 그러나 오늘날 세계화 · 지방화 추세 속에서 지역의 중요성이 커짐에 따라 지방정부의 기능에 지역 고용 창출이라든가 지역 산업 활성화 지원 기능, 지역 사회 복지 제고 기능 등이 더해지고 있었음을 앞에서 본 바 있다. 바로 이러한 오늘날 지방정부 기능의 새로운 변화 추세에 발맞추어 공채 발행의 정책적 목적에도 지역 산업 활성화 지원 기능, 소득 재분배를 통한 복지 제고 기능 등이 더해지고 있음을 유념할 필요가 있다. 이와 같은 맥락에서 이하에서 지방채 발행의 경제적 근거를 검토해 보고자 한다.

3 우명동(2007), p. 391.

1. 자원 배분 기능

(1) 지방재정의 주된 기능으로서의 자원 배분 기능

일반적으로 공채에 의해 자금을 조달하는 목적은 중앙정부의 경우와 지방정부의 경우 근본적으로 차이가 있다. 그것은 각 단계의 정부에 주어진 경제적 기능이 서로 다르기 때문이다.

먼저 전통적인 재정연방주의론에 의하면, 정부 기능 부분에서 중앙정부의 경우는 소득 재분배 기능과 경제 안정화 기능의 수행을 주로 떠맡고 있는바, 그 중에서도 국채의 기본적인 역할은 공공 부문이 총수요 수준을 조절하여 경제를 안정 · 성장시킬 수 있도록 하는 데 두어지고 있다. 이에 비해 지방정부의 기능은 지방 주민의 선호에 부응하는 지역적 공공 서비스를 공급하는 데 두어지고 있는 바, 지방채의 발행은 바로 이러한 지방정부가 지역 사회의 요구에 부응하여 공공재 또는 서비스를 공급하는 데 그 주된 이유가 있는 것으로 이해되고 있다.

(2) 부담 편익 대응성 제고와 자원 배분의 효율성 제고-사회 자본 형성 기능

그런데 여기서 특히 지방채 발행의 주된 근거로 받아들여지고 있는 것은 지역 사회가 필요로 하는 학교, 도로, 상하수도 시설, 쓰레기 처리 시설 등과 같은 대규모 공공사업들이다. 말하자면, 지역 사회가 필요로 하는 사회 자본 형성과 관련되어 있다.

그런데 이러한 대규모 공공사업은 일정 기간에 걸쳐 행해지면서 그 성과는 장기적으로 나타나 그 편익을 미래 세대가 향유하는 성질을 가지고 있다. 이렇게 지출 편익이 (미래 세대) 장기에 걸쳐 발생하는 공공사업에 소요되는 비용은 현재 세대의 조세로 조달하기보다 현재 공채 발행을 통해서 조달하고, 그 원리금을 미래 세대의 세금으로 조달하여 상환하게 되면, 종국적으로 해당 공공 서비스를 이용하는 세대가 그 비용을 부담하게 할 수 있다. 이렇게 공공 서비스 공급에 있어서 그 비용을 해당 공공 서비스 편익을 향유하는 세대가 부담하게 하는 것을 '이용 시 지불 원칙'(pay-as-you-use principle)이라 부른다. 이렇게 자본 형성을 위한 재원을 장기 공채를 통해 조달하게 되면 이와 같은 이용 시 지불의 원칙에 따라 편익을 보는 사람들이 그 비용을 부담하게 하여 재원 배분의 효율성을 확보할 수 있고, 나아가 자원 배분의 효율성을 확보할 수 있게 되는 것이다.

머스그레이브, 오츠 등은 이러한 사실을 소위 '조세 마찰' 개념으로 설명하고 있다.[4] 원래 대규모 자본 프로젝트는 반복적으로 일어나지 않는 사업으로서 지출 수준의 상당한 불안정성의 원인이 될 수 있기 때문에 그와 같은 대규모 자본 프로젝트의 재원을 조세에 의해 조달할 경우 세율에 상당한 변동이 나타나기 쉽다. 머스그레이브는 이렇게 미래의 세율 변동에 대한 불확실성으로 인해 나타나는 비용을 '조세 마찰'(tax friction)이라고 하면서, 대규모 공공사업의 재원을 조세로 조달하는 경우 이와 같은 조세 마찰이 심하게 나타난다고 하였다. 이에 비해 이러한 자본 프로젝트의 재원을 공채를 통해 조달하면, 이들 사업의 비용 부담을 미래 시기로 확장시킴으로써 조세에 의해 자금을 조달하는 경우에 나타나게 될 급격한 세율 변동의 원인을 제거할 수 있다. 바로 이러한 현실적 이유로 지방정부 자본 프로그램의 재원을 상당 부분 지방채에 의존하게 된다. 도로나 대학 건설과 같은 자본 프로그램의 경우 비용이 많이 들어 미래의 일정 기간에 걸쳐 조달되어야 할 필요가 있다. 이 때문에 이러한 프로그램의 재원을 경상적인 조세 수입으로 조달하는 것은 대부분 매우 힘들다.[5]

그러나 이러한 비용 편익 대응성 제고를 통한 재원 배분, 나아가 자원 배분의 효율성 문제는 지방채의 경우에는 다른 고려 사항이 있음을 유념할 필요가 있다. 먼저 공채 원리금의 상환은 모두 지역 주민이 부담하는데, 그 원리금을 가져가는 사람들이 지역 주민이 아닐 수 있다. 이러한 상황은 해당 지방채를 지역 주민이 아니라 외지인들이 소유하고 있을 때 일어날 수 있다. 이러한 채무를 흔히 '외부채무'(external debt)라 일컫는바, 이와 같이 해당 지방채가 외부 채무로 구성되어 있다면 해당 지역을 기준으로 보면 상환 부담을 지는 주민과 상환 자금 수혜 주민이 서로 상응하지 않아 재원 배분의 효율성이 주어지지 못하는 상황이 발생하게 된다. 뿐만 아니라 공채의 원리금 상환 부담은 지역 주민이 모두 지는 데 비해, 공채 재원에 의해 만들어진 사회 자본의 편익이 지역 간의 주민의 이동성으로 인해

4 R. A. Musgrave(1959), p. 567; W. E. Oates(1972), pp. 158–159.
5 우명동(2001), pp. 163–164.

다른 지역 주민 내지 기업에게 돌아가는 경우가 있을 수 있어서 지역 주민 입장에서 볼 때 편익과 비용의 대응성이 온전하지 못할 수 있다는 점이다.[6)] 이런 상황들이 고려되지 않을 경우 해당 서비스 기준으로 볼 때 비용과 편익의 대응성이 결여되어 자원 배분의 비효율성이 발생할 수 있음을 유념할 필요가 있다.

2. 지역(민간) 산업 활동 지원 기능

일반적으로 중앙정부의 경우에는 공채 발행의 주된 목적이 총수요 수준을 조절하여 경제를 안정화시키는 데 있다. 그러나 지방정부의 경우 여러 가지 이유로 경제 안정화 기능을 적절히 수행해 내지 못한다는 사실을 알고 있다. 먼저 지방정부는 지역들 간의 개방성 등으로 인한 정책 효과의 누출성으로 인해 총수요를 조절하는 데는 크게 성공하지 못하는 것으로 알려져 있다. 뿐만 아니라 지방정부는 발권력을 갖고 있지 못하기 때문에 더구나 그러한 정책을 수행하는 데 한계가 있는 것으로 알려져 있다. 더구나 지방채는 외부 채무로서의 성격을 띠는 경향이 있기 때문에 지방채의 지역 경제에서의 총수요 조절 기능 수행에는 적절하지 못한 것으로 알려져 있다. 그래서 지방정부가 대규모 공공사업을 수행하는 경우에도 총수요 조절에 목적을 두기보다 그를 통해 지역 경제 활동에 필요한 학교, 도로, 상하수도 등과 같은 사회 자본의 형성에 초점을 맞추고 있으며, 지방채 발행도 그러한 사회 자본 형성을 위한 목적에서 발행되는 것임을 이해하는 것이 중요하다.

같은 맥락에서 지방정부는 지역 경제 활동을 촉진하기 위해서 지역의 민간 산업 활동을 지원하는 기능을 수행하기 위해 지방채를 활용하기도 한다. 최근에 지방정부는 민간 기업의 투자 활동을 지원하기 위해 채무를 발생시키는 것이 중요하게 다루어지고 있으며, 경우에 따라서는 전술한 사회 자본 형성 목적보다 더 중요하게 다루어지기도 한다. 일반적으로 지방정부가 빌리는 자금에 대한 이자율은 민간 부문에서의 이자율보다 낮기 때문에 지방정부는 상대적으로 낮은 이

6 지방채는 이와 같은 '외부 채무'로서의 성격으로 인해 제2부에서 지방정부의 경제적 기능을 다룰 때 지방정부 지출의 승수 효과를 제약하는 요인으로 작용함을 보인 바 있으니 참고하기 바란다(본서 p. 46 참고).

자율로 빌려서 민간 부문에 같은 이자율 또는 조금 더 높은 이자율로 다시 빌려 줄 수 있으며, 그래도 이자율은 민간 투자자들이 민간 부문에서 빌릴 수 있는 이자율보다는 여전히 더 낮다. 민간 산업 활동 지원을 위한 저리 대출 프로그램이 대표적인 사례라 할 수 있다.

이러한 유형의 대출은 민간 지원 역할을 수행하는 다양한 정부 대출 기관과 지역 경제 개발 지원 기관들이 늘어남으로써 용이해지게 되었다. 그러나 보다 중요하게는 지방정부는 민간 투자자들에게 위와 같은 기관들을 통해서 공채 이자 수익에 대한 면세 조건으로 대출해 줄 수 있어서 민간 투자자들의 대출 비용을 줄여 줄 수 있기 때문이며, 또 한편으로는 공채는 안정성이 높기 때문에 낮은 이자율로 자금 조달이 가능하기 때문이기도 하다.

이러한 목적을 위해 발행되는 공채도 전자와 마찬가지로 민간 투자의 기간 구조에 결부되어 장기 또는 중기적 성격의 공채가 활용될 수 있을 것이다. 이 또한 전술한 이용 시 지불의 원칙의 맥락에서 이해할 필요가 있다.

3. 소득 재분배 기능

소득 재분배 기능은 원칙적으로 공채 발행의 직접적인 기능이 되지 않는다. 그러나 전술한 민간 산업 지원을 위한 대출 이외에 주택 담보 대출이라든가 학자금 대출 프로그램 등과 같은 생활 지원적인 대출 자금 마련을 위해 활용하는 경우 간접적으로 소득 재분배에 기여할 수도 있다. 이러한 활동은 특히 후술하는 바와 같이 지역 기반의 금융 기관이라든가 지역 공공 금융 기관 등이 활성화되어 있는 경우에 더욱 수월해질 수 있다.

4. 현금 흐름 조절 목적－징수 시기와 지출 시기의 차별성 보완 목적

지방정부가 채무를 발생시키는 또 하나의 주요한 이유는 세입 징수 시기와 지출 시기가 다를 때 이를 조절하기 위해서이다. 아울러 수입 예측상의 오류로 단기적으로 예산이 부족한 경우 이를 메꾸기 위한 목적으로 발생시키기도 한다.

일반적으로 지방정부들은 회계 연도 전(全) 기간에 걸쳐서 균등하게 세입을 징수하지 않고 일정 시기에 집중해서 징수하는 경향이 있다. 예를 들어, 재산세의 경우 지방정부는 1년에 한 번 또는 두 번에 걸쳐서 주로 징수한다. 그런데 이러한 징수 시기는 세출 활동이 시작되는 시기와 같지 않다. 대부분의 지방세는 월별 또는 분기별로 징수되지만 그러한 세입 징수의 시기적 패턴은 지방정부의 세출의 시기적 패턴과 상응하지 않는다.

그러므로 지방정부가 회계 연도 중 세입이 징수되기 전에 지출하고자 하는 경우에는 나중에 징수할 세입을 고려하면서 단기적으로 채무에 의지할 수 있다. 같은 맥락에서 지방정부는 한 회계 연도 중에 세입이 부족하면 다음 연도의 세입을 고려해서 채무를 발생시키는 경우도 있을 수 있다. 이러한 형태의 채무는 재정 적자를 메꾸기 위해 발생시키는 채무가 아니라는 점을 유념할 필요가 있다. 한 회계 연도 단위 또는 두 연도 단위로 보면 예산의 균형이 이루어지지만, 세입과 세출이 같은 시기에 동시에 일어나지 않기 때문에 발생시키는 일시적 채무라는 점을 이해하는 것이 중요하다.

이러한 목적의 자금 조달을 위해서는 주로 단기 공채가 이용된다. 그 이유는 지방정부의 자금 조달 시기와 재정 지출 시기의 차이를 조절하기 위한 목적에서 자금을 조달하는 것은 어떠한 생산 활동과도 연계되지 않고 단기적으로 사용되고 마는 것이기 때문이다.

제3절 지방채 관리와 운용의 자율성

지방채는 전술한 그 발행 근거에 밝힌 바와 같이 지역 사회 자본 형성을 위한 사업의 자금 조달을 위해서 '이용 시 지불 원칙'에 따라 그 활용이 권고되는 지방정부의 주요한 재원 조달 방식이기도 하다. 그러나 여기 문제는 지방채의 발행 여부, 그 규모, 발행 조건 등 지방채 관리 면에서 지방정부가 얼마나 자율성을 갖고 있는지 여부이다. 이제 이러한 맥락에서 이하에서 차입선(借入先)의 구분에 따른 지방채 관리 측면과 지역 사회에 의한 규제 메커니즘의 확립의 관점에서 지방채 관리 측면으로 나누어 검토해 보고자 한다.

1. 차입선의 구분과 지방채 관리

앞에서 지방채는 차입선에 따라 상급 정부가 인수하는 채무, 특별 기금에서 인수하는 채무, 그리고 민간이 인수하는 채무, 나아가 외국이 인수하는 채무 등으로 구분될 수 있음을 보았다. 이 중에서 중앙정부가 인수하는 경우는 다른 차입선에 비해 상대적으로 상환 기간이 길고 이자율도 비교적 낮은 면이 있다. 그러나 중앙정부가 일정한 정책적 의지를 담아 지방정부로 하여금 특정 정책의 수행을 유도하기 위해 지방채를 인수하거나 인수를 지원해 주는 경우가 있어서, 이 경우 지방정부의 정책 의도와 관련지어 인수 여부를 고려하거나 대응책을 강구할 필요가 있다. 한편, 특별한 기금이 인수하는 경우도 해당 기금이 만들어진 목적에 상응하는 사업 수행을 돕거나 유도하는 기능을 수행하기 위해 인수하는 것으로 볼 수 있다. 예를 들면, 후술하는 바와 같이 특정한 지역 개발 사업을 유도하거나 촉진하고자 하는 경우 지역 개발 기금이 관련 공채를 인수하는 방식이다. 이 경우 지방정부의 정책 의도나 인수 조건이 기금이 제시하는 조건에 부응하면 보다 적극적으로 기금 인수 공채 발행을 추진할 수 있을 것이다. 마지막으로 민간이 인수하는 경우가 있을 수 있는데, 구체적인 조건은 민간 금융 기관 인수인지 민간인에 의한 공모인지 등에 따라 달라질 수 있을 것이다. 그러나 어느 경우라도 이와 같은 민간 인수 지방채 발행이 활성화되기 위해서는 상환 기간이라든가 이자율 조건 등 발행 조건이 민간 시장이 요구하는 수준을 충족시킬 것을 필요로 할 것이다. 이 경우 발행 조건이 민간의 요구에 부응하기만 하면 보다 많은 투자 재원의 조달에 활용될 수 있다.

종합적으로 지방정부로서는 필요로 하는 사업의 성격과 인수 자금의 성격, 그리고 상환에 대한 전망 등을 고려하여 차입선을 결정할 필요가 있다고 할 것이다.[7)] 이와 같은 경우 물론 재무적 차원에서 상환 부담이 중요한 고려 요인일 것이다. 그러나 지방채 차입선의 선택이 지방채로 조달된 재원의 활용 과정에서 자율성에 제약이 없는지 여부를 확인하는 것도 중요한 요인이라 할 수 있다. 특히, 외국이 인수하는 경우는 인수 주체에 따라 서로 다른 목적을 담고 있을 수 있기 때문에 구체적인 인수 주체나 규모 등 인수 조건에 대한 세심한 배려가 필요하다 할 것이다.

2. 지역 사회에 대한 책임성과 지방채 관리

흔히 중앙정부는 지방정부의 지방채 발행 및 운영에 관해 일정한 기준을 제시함으로써 지방채를 관리하고자 한다. 중앙정부의 이러한 시도는 지방재정 활동이 중앙재정과의 관계 속에서 행해지는 행위라는 관점에서 보면 나름대로 그 이유를 이해할 수 있다. 그것은 중앙정부가 지방정부의 지방채 활용에 일정한 규제를 가함으로써 지방정부가 지나친 채무 발행으로 재정 위기 상황에 빠지는 것을 사전에 예방하고자 한다는 정책적 관점에서 출발한 것으로 볼 수 있기 때문이다. 그러나 그러한 기준의 일방적인 부과가 자칫 지방정부의 자율적인 기채권 활용을 억제하는 요인으로 작용하게 되면 오히려 지방재정의 자발적인 지역 경제 활동 지원 역할을 방해하는 결과를 가져올 수 있을 것이다.

그러나 물론 지방정부에 과도한 기채권 행사의 자율권을 주는 경우 채무 의존도를 높일 우려가 없는 것은 아니다. 그렇더라도 그러한 우려되는 상황을 중앙정부의 규제나 감시로 해결하려 하는 대신에 오히려 지방정부가 지방채 부담의 주체인 지역 주민 내지 지역 사회의 동의를 얻어 그 발행 여부를 결정하게 하여야 한다. 이는 공채의 관리에 있어서 지역 사회에 의한 규제 메커니즘을 확립하는 것이 지방채 발행을 통한 지방재정 활동과 지역 경제의 선순환 메커니즘 작동을 위해서라도 더욱 긴요한 방법이기 때문이다.

한편, 이와 같이 지방정부에 기채권 행사의 자율성을 부여하는 경우 지역 간 경제력 격차로 지방 재정력에 격차가 존재하는 상황에서는 지방정부 간 자금 조

7 강윤호 외(2015), p. 229.

달력의 격차를 더 심화시킬 우려가 있다. 말하자면, 지방정부의 기채 자유화는 지방 재정력에 바탕을 둔 신용력이 상대적으로 큰 지방정부가 보다 탄력적으로 기채할 수 있는 데 비해 상대적으로 영세한 지방정부의 경우에는 기채가 더욱 어려워질 수밖에 없다. 이와 같은 점을 고려하면 기채권의 자율성 문제는 재정력이 취약한 지방정부의 신용력 보강 문제와 더불어 고려하여야 함을 유념할 필요가 있다.[8)]

8 池上惇 外(1990), pp. 165-166; 우명동(2001), p. 309.

Chapter 11

기타 재원 조달 방식

제1절 지역 개발 기금과 지역 공공 금융 기관 활용 방안

제2절 민관 협력 방안

11

기타 재원 조달 방식

지금까지는 지방세입 중에서 자체재원에 해당되는 내용을 다루었다. 그 과정에서 공기업 수입도 지방세수로의 의의는 크지 않지만 우리나라 분류 관행을 좇아 같이 다루었으며, 나아가 지방채도 지방정부가 갖는 기채권에 초점을 맞추어서 자체재원의 범주에서 다루었다. 여기서는 이들과는 근본적으로 성격을 달리하는 지역 개발 기금 제도 내지 지역 공공 금융 기관 활용 방안과 다양한 민관협력 방안 등과 관련된 내용을 다루고자 한다.

지방정부들은 세원의 중앙 집권화 경향 속에서 지역 경제 활성화 내지 지역 주민들의 생활 과정에 꼭 필요한 공공 서비스 공급 활동을 못하는 경우가 많다. 그래서 지방정부들은 다양한 세외 수입의 발굴을 위해 노력하는 경향이 있다. 여기서 제시하는 방안들은 지방정부의 직접적인 재원 조달 방안이라기보다는 지방정부의 재원 조달을 돕는 방안 내지 민간 투자를 유치하여 필요한 서비스의 공급을 돕는 간접적인 방안에 해당하는 것으로 볼 수 있다. 이제 이하에서 이들 제도들의 개괄적인 내용을 소개하고 평가해 보고자 한다.

제 1 절 지역 개발 기금과 지역 공공 금융 기관 활용 방안

1. 지역 개발 기금의 활용

'지역 개발 기금'(regional development fund)은 지방정부들의 지역 개발 과정에 대출을 해주기 위해 마련한 특별 기금을 일컫는 것으로서, 일반적으로 정부가 예산에서 이월한 세입을 재원으로 하거나 국채 또는 지방채 발행을 통해서 적립하여 설치 · 운영한다. 이 기금은 재원이 충분하지 못한 지방정부로 하여금 주어진 지방 공공 서비스 공급 기능을 원활하게 수행할 수 있도록 지원해 주는 데 그 뜻을 두고 있다.

구체적으로 정부는 이러한 기금의 조성을 위한 공채 발행을 원활하게 하기 위해 공채 이자 수익에 대한 감면 제도 등을 활용하기도 한다. 한편, 이렇게 조성된 기금은 지방정부로부터 원금과 저리의 이자를 상환케 하여 다시 기금으로 적립하여 다른 지방정부들이 지속적으로 활용할 수 있게 할 수 있다. 또한 이 방식은 지방정부로 하여금 국가의 경직적인 예산 체계에서 탈피하여 신축적이고 자율적으로 활용할 수 있게 해줄 수 있는 장점이 있어 여러 나라들에서 다양한 형태로 활용된 사례들이 있으며 그 활용이 권고되고 있는 제도이다.

2. 지역 공공 금융 기관의 운용

이와 유사하게 지방정부가 공적 신용에 바탕을 두고 중앙정부 또는 지방정부의 출연과 민간 자금의 유치 등을 통해 지역 기반의 공적인 전문 금융 기관을 설립하여 지역 개발 과정에 활용하는 방안이 제시되기도 한다. 소위 '지역 공공 금융 기관' 설립 방안이 이에 해당한다.

이러한 지역 공공 금융 기관은 무엇보다 지방정부나 지방 공기업의 지역 개발 자금 조달을 위한 차입선으로서 기능을 수행하거나 지방채 발행 시 주요한 차입선으로서 구실을 하여 지방정부의 지역 개발 지원을 위한 자금 조달을 원활하게 하는 데 그 뜻을 두고 있다. 그러나 이 지역 공공 금융 기관도 일종의 금융 기관으로서 경우에 따라서는 지역 연고 또는 토착 기업에 대한 금융 지원 활동도 하게 할 수 있다. 이런 맥락에서 볼 때 지역 공공 금융 기관은 지역 기반의 민간 금융 기관의 활성화와 더불어 지역 주도의 지역 경제 발전 과정에서 중요한 역할을 할 수 있다는 사실을 유념할 필요가 있다.

이러한 제도도 여러 나라들에서 다양한 형태로 시행된 경험이 있거나 현재도 시행 중에 있는 제도이다. 구체적인 사례로 미국의 '지방채 은행'(Municipal Bond Bank)을 들 수 있다. 미국은 주(州)별로 별도의 지방채 은행을 운영하고 있다. 또한 영국은 「국가대출법」(National Loan Act)에 의해 조성된 기금을 사용하여 지방정부와 기타 지정된 단체에 대출을 담당하고 있는 기구로 '공공사업대출위원회'(Public Work Loan Board: PWLB)를 설치 운영하고 있다. 한편, 일본은 1957년 이래로 '공영기업금융공고'를 운영해 왔으나, 2008년부터 전국 지방 공공 단체가 공동으로 출자하여 '지방공영기업등금융기구'(地方公營企業等金融機構)를 설치하였으며 2009년부터는 지방 공공 단체의 일반회계로 대출 범위를 확대하여 '지방공공단체금융기구'(地方公共團體金融機構)를 운영하고 있다.[1] 아울러 각 나라에서 다양한 형태로 운영되고 있는 전술한 각종 지역 개발 기금 제도도 지역 공공 금융 기관의 일종으로 파악하기도 한다.

1 미국 '지방채 은행'은 주(州)별로 운영되고 있는바, 자세한 내용은 각 주의 지방채 관련 홈페이지를 참고할 수 있다. 예를 들어, 메인(Maine) 주의 지방채 운영 관련 내용은 http://www.mainebondbank.com/를 참고할 수 있으며, 영국의 '공공사업대출위원회' 활동 내용은 http://www.dmo.gov.uk/index.aspx?page=PWLB/Introduction를 참고할 수 있다. 아울러 일본의 '지방공공단체금융기구' 관련 사항은 http://www.jfm.go.jp/about/law.html을 참고할 수 있다.

제2절 민관 협력 방안

1. 개념과 유형

직접적인 재원 조달 방안은 아니지만 지방정부가 별도의 재원 조달 없이도 공공 서비스 공급 활동을 할 수 있는 하나의 방안으로 소위 '민관 협력 방안'(Public-Private Partnerships: PPP)이 거론되는 경우가 있다. 이 방안은 "해당 공공시설에 대한 소유권은 정부가 가지고 있으면서 그 운영권을 민간에게 임대하거나 민영화하는 방안"을 일컫는다. 이 방안은 특히 지방정부가 재정적으로 어려움을 겪고 있는 경우에 자주 거론되며, 신자유주의적 사회 분위기 속에서 현실적으로도 구체적인 운영 형태를 달리하면서 여러 나라에서 활용되고 있는 방안이기도 하다. 현실적으로는 운영되는 형태로는 대표적으로 BTO 방식, BTL 방식 등을 들 수 있다.

이 중에서 '수익형 민간 투자 사업'(Build Transfer Operate: BTO) 방식이란 사회 기반 시설의 준공과 동시에 당해 시설의 소유권이 정부에 귀속되며, 사업 시행자에게 일정 기간의 시설 관리 운영권을 인정해 주는 방식을 일컫는다. 이 방식은 사업에 참여하는 민간 투자자가 준공 후 약정된 시설 관리 운영 기간 동안 최종 수요자, 즉 시설 사용자로부터 직접 이용료를 징수하여 수익을 올리고 투자금을 회수하는 방식이다. 구체적인 예로는 도로, 철도, 항만, 터널, 공항, 댐 등의 기본적인 사회 간접 자본 시설에 주로 적용된다. 이 방식은 민간 사업자가 수요 위험을 직접 부담하는 방식이므로 사업자 입장에서는 투자금 회수를 위한 수요자 예측이 중요한 역할을 한다.

이와는 달리 '임대형 민간 투자 사업'(Build Transfer Lease: BTL) 방식은 사회 기반 시설의 준공과 동시에 당해 시설의 소유권이 정부에 귀속되며, 사업 시행자에게 일정 기간의 시설 관리 운영권을 인정해 주되, 정부가 그 시설 관리 운영권을 협약에서 정한 기간 동안 사업 시행자로부터 임차하여 사용하는 방식을 일컫는다.

이 방식은 사업에 참여하는 민간 투자자가 준공 후 약정된 기간 동안 정부에 시설의 관리 운영권을 임대해 주고 약정된 임대료 수익으로 투자비를 회수하는 방식이다. 이 방식은 BTO 방식의 사업이 어려운 공공시설 사업, 즉 사용자로부터 사용료 부과가 어렵거나 사용료 부과만으로는 투자비 회수가 어려운 교육, 문화, 복지 시설 등을 대상으로 한다. 이 방식은 민간 투자자 입장에서는 정부로부터 적정 수익률을 보장받음으로써 안정적으로 사업을 추진할 수 있는 장점이 있는 것으로 평가받고 있다.

이 밖에도 민간과 정부의 구체적인 협력 방식에 따라 BOT 방식, BLT 방식 등 다양한 민관 협력 제도들이 활용되고 있다.[2)]

2. 경제적 의의

이러한 민관 협력 방안은 민간으로서는 거대한 초기 자본금을 투자하는 부담을 안지만 장기적인 공공 서비스의 운영권을 가짐으로써 안정적인 수익을 확보할 수 있어서 경제적 유인이 인정된다. 한편, 지방정부로서도 주민들의 생활에 필수적이면서도 재정적인 능력이 취약하여 서비스 공급에 어려움을 겪고 있는 경우 해당 공공 서비스의 지속적인 운영을 보장할 수 있을 뿐 아니라 경우에 따라서는 운영 수익의 일부를 재정 수입으로 확보할 수도 있어서 이 방안 활용에 대한 유인이 있다는 점이 제시되기도 한다.

3. 비판적 견해

그러나 해당 서비스가 공공성을 띠고 있는데, 이러한 지역적 공공 서비스를

2 BTO 방식과 BTL 방식 이외의 다양한 방식에 대한 구체적인 내용들은 공공 서비스에 대한 민간 투자 제도 관련 문헌으로 미루고, 여기에서는 BOT 방식과 BLT 방식의 개념만 소개하기로 한다. 먼저 'BOT'(Build Operate Transfer) 방식은 사회 기반 시설의 준공 후 일정 기간 동안 사업 시행자에게 당해 시설의 소유권이 부여되며, 사업 시행자는 그 시설의 운영으로 수익을 올리고 투자금을 회수하며, 운영 기간이 종료되면 시설의 소유권을 중앙정부 또는 지방정부에 귀속시키는 방식을 일컫는다. 한편, 'BLT'(Build Lease Transfer) 방식은 사업 시행자가 사회 기반 시설을 준공한 후 일정 기간 동안 타인에게 임대해 주고 임대 기간이 종료되면 해당 시설물의 소유권을 중앙정부 또는 지방정부에 귀속시키는 방식을 일컫는다.

이익 추구를 목적으로 하는 민간 자본에 의해 생산, 배분되게 하는 것은 취약한 지역 주민들에게 큰 부담을 안겨 줄 우려가 있다는 사실도 유념할 필요가 있다. 구체적으로 이렇게 공공 서비스를 민간의 운영에 맡기는 경우 서비스 가격의 상승으로 주민들의 생활에 애로를 높일 수 있으며, 다른 한편 민간 이양 과정에서 서비스의 효율적인 운영을 근거로 많은 공무원들의 퇴출이 이어질 수 있다는 문제점이 지적되기도 한다. 뿐만 아니라 민관 협력 과정에서 정경유착이나 부정부패의 가능성을 키운다는 점이 지적되기도 한다.

물론 이러한 우려들에 대해서는 정부의 엄격한 규제 정책으로 민간 기업이 경영상의 이유로 서비스 공급을 중단한다거나 지나치게 서비스 가격을 인상시키는 데 대한 우려를 해소시킬 수 있으며, 공무원의 일자리에 대해서도 민간이 운영하더라도 민간 부문에도 노조가 존재하여 노동권의 유지에 큰 문제가 없을 수 있다는 반론도 있다는 사실을 부기해 두고자 한다. 아울러 모든 과정을 투명하게 함으로써 정경유착 등의 가능성을 원천적으로 봉쇄할 수 있다면서 민관 협력 방안을 옹호하는 견해도 있다.[3)] 어느 경우이든 그 적부를 일률적으로 제시할 수는 없겠지만, 해당 서비스가 갖는 공공성을 유념하여 이러한 민관 협력 방안의 운영이 정부에 의해 일방적으로 추진되기보다는 사회적 합의 과정을 거칠 필요가 있다는 사실을 유념할 필요가 있다.

3 심정근(1995, pp. 37-38)은 1980년대 이래의 일본과 미국의 사례를 들면서, 그리고 K. Rowey(2013)는 미국의 사례를 가지고 특히 이 제도의 유용성을 강조하고 있는 것을 볼 수 있다.

제5부

이전재원-지방재정 조정 제도

지방정부는 세입 구성에 있어서 중앙정부로부터의 이전되는 재원을 중요한 구성 요인으로 삼고 있다. 그것은 후술하는 경제적 근거에서 밝히고 있듯이 다양한 이유로 중앙정부가 지방정부의 재정력을 조정해 줄 필요성에서 기인한다. 이러한 이전재원 제도는 중앙정부가 재원의 이전을 통해 지방재정 상태를 조정해 준다 하여 '지방재정 조정 제도'라 일컫기도 한다.

제5부에서는 이러한 이전재원, 다시 말해 지방재정 조정 제도의 유형과 그 경제적 근거, 나아가 그것이 지역 사회에 주는 경제적 파급 효과를 이해하고자 한다. 구체적으로 먼저 이러한 이전재원 제도, 즉 지방재정 조정 제도의 개념을 재정연방주의의 관점에서 이해하고 그 유형을 살펴본다. 이어서 이러한 지방재정 조정 제도를 실시하게 된 경제적 근거를 다각도로 검토하고, 나아가 그것이 지역 사회에 주는 경제적 파급 효과를 파악하고자 한다.

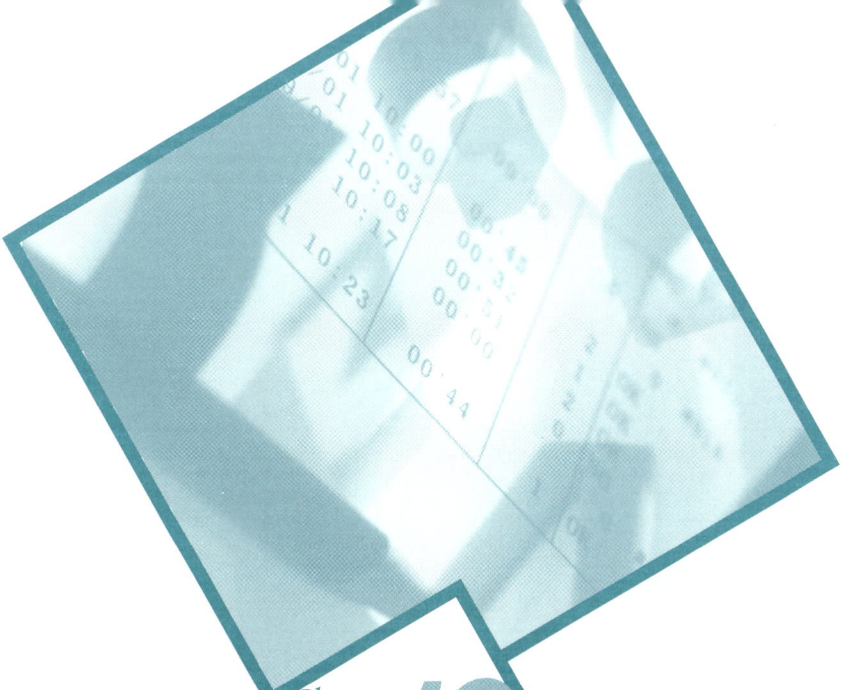

Chapter 12

이전재원의 틀–지방재정 조정 제도 개관

12

이전재원의 틀–지방재정 조정 제도 개관

현실적으로 정부 간 이전재원은 지방정부의 재원에서 결정적으로 중요한 역할을 수행한다. 그것은 일반적으로 지방정부에 충분한 세원이 배분되지 않고 있으며, 뿐만 아니라 각 지방정부의 재정력 수준이 각 지방의 부존자원이나 경제력의 차이로 인해 큰 차이를 보이고 있어서 중앙정부에 의한 지방재정 조정의 필요성이 크기 때문이다.

이러한 맥락에서 본 장에서는 먼저 재정연방주의론의 틀 속에서 이전재원을 통해 지방재정을 조정해 주게 되는 배경을 살펴본다. 이어서 좀더 구체적으로 다양한 보조금의 형태를 일반 보조금과 특정 보조금, 그리고 두 가지 성격을 동시에 포함하고 있는 포괄 보조금으로 나누어 그 개념과 경제적 성격에 대해서 검토하고자 한다.

제1절 재정연방주의와 보조금

1. 전통적 재정연방주의론과 정부 간 재정 관계

우리는 제2부에서 정부가 다양한 기능을 수행함에 있어서 경제 안정화 기능과 소득 재분배 기능은 중앙정부가 담당하고, 자원 배분 기능은 각각의 선호와 비용 조건 등에 따라 중앙정부와 지방정부가 나누어 수행하는 것이 사회 전체의 후생 수준을 제고시키는 데 기여한다는 사실을 재정연방주의론을 통해서 이해한 바 있다. 구체적으로 중앙정부는 전국적 공공재를 공급하고 지방정부는 지역적 공공재를 공급하는 것이 바람직한 것으로 되어 있었다. 그 근거로는 서로 다른 단계의 정부가 각각에 맡겨진 서로 다른 기능을 적절히 나누어 수행할 때 중앙정부가 모든 기능을 수행할 때보다 전반적으로 사회 후생 수준이 더 높아질 수 있다는 데서 찾고 있었다.

나아가 재정연방주의론자들은 위와 같은 정부 간 기능 배분 틀에 부응하게 각 단계의 정부에 부여된 기능을 수행하기에 적절한 세출 규모를 결정하고, 나아가 그러한 세출에 부응할 수 있는 조세를 비롯한 재원 배분을 위한 논리적 틀을 더불어 제시함으로써 전반적인 '정부 간 재정 관계' 틀을 제시하고 있다. 결국 재정연방주의론은 정부 간 기능 배분과 그에 상호 조응하게 설정된 정부 간 재정 관계 틀을 근거로 정부가 공공 서비스를 제공함에 있어서 하나의 정부가 모두 담당하는 것보다는 서로 다른 단계의 정부가 나누어 공급할 때 전반적으로 사회 후생을 증가시킬 수 있다는 사실을 논증하고 있다는 점에서 재정 분권의 이론적 기초를 제공해 주는 역할을 하고 있는 것으로 인식되고 있다.

2. 신 · 구 재정연방주의론에서의 보조금의 역할

상술한 바와 같이 재정연방주의론이 정부 간 기능 배분과 그에 상호 조응하게 설정된 정부 간 재정 관계 틀을 제시하고 있음에도 불구하고, 그러한 정부 간 재정 관계 틀을 현실에 적용시키려 하는 경우 우리는 공평성과 효율성 등과 관련해서 많은 문제점에 직면하게 된다. 말하자면, 전통적 재정연방주의론에 근거를 둔 정부 간 재정 관계 틀은 매우 단순한 것이어서 서로 다른 단계의 정부들 사이에 기능과 재원을 정확히 상응하게 나누는 것을 어렵게 하는 요인들이 존재한다. 구체적으로 서로 다른 지방정부들 사이에 재정력이 지나치게 불균등하다든지, 특정 지방정부의 정책 효과가 다른 정부 관할 지역으로 파급되는 등의 요인들이 그 주된 요인으로 나타나고 있다. 전통적 재정연방주의에서 상정하는 정부 간 재정 관계 틀은 현실에서 직면하는 이와 같은 문제를 다루어 나가기에는 지나치게 단순한 틀임을 알 수 있다. 이런 문제를 해결하지 아니하고는 분권화된 정부 간 재정 관계 틀을 가지고는 사회 후생 수준을 극대화시키기가 어려워진다.

그런데 재정연방주의론자들은 이런 경우에도 재정 분권을 훼손시키지 않으면서 문제를 해결할 수 있는 것으로 인식하고 매우 긍정적으로 접근하고 있다. 구체적으로 이런 문제가 있는 경우에는 '보조금 제도'를 적절히 운영하면 전통적인 재정 분권을 해치지 아니하면서도 사회 후생 수준을 높일 수 있는 것으로 전제하고 있다. 말하자면, 적절히 보조금 제도를 활용하여 현실의 정부 간 재정 관계가 직면한 문제를 보완해 주면 재정 분권을 그대로 유지하면서도 각 단계의 정부에 부여된 기능을 충분히 수행할 수 있게 할 수 있다고 보고 있다. 이것이 바로 서로 다른 단계의 정부에 의한 공공 서비스 공급 문제를 다룸에 있어서 보조금 제도를 설명하여야 하는 이유인 것이다. 우리가 만약 재정연방주의론자들의 이러한 주장을 받아들이면, 그와 같은 현실적인 문제가 존재하더라도 분권 체제가 지역 사회의 사회 후생을 증가시키는 데 기여할 수 있게 된다. 이것이 재정연방주의론에 바탕을 둔 신고전파 경제학자들이 주장하는 내용이다.

그런데 재정연방주의론에도 지방정부의 행동 동기를 어떻게 파악하느냐에 따라 서로 다른 견해가 제시되고 있다. 지금까지 소개한 내용은 일찍이 머스그레이브(R. A. Musgrave, 1959), 오츠(W. E. Oates, 1972) 등 소위 '전통적 재정연방주의론'에서 제시되고 있는 내용에 해당되는 것으로, 후일 이들의 이론은 '제1세대 재정연방주의론'으로도 불리고 있다. 이들의 이론에서는 지방정부는 지역 주민 전체의 이익에 초점을 맞춘 선한 조정자 또는 관리자로 전제되어 있다. 그러나 오늘날 와인개스트(B. R. Weingast, 2006; 2009) 등에 의해 도입되어 그 영향력을 확장시켜 가고 있는 소위 '제2세대 재정연방주의론'이라 불리는 '새로운 재정연방주의론'에서는 지방정부도 개별 주민들과 마찬가지로 사익 극대화를 추구하는 합리적 주체로 파악하고 있는 점이 다르다. 신 · 구 재정연방주의론은 주민들의 개별적 합리성을 전제로 한다는 점에서는 같은 맥락에서의 논의라 할 수 있으나, 위와 같이 정부 행동 유인에 대한 서로 다른 견해 차이를 보임으로써 자체재원과 이전재원에 대한 견해를 비롯해서 재정 분권 실현을 위한 구체적인 정책 수단에 대한 서로 다른 견해들을 제시해 오고 있다.[1] 본서에서는 이 중에서 경제적 파급 효과 논의 과정에서 '끈끈이 효과'를 소개하는 선에서 머무르고자 한다.

제2절 보조금의 제 유형

상위 정부로부터 하위 단계의 정부로 이전되는 재원인 '이전재원'을 상위 정부가 하위 지방정부의 재정 활동을 보조하는 재원이라는 의미에서 '보조금'이라 칭한다. 이 이전재원은 지방정부가 재원을 상위 정부에 의존하고 있다는 면을 강조하여 '의존재원'이라 칭하기도 한다. 이러한 보조금은 크게 일반 보조금과 특정 보조금으로 나누며, 이 두 보조금의 특성이 혼합된 포괄 보조금을 별도로 구분해서 제시하기도 한다. 이제 이하에서 이들 보조금 제도가 갖는 개념과 그 개략적인 성격의 차이를 이해해 보도록 하자.

1. 일반 보조금

먼저 '일반 보조금'(general grant)은 상위 정부가 하위 지방정부에게 자금의 사용에 대해서는 아무런 제약을 가하지 않고 이전시켜 주는 보조금을 일컫는다. 이렇게 조건을 부여하지 아니하고 이전하는 자금이라 하여 '무조건부 보조금'(unconditional grant)이라 칭하기도 한다. 바로 이런 이유로 해서 이 보조금은 중앙정부로부터 이전받는 이전재원이면서도 지방정부가 자율적으로 사용할 수 있는 재원이라 하여 지방정부의 지방세와 지방세외 수입 등의 '자체재원'과 더불어 '자주재원'으로 분류되기도 한다.

1 이와 같은 신 · 구 재정연방주의론의 차별성과 동질성에 대한 보다 자세한 내용은 W. E. Oates(2008), pp. 313-334; 우명동(2009), pp. 96-100 등을 참고하기 바란다.

2. 특정 보조금

'특정 보조금'(specific grant; earmarked grant)은 중앙정부가 자금을 어디에 어떻게 사용할 것을 지정해서 지방정부에게 이전시켜 주는 보조금을 일컫는다. 이러한 특정 보조금은 '조건부 보조금'(conditional grant), '선택적 보조금'(selective grant), 또는 '범주적 보조금'(categorical grant) 등으로 일컫기도 한다. 이러한 특정 보조금은 아래에 설명하는 바와 같이 정률 보조금과 정액 보조금으로 나뉜다.

(1) 정률 보조금-대응 보조금

'정률 보조금'은 상위 정부가 하위 지방정부에게 자금을 이전해 줌에 있어서 특정 사업의 수행에 소요되는 재원의 일정 비율에 해당하는 재원만 이전해 주는 제도를 일컫는다. 그런데 이렇게 상위 정부는 재원을 이전하면서 나머지 비율의 재원은 수혜 지방정부가 직접 부담해서 해당 사업을 수행할 것을 조건으로 이전해 주는 것이 일반적이다. 이런 뜻에서 이 보조금을 '대응 보조금'(matching grant)이라 일컫기도 한다. 따라서 이 경우 보조금 수혜 지방정부가 상위 정부의 요구에 상응하는 대응 자금을 조달할 능력이 없는 경우 보조금을 받지 못하게 되는 사태가 발생한다. 이러한 대응 보조금은 다시 고정적 정률 보조금과 가변적 정률 보조금, 무제한적 정률 보조금과 제한적 정률 보조금으로 나누어진다.

먼저 '고정적 대응 보조금'(uniform matching grant)은 모든 지방정부와 모든 종류의 보조 대상 서비스에 대해 동일한 비율로 이전해 주는 보조금을 일컫는다. 이에 비해 '가변적 대응 보조금'(variable matching grant)은 지방정부와 보조 대상 서비스의 종류에 따라 보조 비율을 달리하는 보조금을 일컫는다. 한편, '무제한적 정률 보조금'(open-ended matching grant)은 중앙정부가 보조를 해줄 때 보조 대상 서비스에 해당되기만 하면 상한선이 없이 무제한적으로 이전해 주는 보조금을 일컫는다. '제한적 정률 보조금'(closed-ended matching grant)은 중앙정부가 보조를 해줄 때 보조 대상 서비스에 해당되더라도 상한선을 정해서 그 범위 안에서만 이전해 주는 보조금을 일컫는다.

(2) 정액 보조금 – 비대응 보조금

모든 특정 보조금이 정률로 보조되거나 대응 자금의 사용을 의무화하는 것은 아니다. 상위 정부가 보조를 해줄 때 특정 사업 또는 서비스에 사용할 것을 정해 주어 보조를 해주되, 수혜 지방정부의 의무적인 대응 지출을 요구하지 않으면서 일정 금액을 보조해 주는 경우가 있다. 이 보조금을 '정액 보조금'이라 일컫는바, 수혜 지방정부에 의무 지출을 요구하지 않는다 하여 '비대응 보조금'(nonmatching grant)이라 부르기도 한다. 이 보조금은 정률 보조금에 비해 자금 사용에 있어서 그만큼 수혜 지방정부의 자율성이 높아지게 된다.

3. 포괄 보조금

마지막으로 '포괄 보조금'(block grant)은 일반 보조금과 특정 보조금의 중간 형태의 보조금으로서, 중앙정부가 일정한 유형의 사업이나 서비스에 사용할 것을 정해서 보조를 해주되, 사업이나 서비스의 내용을 구체적으로 특정짓지 아니하고 폭넓게 범위를 정해서 이전시켜 주는 보조금 제도를 일컫는다. 이 보조금은 용도를 포괄적으로 지정해 주는 제도로서 용도를 지정해 주지 않는 일반 보조금 제도와도 다르며, 용도를 세부적으로 특정지어 주는 특정 보조금 제도와도 다른 성격을 띠고 있다.

이 제도의 장점은 보조금 수혜 지방정부가 큰 틀의 범위를 벗어나지 않는 한 자신들의 의지를 담아서 자유롭게 사용할 수 있다는 점에 있다. 이에 비해 단점은 포괄적이기는 하지만 여전히 자금의 용도가 지정되고 있다는 점에서 일반 보조금 제도에 비해서는 사용이 자유롭지 못하다는 점에 있다. 아울러 그 경우 보조금 지출의 성과를 비교하기가 어렵다는 문제점을 안고 있다는 지적을 받기도 한다.

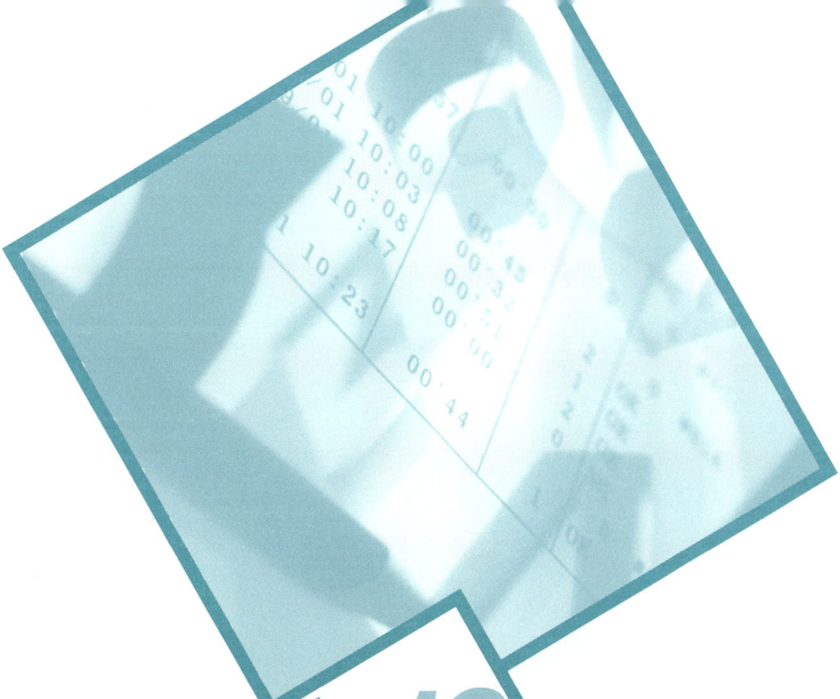

Chapter 13

지방재정 조정 제도의 경제적 근거

13

지방재정 조정 제도의 경제적 근거

지방재정 조정 제도, 다시 말해 보조금 제도가 필요하게 된 경제적 근거는 다양하게 제시되고 있다. 크게 보면 재정력 불균등의 해소와 정부 간 확산 효과의 조정, 그리고 가치재 공급의 필요성 등이 제시되고 있다.

먼저 재정력 불균등 해소와 관련해서는 다시 지방정부 간의 재정력 불균등의 해소 차원에서 다루기도 하고, 어떤 경우는 서로 다른 지역에 거주하는 개인 간의 재정잉여 불균등의 해소 차원에서 다루기도 한다. 다음으로 정부 간 확산 효과와 관련해서는 특정 지방정부의 정책에 소요되는 비용이나 편익이 관할 영역을 넘어서 다른 지방으로 확산되는 경우 해당 지역 입장에서는 비용과 편익을 대응시키지 못하게 되어 자원 배분의 비효율이 야기되는 상황이 발생하는바, 이러한 경우 나타나게 될 자원 배분의 비효율성을 해소하는 차원에서 지방재정 조정이 필요하게 된다. 마지막으로 가치재 공급과 관련해서는 특정 지방정부가 지역 주민들의 의사를 수렴하여 정해진 특정 공공 서비스의 공급 규모나 내용이 중앙정부 입장에서 볼 때 사회적인 적정 수준이라고 판단되지 않는 경우 적정 수준으로 공급을 유인하기 위해 지방재정 조정 제도가 필요하다고 보는 입장에서 제시되는 근거이다. 이제 본 장에서는 이러한 근거들에 대해 보다 구체적으로 다루고자 한다.

제1절 재정력 불균등의 해소

다 같이 재정력 불균등이라 하더라도 한편에서는 지방정부 차원에서 지방정부 간 재정력의 불균등이 문제되기도 하고 다른 한편에서는 개인 차원에서 재정력 불균등이 문제되기도 한다. 개인 간의 재정력 불균등 문제는 흔히 거주 지역에 따른 개인 간의 '재정 잉여'의 불균등으로 설명된다. 지방정부 차원이나 개인 차원 어느 경우에도 재정력에 불균등 현상이 발생하면 부정적인 경제적 파급 효과가 나타나기 마련이며, 이론적으로 보조금 제도는 바로 이와 같은 문제를 해소하는 차원에서 구상되고 있다. 이하에서는 재정력 불균등 해소를 위한 보조금 제도 도입의 필요성을 이와 같이 지방정부 간 재정력 불균등 해소와 개인 간 재정 잉여 불균등 해소의 두 측면으로 나누어 검토해 보고자 한다.

1. 정부 간 재정력 불균등의 해소

(1) 정부 간 재정력 불균등과 그 경제적 귀결

일반적으로 지방정부의 '재정력'이라 하면 "재정 수요 대비 조세 부담 능력의 비율"로 정의되는바, 이러한 재정력은 지역 간에 존재하는 부존자원과 경제력 수준의 차이로 인해 지방정부들 사이에서 격차가 존재하기 마련이다. 구체적으로 재정력 격차란 각 지방정부가 갖고 있는 '조세 부담 능력'(taxable capacity)과 '재정 수요'(fiscal need)의 차이로 측정된다.[1] 어떤 지방정부는 다른 지방정부에 비해 상대적으로 조세 부담 능력이 부족하기도 하고, 또 어떤 지방정부는 재정 수요가 더 많은 경우도 있을 수 있다. 전자는 동일한 세원을 배분받고 있으면서도 지역의 부존자원이나 경제력 수준의 차이로 인해 조세 부담 능력이 상대적으로

1 지방정부의 재정력은 "특정 지방정부가 재정기능을 수행할 수 있는 능력"을 의미하는 것으로 정의할 수 있으나, 구체적으로 이 개념은 아주 다양하게 사용된다. 본문의 '조세 부담 능력'과 '재정 수요' 개념 등 지방재정력과 관련된 보다 자세한 내용은 제6부 제15장을 참고하기 바란다.

저조한 경우에 해당되며, 후자는 일정한 공공 서비스를 공급하는 경우에도 지역에 따라 공급 비용이 더 많이 들어가는 경우에 해당된다.

이러한 조세 부담 능력과 재정 수요 사이의 괴리로 인해 지방정부들 사이에 재정력 격차가 존재하면 지방정부에 따라서는 기본적인 공공 서비스 공급에도 애로가 나타나면서 전반적으로 재정 기능의 수행에 문제가 나타나게 된다. 이러한 상황이 전개되면 중앙정부로서는 특정 지역 공공 서비스의 경우에는 어느 지역에 거주하더라도 일정 정도 공급되게 해주어야 한다는 점에서 그러한 애로를 제거하고자 하는 노력을 기울일 필요성을 인식하게 된다.

(2) 정부 간 재정력 불균등 해소 수단

대부분의 나라들은 지역 간의 '재정력' 격차를 해소하는 방안으로 보조금 제도를 시행하고 있다. 이러한 보조금 제도의 발상은 바로 한 나라 내의 모든 지방정부가 가진 재정적 여건이 서로 다른데도 불구하고 특정 공공 서비스에 대해서는 일정한 수준의 서비스가 공급되도록 해주어야 한다는 데서 출발하고 있다. 구체적으로 이러한 목적을 달성하기 위해서 상대적으로 작은 세원을 가지고 있거나 일정한 공공 서비스 공급에 소요되는 비용이 상대적으로 높게 소요되는 지방정부에 대해 그 차이를 보조해 주어 결국 재정력이 부족한 지방정부의 재정력을 제고시켜 주고자 한다.

이러한 목적을 달성하는 데는 일반적으로 아무런 조건을 수반하지 않는 일반 보조금이 적합한 것으로 인식되고 있다. 그것은 재정력 격차를 메꾸어 준다는 차원에서 보조되는 것이지 지출 용도를 특정지어서 특정 공공 서비스 제공을 유인하는 차원의 것이 아니기 때문이다. 이는 후술하는 확산 효과의 경우와 차이가 나는 부분임을 유념하기 바란다.

2. 개인 간 재정 잉여 불균등의 해소

(1) 개인 간 재정 잉여 불균등과 그 경제적 귀결

주민들은 자기가 거주하고 있는 지역에 지방세를 납부하면서 또 한편으로는 중앙정부에 국세도 납부한다. 이러한 지방세와 국세를 포함해서 한 주민이 납부하는 총조세 부담 수준은 그들이 받고 있는 재정 편익에 비추어 볼 때 한 나라 안에 살면서도 어느 지역에 거주하느냐에 따라 차이가 나는 경우가 있을 수 있다. 이 말은 개인이 받는 "재정 지출 편익으로부터 총조세 부담액을 차감한 재정상의 순편익"을 개개인의 '재정 잉여'(fiscal residue)라 할 때, 개인이 어느 지역에 거주하느냐에 따라 재정 잉여에 차이가 날 수 있다는 것이다.[2] 구체적으로 중앙정부 차원에서 동일한 능력을 가진 사람들에게 재정적으로 동일한 취급을 하고 또 지방정부 차원에서도 동일하게 취급하더라도 중앙정부와 지방정부를 합친 모든 정부 차원에서 보면 동일한 능력을 가진 사람들이 동일하게 취급되지 않는 상황이 발생할 수 있다. 일반적으로 과세 과정에서의 공평성과 관련하여 폭넓게 받아들여지는 원칙은 "동일한 능력을 가진 사람은 동일하게 취급받아야 한다"라는 원칙이라 해도 과언이 아니라 할 수 있다. 이렇게 보면 어느 지역에 거주하느냐에 따라 개개인의 재정 잉여에 차이가 난다는 것은 조세 부과에서 주요한 원칙으로 받아들여지고 있는 공평성의 원칙에 위배되는 것으로 볼 수 있다.

지금 동일한 공공 서비스를 동일한 정도로 공급하는 부유하고 가난한 서로 다른 두 지방정부가 있다고 상정해 보자. 다른 조건이 일정하다면 동일한 공공 서비스를 공급함에 있어서 부유한 지방정부는 가난한 지방정부에 비해 상대적으로 낮은 세율을 부과할 수 있을 것이다. 이는 주민 1인당 일정한 조세 수입을 징수하기 위해서는 1인당 소득 수준이 높을수록 세율은 낮아지게 될 것이기 때문이다. 결과적으로 일정한 지역 공공 서비스를 공급받는 과정에서 부유한 지역의 개인들은 가난한 지역의 개인들에 비해 보다 낮은 지방세율을 적용받게 되는 것이다. 이때 동일한 능력을 가진 개인들이라면 어느 지방정부에 거주하더라도 국세 부담 수준은 동일할 것이기 때문에 모든 정부에 걸친 전체적인 조세 부담을 기준으로 보면 결국 동일한 능력을 가진 사람이라도 어느 지방정부에 거주하느냐에 따라 총조세 부담 수준은 다르게 되는 것이다. 이렇게 동일한 능력을 가진

2 뷰캐넌(J. M. Buchanan, 1950)이 이러한 관점에서 지방재정 조정의 필요성을 설명하고 있는바, 그 구체적인 내용은 원논문을 참고하기 바람. 이에 대한 보다 자세한 설명을 우명동(2001), pp. 181-186에서 소개하고 있으니 참고할 수 있다.

사람이 다른 지역에서보다 어떠한 지역에서 상대적으로 더 큰 재정상의 큰 순부담을 진다면 인적 또는 비인적 자원이 재정상 순부담이 작은 지역으로 이주할 유인이 생길 것이다. 자원 이동은 시장에서 결정되는 경제적 보상뿐만 아니라 재정 수지에 대해서도 반응을 보인다. 결국 동등한 능력을 가진 사람들의 재정 수지가 모든 지역에서 균등하지 않으면 자원 배분상 상당한 왜곡이 일어나게 될 것이다.

나아가 이러한 상황은 자원 배분상의 왜곡뿐만 아니라 전반적인 소득 분배 상태 또한 왜곡시키게 될 것이다. 그것은 상대적으로 가난한 지역에 거주하는 개인은 특정 공공 서비스에 대해 부유한 지역에 거주하는 개인에 비해 더 높은 비용을 납부하게 될 것이기 때문이다. 결국 실질적인 재화 또는 서비스의 분배는 명목적인 소득의 분배 상태에 정확히 상응하지 못하게 될 것이다. 뿐만 아니라 이러한 분배 상태의 왜곡은 경제 체제에 새로운 비효율을 불러오게 됨은 물론이다.

(2) 개인 간 재정 잉여 불균등 해소 수단

정부 간 재정 관계 틀은 이러한 상황에 어떻게 대응할 수 있을까? 두 가지 가능한 대안이 제시될 수 있다. 첫 번째 방법은 중앙정부 국세의 세율 수준을 지역에 따라 서로 다르게 적용시키는 방안을 들 수 있다. 이 방안은 중앙정부가 국세를 부과할 때, 동일한 소득 수준을 가진 개인이라 하더라도 상대적으로 부유한 지역에 거주하는 개인에게는 보다 높은 세율을 적용시킴으로써 결국 어느 지역에 살고 있더라도 중앙과 지방을 합쳐 전체적으로 볼 때 동일한 능력을 가진 사람들은 공공 서비스 비용을 동일하게 부담하게 하는 방안이다. 이에 비해 상대적으로 가난한 지역에 거주하는 개인들은 중앙정부에 납부하는 국세를 상대적으로 낮게 부담시킴으로써 자기들 지역의 상대적으로 높은 지방세 부담을 상쇄시킬 수 있게 된다.

또 하나의 방법은 중앙정부가 가난한 지방정부에 일반 보조금을 이전시켜 줌으로써 모든 지방정부의 재정력을 균등화시켜 주는 방안을 구상해 볼 수 있다. 이렇게 함으로써 가난한 지방정부는 부유한 지방정부와 지방세율을 동일하게 하더라도 중앙정부로부터 이전받은 보조금과 합쳐 볼 때 부유한 지방정부와 동일한 재원을 확보할 수 있게 될 것이다.

위의 두 방법 중 어느 방법을 택하더라도 동일한 능력을 가진 사람들은 재정적으로 동일한 취급을 받을 수 있게 된다. 그러나 일반적으로 국세의 세율을 지역마다 차별짓는 것은 헌법상으로나 정치적으로 허용되기 어렵다는 점을 고려해 보면, 결국 관할 지역의 1인당 소득 수준과 역비례적으로 1인당 보조금을 지급하도록 하는 일반 보조금의 구상이 앞의 문제에 대한 보다 현실적인 대안으로 제시된다. 이렇게 보면 결국 일반 보조금이 동일한 사람에 대해 동일하게 취급한다는 원칙을 실현할 수 있는 재정적 역할을 수행할 수 있을 것이다.

제2절 정부 간 확산 효과의 조정

1. 정부 간 확산 효과와 그 경제적 귀결

공공 서비스의 성격에 따라서는 특정 지방정부에 의해서 관할 영역 내에서 공급되면서도 그 비용이나 편익이 다른 지방정부 관할 지역까지 파급되는 소위 '확산 효과'(spill over effect)가 나타나는 경우도 있을 수 있다. 이런 경우 해당 지방정부가 관할 영역 내에서 발생하는 비용과 편익만을 고려하여 해당 서비스 공급 수준을 결정하면 사회 전체적으로 볼 때 자원 배분의 비효율성을 야기시키게 된다. 이러한 사실은 민간 부문에서 제기되는 '외부 효과'(externality)의 경우와 내용면에서 같은 상황이라 하겠다. 그러나 민간 경제 활동에서 나타나는 외부 효과는 민간인들의 대가(代價) 수수 관계에 포함되지 않은 효과라는 의미를 지니고 있는데 비해, 정부 활동은 대가 수수 관계로 설명되는 것이 아니라는 점에서 외부 효과라는 표현보다는 '확산 효과'라는 표현이 보다 일반적으로 사용됨을 유념하기 바란다. 특정 지방정부가 공급하는 지방도로라든가 다른 지역으로 관통하는 하천 보수 공사 같은 경우가 이런 경우에 해당한다 하겠다.

이러한 효과는 특히 주민들의 소득 수준 향상에 따라 생활의 질 개선에 대한 요구가 커지고 그에 부응하여 환경 개선 문제가 불거지면서 더욱 구체화되고 있다. 각 지방정부가 주민들의 환경 개선 요구를 반영하여 공공사업을 확대해 나가고자 하는 경우, 편익의 지역 간 확산 문제가 수반되는 경우가 많기 때문에 이로 인해 환경 개선을 위한 공공사업의 비용 분담 문제가 커지기 마련이며, 결국 이와 관련된 재정 조정의 요구가 커지게 된다.

2. 확산 효과 보정 수단

이런 중앙정부는 어떤 형태로든지 해당 공공 서비스를 공급하는 지방정부에게 재정적 유인을 제공함으로써 사회적으로 바람직한 수준이 공급되게 할 필요성이 제기된다. 이러한 문제에 대한 해결책도 다양한 방안이 제시될 수 있다. 먼저 전통적인 재정연방주의론에 의하면 해결책은 아주 단순하게 제시될 수 있다. 그것은 바로 '피구식 해결'(Pigouvian solution) 방안으로, 이 방안은 중앙정부가 그러한 확산 효과에 상응하는 보조금을 이전해 주어 당해 지방정부 입장에서 확산 효과를 내부화시킬 수 있게 해주는 방안이다. 이때 지급되는 보조금은 특정 보조금 중에서 '대응 보조금'의 형태가 되어야 할 것이다. 그것은 해당 지방정부에 귀속되는 편익 부분에 해당되는 만큼 해당 지방정부가 부담하고, 나머지 다른 지역으로 확산되는 비율에 상응하는 보조금을 상위 정부가 지원해 줌으로써 전체적으로 해당 공공 서비스의 사회적인 효율성이 달성되도록 하는 데 뜻을 두고 있기 때문이다.

이러한 논리는 정부 간에 부정적인 확산 효과가 나타나는 경우에도 그대로 원용될 수 있음은 물론이다. 말하자면, 그 경우 중앙정부는 그러한 부정적 확산 효과를 발생시키는 지방정부에 대해 그러한 활동에 대해 추가적인 조세를 부과함으로써 해당 공공 서비스를 사회적으로 효율적으로 공급되도록 유도할 수 있다. 전통적 재정연방주의론자들의 설명에 의하면, 이렇게 보조금이 지급되거나 조세가 부과되더라도 지방정부의 자율성에는 아무런 문제가 생기지 않으며, 따라서 해당 서비스를 분권적으로 공급하는 데 아무런 문제가 발생하지 않는 것으로 인식하고 있다.

다른 방법으로는 서로 확산 효과를 주고받는 서비스의 경우 주고받는 지역을 모두 관할하는 상위 단계의 정부로 하여금 해당 서비스를 공급하게 하는 방안을 고려해 볼 수 있다. 이 경우 상위 단계의 정부는 적어도 이론적으로는 모든 시민의 후생 수준을 고려하게 될 것이며, 그리되면 결국 확산 효과는 상위 단계의 정부 입장에서 보면 모두 내부화되어 사회적 효율성이 보장되는 것이다.

제3절 가치재의 공급

1. 가치재로서의 지역 공공재

원칙적으로 지방자치가 실시되고 있는 지방정부의 경우 지역 사회의 의지를 담아 지역 공공 서비스 공급 수준을 결정할 수 있다. 그러나 경우에 따라서 지방정부가 지역 주민들의 의사를 수렴하여 결정한 위와 같은 지역 공공 서비스 수준에 대해 중앙정부가 나라 전체의 현재와 앞으로의 비전 등을 고려하여 적절한 수준이 되지 못한다고 판단하는 경우가 있을 수 있다. 이러한 상황은 중앙정부 입장에서 지방정부가 공급하는 지역 공공 서비스를 가치재로 인식하는 경우에 해당된다. 원래 '가치재'(merit goods)란 머스그레이브 교수가 명명한 것으로서, "원칙적으로 경합성과 배제성을 가지고 있어 사적 시장을 통하여 그 공급이 현실적으로 가능함에도 불구하고, 국민 경제 전체의 후생 증대를 위해 소비자 주권을 부추길 필요가 있다고 국가가 판단하는 재화"를 의미한다. 이렇게 특정 재화 또는 서비스를 가치재로 인식하게 되면 국가가 그 공급에 개입하는 정당성을 확보하게 되는 것이다.[3)]

이제 위와 같은 민간 분야에서의 가치재의 개념을 고려해 보면, 지방정부가

3 R. A. Musgrave(1959), pp. 7-15; R. A. Musgrave and P. B. Musgrave(1989), ch. 4.

공급하는 서비스 중에 특정 서비스에 대해서 중앙정부 내지 상위 단계의 정부에서 일종의 가치재로 인식하는 것이 있을 수 있다는 것이다. 예를 들면, 교육 서비스가 지역 공공 서비스로 공급되고 있는 경우 지방정부가 지역 주민들의 의사를 수용하여 상대적으로 낮은 수준의 서비스를 공급하기로 결정하였는데, 중앙정부가 보기로 그 나라에서는 어느 지역에 살더라도 기본적으로 교육 수준이 일정 수준은 유지되어야 한다고 판단할 수 있다. 어떤 경우는 중앙정부가 초등교육 서비스는 모든 국민들이 동일하게 수혜받도록 해야 된다고 생각할 수 있다. 말하자면, 중앙정부 입장에서 동일한 수준의 초등교육 서비스를 공급하는 것은 전국 어디에 살더라도 출발점에서의 기회의 균등을 보장해 주어야 한다는 점에서 바람직한 것으로 판단될 수 있다. 마찬가지로 아동 보호 서비스 같은 경우도 같은 논리가 적용될 수 있다.

그런데 지방 공공 서비스를 가치재로 다루는 경우 유념해야 할 사항이 있다. 이와 같이 특정 지방 공공 서비스를 가치재로 인식한다는 것은 지방 공공 서비스 공급에서 중앙정부가 개입하는 명분을 더해 준다는 의미가 되며, 이 말은 전술한 재정연방주의 원리를 특정 공공 서비스 부문에서는 유보한다는 의미가 된다. 결국 이 말은 공공 서비스 공급에서 집권적 논리가 강화될 수 있는 명분을 줄 수 있다는 점에서 세심한 배려가 필요한 부분이라 할 것이다.

2. 가치재 공급을 위한 재정 수단

이러한 정책의 목적은 일정 공공 서비스에 대해서는 전국적인 최저한 수준을 보장해 주고자 하는 데 있다. 이러한 목적을 달성하기 위한 재정 수단도 다양한 방안이 제시될 수 있다.

우선 중앙정부가 지방정부로 하여금 해당 공공 서비스를 일정 수준 공급할 것을 명령하는 방안을 고려해 볼 수 있다. 이때 중앙정부는 어떠한 재정적인 지원도 해주지 않으면서 정부 간 관계 설정 당시에 의무적으로 해당 공공 서비스를 일정 수준 공급하도록 지정해 두는 방안이 있을 수 있다. 또 다른 방법으로는 중앙정부가 지방정부들에게 특정 보조금을 지급하여 중앙정부가 사회적으로 바람직하다고 판단하는 수준으로 지방정부가 해당 공공 서비스 공급 수준을 늘리도록 유도하는 방안을 들 수 있다.

제4절 평가 및 비판적 견해

지금까지 우리는 보조금은 그 지원 목적에 따라 다양한 방식으로 이전될 수 있음을 보았다. 부족한 재원을 보완해 줄 목적인가 아니면 특정한 사업이나 서비스를 지원해 줄 목적인가에 따라, 일반 보조금의 형태를 취할지 아니면 특정 보조금의 형태를 취할지가 달라지며, 나아가 특정 보조금의 경우 보조 비율은 어떻게 하는 것이 바람직한지에 대해서도 답이 달라질 수 있음을 알 수 있었다.

그러나 그와 같은 설명은 외견상 강건한 논리적 틀을 갖추고 있는 것처럼 보이지만 그 자체로는 왜 대부분의 나라에서 시간이 지나감에 따라 지속적으로 보조금이 증가하는 경향을 보이는지에 대해 충분히 설명하고 있다고 보기는 어렵다. 그리고 또 앞에서 제시한 논리에 상응하게 보조금 제도를 만들어 운영할 수 있는지 여부에 대해서도 재고가 필요한 부분이라 하겠다. 이제 이러한 질문들에 유념하면서 앞에서 제시한 보조금 제도의 근거를 평가하고 그에 대한 비판적인 견해를 제시해 보고자 한다.

1. 평가

많은 논자들은 무엇보다 오늘날 보조금이 지속적으로 늘어나게 된 배경을 오늘날 지방정부의 기능이 점점 확대되어 가는 데 비해 세수는 그에 상응하게 확충되지 못하는 데서 찾고 있다. 제2부에서 이미 살펴본 바와 같이 세계화 · 지방화 과정에서 지방정부의 기능이 전통적인 기능의 범위를 넘어 그 깊이와 외연이 확대되고 있다. 뿐만 아니라 그렇게 확대된 기능을 수행하는 데 필요한 공공 서비스에 대한 수요가 늘어나는 속도가 주민들의 소득이 증가하는 속도보다 더 빨라지고 있다. 말하자면, 지역 공공재 수요의 소득 탄력성이 1보다 더 크게 나타나고 있다. 이는 주민들의 공공 서비스에 대한 선호가 소득이 증가해 감에 따라 점점 더 다양해지고 많아지는 데 기인하는 것으로 볼 수 있다.[4)]

그런데 이렇게 지역 공공 서비스에 대한 수요가 늘어나고 있는데도 불구하고 다른 한편에서 지방세입 구조는 큰 변화를 보이지 않고 있어서 늘어나는 공공서비스에 대한 수요에 세수가 따라가지 못하는 상황이 이어지고 있다. 이처럼 공공 서비스 공급 기능과 그를 위한 세수 확보를 위한 세원 배분 사이에 불일치 현상이 갈수록 심해지는 경향을 보이고 있다. 이러한 경향에 직면하여 지방정부로 하여금 늘어나는 기능을 수행하게 하기 위해서는 기능 수행과 세원 배분 사이의 불일치를 메워 줄 필요가 있으며, 그 과정에서 중앙정부는 자체재원을 늘려 주는 방식보다는 보조금을 더 늘려 주는 쪽으로 방향을 정하면서, 보조금의 비중이 상대적으로 점점 더 늘어나기에 이른 것이다. 앞에서 제시한 보조금을 필요로 하는 다양한 근거도 이와 같은 지방재정의 세출과 세입을 둘러싸고 전개되는 상황에 대한 인식 위에 논의될 필요가 있는 것이다.

이제 여기서 한 걸음 더 나아가 앞에서 제시한 다양한 이유로 보조금 제도가 필요하며, 그러한 필요에 상응하게 적절한 유형의 보조금 제도가 필요하다는 사실을 받아들이더라도 현실적으로 그러한 논리에 상응하는 보조금 제도를 만들어 운영해 나갈 수 있는지 하는 문제도 재고해 볼 필요가 있다. 앞에서 제시되고 있는 보조금 제도의 필요성과 그에 대응하는 보조금 제도 사이에는 논리적 연계가 강건한 것으로 볼 수 있다. 그러나 현실적으로는 서로 다른 목적들 사이에 상충 현상이 일어날 수도 있으며, 나아가 특정 목적과 특정 유형의 보조금을 대응시키기가 어려운 경우가 나타날 수 있다. 예를 들어, 확산 효과를 내부화하기 위해서 특정 지역에 특정 보조금을 더 이전시키면 시킬수록 지방정부들 사이의 재정력에 불균등이 더 커질 수도 있다. 뿐만 아니라 동일한 보조금에 서로 다른 목적이 혼재될 수도 있어서 목적을 달성하는 데 어려움이 커질 수도 있다.

4 사적 소비 증대에 따라 공적 소비에 대한 요구가 커진다는 사실을 지적한 제7장 각주 6을 참고.

아울러 먼저 상술한 근거의 논리적 측면은 이해된다 하더라도 정확하게 얼마나 보조를 해주어야 할지에 대한 정보를 모두 다 확보하기는 매우 어렵다. 무엇보다 중앙정부는 모든 지방정부들의 재정 능력이라든가 모든 주민들의 재정 잉여에 관한 정확한 정보를 모두 다 알 수 없는 것이 사실이다. 뿐만 아니라 특정 지방정부가 만들어 낸 특정 서비스의 확산 효과의 실제 규모를 측정하는 것도 물론 어렵다. 현실적으로 중앙정부가 그러한 효과에 상응한 보조금 제도를 만들어 시행할 수 있기 위해서는 그러한 효과의 크기를 알아야 하는데, 그러한 효과를 측정할 능력이 온전하지 못하다는 점을 유념할 필요가 있다.

2. 비판적 견해

위와 같은 설명은 보조금이 늘어나고 있다는 사실과 그러한 사실에 대한 논리적 근거에 대한 현상적인 설명에 해당한다고 볼 수 있다. 지방정부의 기능은 늘어나는 데 비해 세수는 확충되지 못하고 있어서 지방정부의 재정 상태는 취약할 수밖에 없으므로 본문에서 제시한 다양한 논리를 근거로 보조금이 늘어날 수밖에 없다는 설명이었음을 알 수 있다. 이에 대해 비판적인 논자들은 그러한 설명만으로는 왜 지방정부로서는 늘어나는 기능에 상응하게 세수를 확충하지 못하는지, 나아가 지역 간에는 재정력에 격차가 심화될 수밖에 없는지 등에 대한 설명이 없이는 보조금 제도의 근거가 충분히 설명되었다고 보기 어렵다는 입장을 취하고 있다.

이러한 맥락에서 비판적 논자들은 보조금 제도가 필요하게 되고 보조금이 지속적으로 늘어나게 되는 근본적인 이유를 이해하기 위해서는 해당 사회의 분권에 대한 사회적 의지, 나아가 보조금 제도의 두 이해관계자인 중앙정부와 지방정부의 힘의 불균형 상태에 대한 근원을 이해할 필요가 있는 것으로 파악하고 있다. 무엇보다 보조금 제도는 중앙정부와 지방정부 사이에서 시행되는 소위 정부 간 재정 관계의 주요 틀인 만큼 중앙정부와 지방정부 사이의 세력 구조에 의해 크게 영향을 받는다. 이렇게 볼 때, 정부 간 이전 제도의 수준이나 유형을 설명하기 위해서는 중앙정부와 지방정부의 세력 관계에 영향을 주는 사회적, 정치적 제 요인을 포괄하는 사회 경제적 제 요인을 고려하지 않으면 안 된다. 적지 않은 전문가들이 정부 간 보조금의 배분에 있어서 경제적인 요인 못지않게 정부 간 관계를 둘러싸고 전개되는 사회적, 정치적, 기타 제 요인에 대한 고려가 중요하다는 사실을 지적하고 있는 것도 이러한 사실에 근거하는 것으로 볼 수 있다. 예를 들어, 특정 지역 출신의 국회의원의 영향력이 크거나 중요한 위원회에 영향력을 미칠 수 있는 힘을 가진 지방정부들에게로 보다 많은 보조금이 이전되는 경향이 있다는 예를 보더라도 이러한 사실을 이해하는 것은 크게 어렵지 않다.

한편, 정치경제학적 논자들을 비롯한 비판적 논자들은 지방재정 조정 제도의 근거를 자본주의 발전 과정에 내재되어 있는 보다 구조적인 측면에서 찾는 입장을 보이고 있다.[5] 이들은 무엇보다 자본주의 발전 과정에서 도시 지역과 농어촌 지역의 대립 구조가 심화되고 그 과정에서 자본, 노동 등 주요 생산 요소의 도시로의 이동이 심화되면서 지역 경제의 불균등 발전이 구조적으로 나타나게 되는 것으로 보고 있다. 나아가 그러한 지역 간 불균등 발전 과정에서 세원의 중앙 집권화와 세출의 지방 분권화 현상이 나타나게 된다고 보고 있다. 즉, 도시와 농촌 지역의 격차가 심해지는 가운데 지역 간에 이동성이 강한 세원인 신축성과 탄력성이 강한 소득세, 법인세, 소비세 등의 주요 세원이 중앙정부로 배분되어 '세원의 중앙 집권화 현상'이 나타나는 것으로 보고 있다. 그러면서도 다른 한편에서는 국방, 외교, 거시적 경제 안정 정책 등 국가의 안전 보장과 경제 안정을 위한 서비스는 중앙정부에 맡겨져 있지만, 교육, 복지, 경찰, 교통, 상하수도, 도시 계획, 공중위생 등 주민 생활과 관련된 서비스는 대부분 지방정부에 맡겨짐으로써 '세출의 지방 분권화' 현상이 나타나는 경향을 보이는 것으로 파악하고 있다. 이렇게 자본주의 발전 과정에서는 지역 간 불균등 발전과 그 과정에 수반해서 '세원의 중앙 집권화' 와 '세출의 지방 분권화' 현상이 심화되고 있는데도 불구하고, 다른 한편에서는 자본주의적 발전이 유지 · 발전되기 위해서는 저발전 지역을 중심으로 '전국적 최저 생활 수준'(national minimum)이 요구되고, 또 한편으로는 전국적으로 일정한 행정 서비스가 요구되면서 지방재정 조정 제도가 등장하게 된

5 이하 내용은 우명동(2001), pp. 323-329 참고.

것으로 파악하고 있다. 말하자면, 이들은 현상적으로 나타나는 전술한 재정력 내지 재정 잉여의 불균등이라든가 확산 효과와 같은 산술적인 요인이 아니라 그러한 요인이 일어날 수밖에 없는 구조적인 원인에서 그 근거를 찾고 있는 것으로 이해된다.

그러나 비판론자들은 한 걸음 더 나아가 위와 같이 지역 간의 불균등 발전 그 자체만 가지고 지방재정 조정 제도의 근거를 찾아서 운영하게 되면 지역 간 불균등 발전 과정에서 나타나는 '지역 문제'를 제대로 다루지 못하게 될 수 있다는 사실을 지적하고 있음도 유념할 만하다. 말하자면, 도시 지역은 과밀로 인한 문제가 발생하고 농어촌 지역은 과소로 인한 문제가 발생하여 지역에 따라 고유한 문제를 안고 있기 때문에, 단순하게 지역 간의 경제력 격차를 기준으로 경제력이 높은 지역은 재정 조정을 해주지 않고 낮은 지역은 재정 조정을 해주는 방식을 택하게 되면 지역 문제를 더 심화시켜 자본주의적 발전을 더 왜곡시키게 될 수 있는 것으로 보고 있다. 결국 이들은 자본주의 발전 과정에서 나타나는 지역 경제의 불균등 발전 과정에서 발생하는 '지역 문제'의 성격을 종합적으로 고려하여 지방재정 조정 문제를 다루어야 하는 것으로 파악하고 있다.

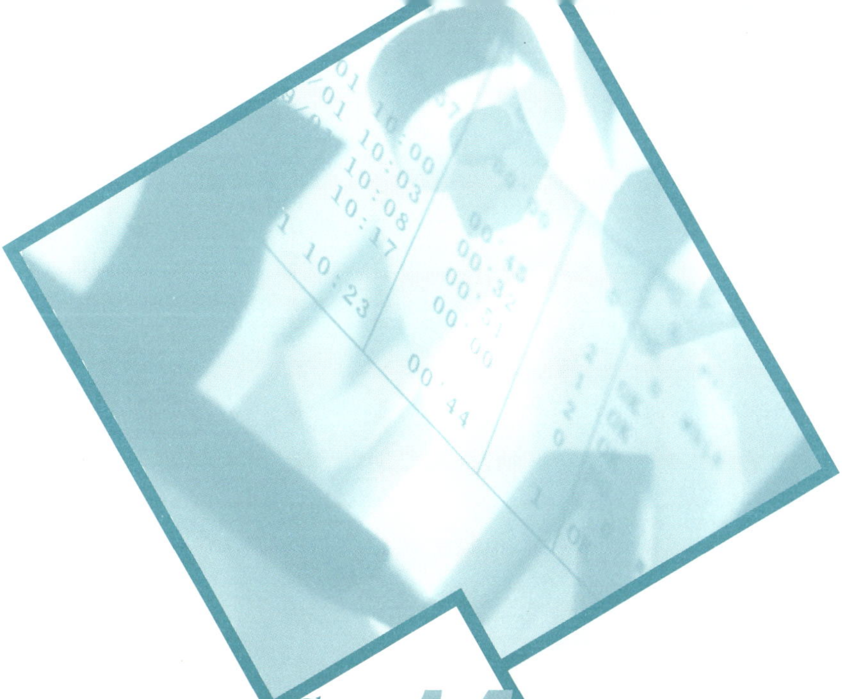

Chapter 14

지방재정 조정 제도의 경제적 효과

14

지방재정 조정 제도의 경제적 효과

지방재정 조정 제도를 통해서도 재정력과 재정 잉여의 균등화 내지 가치재의 공급 등을 통해 소득 분배 상태에도 영향을 주고, 또한 지역의 고용 및 산업 정책에 영향을 주어 지역 경제의 경제 성장 과정에 영향을 주기도 한다. 그러나 정부 간 재정 조정의 보다 주된 목적은 지역 간 재정력 불균등의 해소 내지는 확산 효과의 조정 등을 통해 자원 배분을 조정하는 데 두어지고 있다.

이러한 인식 위에 본 장에서는 지방재정 조정 제도, 즉 보조금 제도가 지역 내의 민간재와 공공재 사이의 자원 배분에 미치는 효과를 중심으로 그 경제적 효과를 검토하고자 한다.[1] 이제 이하에서는 앞 장에서 제시한 보조금의 유형별로 그것이 갖는 자원 배분에 미치는 효과를 중심으로 설명하고자 한다.

제1절 일반 보조금의 효과

1. 초기 균형

〈그림 14-1〉을 보면서 일반 보조금의 경제적 효과를 설명해 보자. 그림에서 횡축은 공공재 X의 소비를 나타내며, 종축은 민간재 Y의 소비를 나타내고 있다.

1 이하 서술 내용은 우명동(2001), pp. 198-220의 내용을 수정 · 보완한 것임을 밝혀 둔다. 아울러 여기서 다루지 않고 있는 소득 재분배 관련 효과의 내용도 같은 문헌을 참고할 수 있다.

그림 14-1 **일반 보조금의 경제적 효과**

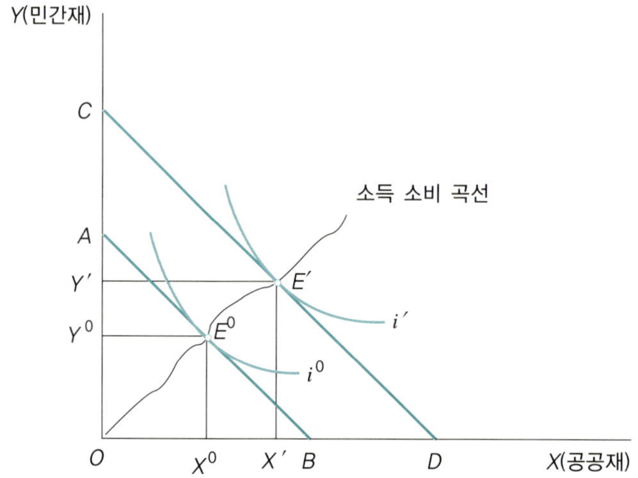

그리고 *AB*선은 특정 지방정부 관할 지역의 예산 제약선을 나타내며, *OA*는 주어진 상대 가격 비율에 따라 특정 지역 주민이 세금을 전혀 내지 않고 모두 민간재 소비에만 사용하는 경우 사용 가능한 민간재의 양을 나타내고, *OB*는 특정 지역 주민이 모든 소득을 세금으로 납부하여 공공재만을 소비하는 경우 사용 가능한 공공재의 양을 나타낸다. 이때 지역 주민들의 선호를 나타내는 무차별 곡선이 i^0로 나타난다면 초기 균형은 점 E^0에서 주어진다. 이 점에서 민간재는 OY^0만큼 소비되고, 공공재는 OX^0만큼 소비된다. 그런데 OX^0만큼의 공공재 소비를 위한 조세 납부를 위해 민간재 AY^0만큼의 소비를 포기해야 한다.[2] 이것이 주민이 OX^0만큼의 공공재 소비를 위해 납부해야 하는 조세액에 해당한다. 여기서 *OA*가 민간재로 표시한 해당 지역 총소득의 크기를 나타내므로, OX^0만큼의 공공재를 소비하기 위해 포기해야 하는 민간재의 비율, 즉 AY^0/AO가 세율이 된다.

2 여기서 민간인은 저축은 하지 않고 납세 후 모든 소득을 소비하는 것으로 간주하고 있음을 유념하기 바란다.

2. 일반 보조금의 효과

이제 이러한 상황에서 먼저 특정 지방정부에 공공재로 표시하여 *BD*만큼의 일반 보조금이 중앙정부로부터 주어졌다고 하자. 일반 보조금은 자금 사용에 있어서 아무런 조건도 부여되지 않은 무조건부 보조금이므로 소득 보조에 해당한다. 즉, 이 보조금으로 증가된 예산을 주어진 상대 가격 비율 하에서 전액 공공재 공급에 사용하면 지역 주민은 *BD*만큼 공공재 소비를 증가시킬 수 있고, 전액을 민간에게 돌려주어(세금을 줄여 주어) 민간재 소비 증가에 쓰도록 하면 *AC*만큼의 민간재를 더 소비하게 할 수 있다. 결국 해당 지역의 예산선은 *AB*에서 *CD*로 평행이동한다. 이 경우 〈그림 14-1〉에서 나타나듯이 소득 효과만 나타나며, 그 소득효과는 정상적인 경우에 양의 효과를 나타내므로, 공공재와 민간재 모두의 지출을 늘리는 것으로 나타난다. 즉, 위와 같은 일반 보조금이 주어지면 새로운 균형점은 더욱 높은 무차별 곡선 i'과 접하는 E'에서 주어지며, 이러한 새로운 균형에서는 종전에 비해 민간재의 소비가 Y^0Y' 만큼 늘고, 공공재는 X^0X' 만큼 늘어난다. 중앙정부에서 지급한 보조금은 공공재 단위로 *BD*만큼(민간재 단위로 *AC*)에 해당되지만, 그만큼이 전부 공공재에 사용되지 않고 일부는 공공재에, 일부는 민간재 증가에 사용되었다.

3. 일반 보조금과 소득 보조금의 효과 비교

그런데 이러한 효과는 중앙정부가 같은 금액을 지방정부에 일반 보조금을 주지 않고 관할 지역의 개별 주민에게 소득 보조 형태로 지급하는 경우에도 지역 주민의 주어진 무차별 곡선 하에서는 동일하게 나타난다. 이제 여기서 정부가 앞의 경우와 같은 금액, 즉 민간재로 표시하여 *AC*만큼에 해당하는 금액을 지방정부에 일반 보조금으로 주지 않고 주민들에게 소득 보조를 해주는 경우를 보자. 이 경우에도 균형은 앞의 경우와 같이 E^0에서 E'으로 옮아감으로써 지역 주민은 주어진 자신의 선호에 따라 늘어난 소득을 Y^0Y' 만큼은 민간재 구입을 위해 지출하고, 나머지 지방정부에 조세를 납부하여 X^0X' 만큼의 공공재를 수요한다.

결국 이 경우의 효과도 중앙정부가 같은 금액을 일반 보조금으로 주는 경우와 완전히 동일하게 나타나고 있음을 알 수 있다.

그러면 어떻게 이러한 현상이 나타날 수 있을까? 말하자면, 어째서 주민(소비자)에게 주어지지 않고 지방정부에 주어진 보조금을 해당 정부가 모두 공공재 소비에 사용하지 않고 민간재 소비 증가에 사용할 수 있을까? 그것은 보조금이 늘어나면서 해당 정부의 조세 징수 노력을 감소시킴으로써 해당 보조금의 일부가 전술한 바와 같이 조세 감소를 통해 민간 소비에 사용될 수 있기 때문이다. 즉, 여기서 지방정부에 교부한 보조금이 민간재 증가에 사용되었다는 것은 보조금의 일부가 민간인들의 조세 부담액을 줄여 주는 데 사용되었음을 나타낸다. 〈그림 14-1〉에서 보면 일반 보조금으로 인해 민간재 소비가 OY^0에서 OY'으로 증가되고, 조세액은 AY^0에서 AY'으로 줄어들었으며, 세율은 AY'/AO으로 줄어들었다. 결과적으로 나타나는 OE^0E' 선은 일반 보조금이 늘어남에 따라 해당 지역의 자원 배분의 균형점이 이동함에 따라 나타나는 소득 소비 곡선을 나타낸다. 이 소득 소비 곡선에 의해 보조금이 변화할 때 그 중 얼마만큼이 민간재 소비 증가로 누출되고 얼마만큼이 공공재 소비 증가로 사용되고 있는지 알 수 있다.

위의 설명에서 다른 조건이 일정하다면 논리적으로는 보조금이 지방정부에 주어지든 직접적으로 소비자에게 주어지든 그 효과는 완전히 동일함을 알 수 있다. 그것은 지방정부에 주어지는 경우 그 일부가 조세 감소를 통해서 민간재 소비 증가에 사용되며, 반면 주민에게 주어지는 경우 그 일부가 조세 증가를 통해서 공공 지출의 증가에 사용되기 때문이다. 이 두 경우 이처럼 효과가 완전히 같이 나타나기 위해서는 지역 주민의 무차별 곡선이 지역 주민의 선호를 직접적으로 반영하고 있으며, 지방정부 입장에서도 그러한 주민들의 무차별 곡선에 나타나는 지역 주민의 선호에 따라 행동한다는 가정이 전제되어야 한다. 다시 말하면, 위와 같은 설명은 지방의 관리와 정치가들이 주민(투표자)들의 선호에 따라 행동한다는 가정 하에서 이루어지고 있음을 유념해야 할 것이다. 주민(투표자)의 선호는 투표 제도를 통해서 정확하게 지방정부의 의사 결정자들에게 표명되며, 또한 지방정부의 의사 결정권자들은 그들의 의사 결정 과정에 주민(투표자)들의 선호를 충실하게 반영하는 것으로 가정되어 있다. 이와 같은 가정이 전제되어야

만 구체적으로 주민(투표자)들은 자신들의 소득이 늘어난 경우에 민간재와 지역 공공재에 대한 자신들의 선호에 따라 공공재를 선호하는 만큼 조세를 납부하는 것으로 볼 수 있다. 뿐만 아니라 지방정부가 중앙정부로부터 보조를 받는 경우에도 주민(투표자)들이 투표 과정을 통해서 양 재화에 대한 자신들의 선호에 따라 보조금이 공공재 공급에 쓰이는 정도를 결정하는 것으로 볼 수 있는 것이다

그러나 현실에서는 흔히 이 두 경우 서로 다른 결과를 가져오는 것으로 알려져 있다. 이와 관련된 논의로 '끈끈이 효과'가 있는데, 이에 대해서는 다음 절에서 다루기로 한다.

제2절 특정 보조금의 효과

1. 조건부 정률 보조금(대응 보조금)

(1) 정률 보조금의 효과

〈그림 14-2〉에서도 일반 보조금의 경우와 같이 횡축에는 대표적인 공공재 X를, 종축에는 대표적인 민간재 Y를 나타내고, 특정 지방정부 관할 지역의 예산제약 조건은 주어진 공공재와 민간재 사이의 가격 비율에 따라 해당 지역의 예산선 AB로 나타나고 있다고 보자. 여기서 지역 주민들의 선호를 나타내는 무차별곡선이 i^0로 나타난다면 초기 균형은 점 E^0에서 주어진다. 이 점에서 민간재는 OY^0만큼 소비되고, 공공재는 OX^0만큼 소비된다. 그런데 OX^0만큼의 공공재 소비를 위한 조세 납부를 위해 민간재 AY^0만큼의 소비를 포기해야 한다.[3] 여기서 OA가 민간재로 표시한 해당 지역 총소득의 크기를 나타내므로 OX^0만큼의 공공재를 소비하기 위해 포기해야 하는 민간재의 비율, 즉 세율은 AY^0/AO가 된다.

3 여기서도 일반 보조금의 경우와 같이 민간인은 저축은 하지 않고 납세 후 모든 소득을 소비하는 것으로 간주하고 있음을 유념하기 바란다.

그림 14-2 **정률 보조금의 경제적 효과**

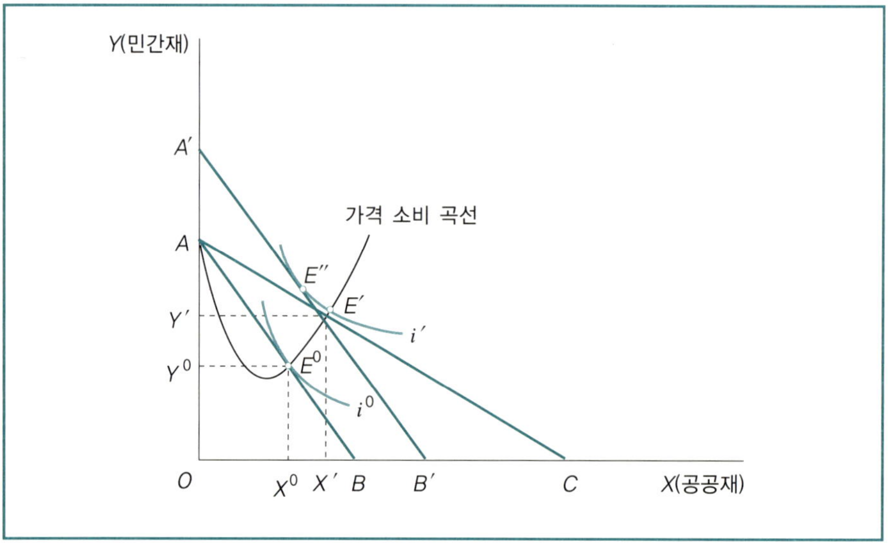

이제 이러한 상황에서 특정 공공재(여기서는 X) 공급 비용의 일부를 중앙정부가 맡고, 그 일부를 지방정부가 부담하게 하는 '조건부 정률 보조금', 즉 '대응보조금'이 지급되는 경우를 상정해 보자. 이러한 보조금이 주어지면 지방정부의 입장에서는 보조받는 만큼의 비율로 해당 공공재를 보다 싼 비용으로 조달할 수 있게 된다. 그러면 해당 지역이 당면하는 예산선은 AB에서 AC로 이동한다. 그리하여 새로운 예산선 하에서 보다 높은 만족 수준 i'을 실현하는 새로운 균형점 E'이 얻어진다. 이 새로운 균형에서 민간재의 소비는 OY', 공공재 소비는 OX'으로 되어 종전에 비해 민간재의 소비가 Y^0Y' 만큼 늘고 공공재는 X^0X' 만큼 늘어난다. 중앙정부에서 지급한 보조금은 공공재 X의 공급에 일정 비율만큼을 지급하였지만, 결과적으로는 민간재의 소비와 공공재의 소비 모두를 일정량만큼씩 늘리고 있다.

이러한 정률 보조의 효과는 일반 보조의 경우와는 달리 소득 효과와 대체 효과가 모두 작동한 결과 나타난 것이다. 소득 효과는 수혜 정부가 보조금을 지급받음으로써 사실상의 가용 예산이 늘어나서 나타나는 효과이다. 이러한 소득 효과는 〈그림 14-2〉에서 X에 대한 정률 보조금을 지급함으로써 달라지는 상대 가격의 변화로 인한 효과를 제외시킨 상태에서 순소득 증가로 인해 나타나는 효과이다. 이 효과의 크기는 구체적으로 원래 상대 가격 비율을 나타내는 예산선 AB와 평행하면서 무차별 곡선 i' 과 접하도록 그려진 예산 제약선 $A'B'$ 과 i' 이 접하는 균형점 E'' 을 통해서 나타난다. 이러한 소득 효과의 작용으로 여기서 다루는 공공재와 민간재가 모두 정상재라면, 보조금으로 사실상 늘어난 가용 예산의 일부는 민간의 공공재 소비를 늘리는 데 사용되고, 나머지 일부는 민간의 조세를 줄여 줌으로써 민간의 소비재 소비를 늘리는 데 사용된다. 이에 비해 대체 효과는 특정 공공재에 대한 정률 보조금을 지급받음으로써, 해당 공공재 공급 비용이 줄어듦으로써 민간의 공공재 소비를 늘리고, 민간재 소비를 줄이는 효과를 말한다. 이 효과는 균형점 E'' 에서 E'으로의 이동으로 나타난다. 이 과정에서 만약 해당 공공재의 수요의 가격 탄력성이 크면 그렇지 않은 경우에 비해 대체 효과는 더 크게 나타나게 될 것이다.

결국 상기 두 효과의 합성 효과로서 최종적으로 균형점이 보조금 지급 전의 E^0로부터 E'으로 바뀌게 된 것이다. 이 경우에도 조세액은 AY^0에서 AY'으로 줄어든 세율은 AY'/AO으로 줄어들게 되고, 따라서 Y^0Y' 만큼의 민간재 소비 증가를 위해 보조금이 누출되고 있음을 알 수 있다. 결과적으로 나타나는 AE^0E'선은 특정 공공재에 대한 정률 보조금이 늘어나면서 해당 지역의 균형점이 이동함에 따라 나타나는 가격 소비 곡선을 나타낸다. 이 가격 소비 곡선을 따라 보조율이 변화할 때, 그 중 얼마만큼이 민간재로 누출되고 얼마만큼이 공공재의 소비 증가로 사용되고 있는지 알 수 있다.

그러나 물론 지역 주민들의 선호 체계를 나타내는 지역의 사회 무차별 곡선의 형태에 따라 보조금 지급 이전과 이후의 민간재 소비량, 즉 Y^0와 Y'이 같을 수도 있고, 심지어 Y'이 Y^0보다 작아질 수도 있다. 뿐만 아니라 공공재의 소비량, 즉 X^0와 X'도 같게 나타나서 모든 보조금이 조세 감면을 통해 민간재 소비 증가에 사용되는 상황이 나타날 수도 있다. 이렇게 보면 위의 설명만으로 정률 보조금이 주민들의 공공재와 민간재 소비에 어떤 영향을 미치는지에 대해 최종적인 답을 줄 수는 없다. 그것은 지역 주민들의 선호 체계, 즉 해당 지역의 사회 무차별 곡선의 형태에 따라 달라진다는 점을 유념해 둘 필요가 있다.

(2) 제한적 정률 보조금과 무제한적 정률 보조금의 효과 비교

대응 보조금의 크기는 수혜 지방정부의 행동에 따라 달라진다. 만약 수혜 지방정부가 당해 공공재 X의 소비를 크게 늘리면 중앙정부가 지급해야 하는 보조금의 크기는 그에 상응하게 더 늘어날 것이고 그 역도 성립된다. 그런데 이러한 정률 보조금에도 '제한적 정률 보조금'과 '무제한적 정률 보조금'의 두 가지 유형이 있어서, 구체적인 보조금의 크기는 애초부터 상한선을 정해 두는 경우와 그렇지 않고 지방정부가 원하기만 하면 정해진 비율로 무제한 보조해 주기로 하는 경우 차이가 날 수 있다. 이제 〈그림 14-3〉을 통해 이 두 경우 경제적 효과의 차이를 검토해 보자.

먼저 보조금이 주어지기 전에는 예산선이 AB로 나타나고 균형점은 E^0에서 주어진다. 이제 이러한 초기 상태에서 정률 보조금을 지급하는 경우 이 보조금의 지급으로 인한 상대 가격 비율의 변화로 지역 사회가 당면하는 예산선은 AC로 변화한다. 이때 만약 이러한 정률 보조에 상한선이 주어지지 않았다면 주어진 선호 체계, 즉 무차별 곡선에 의하면 균형은 E''에서 주어질 것이다.

그림 14-3 제한적 정률 보조금과 무제한적 정률 보조금의 경제적 효과

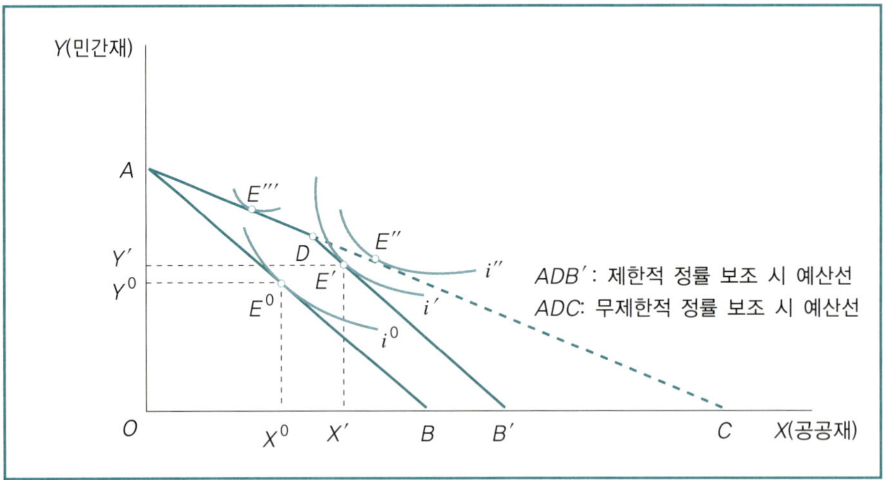

그러나 만약 중앙정부가 정률 보조금 지급의 최고 한도를 *D*점으로 상한선을 정해 놓고 있다면, 즉 '제한적 정률 보조금'을 지급한다면 상황은 달라지게 될 것이다. 즉, 점 *D*에 이르기까지는 지방정부가 원하면 주어진 지원 비율에 따라 지원을 해주기 때문에 점 *D*까지는 예산선이 *AD*로 변하지만, 그 수준을 넘어서면 대응 보조를 안 해주기 때문에 다시 가격 비율이 원래대로 돌아오게 되어 궁극적으로 제한적 정률 보조금 지급 이후의 예산선은 ADB'으로 변하게 된다. 이렇게 예산선이 변하는 상황에서 해당 지역은 새로운 균형점이 E'으로 변화하게 되어 무제한적 정률 보조금의 경우와는 민간재와 공공재 균형량이 다르게 나타나는 것을 볼 수 있다. 물론 보조금 지급 후의 균형이 E'''에서 나타나는 것으로 선호체계가 형성되어 있는 경우라면 상한선을 두나 두지 않으나 종국적인 효과는 동일하게 나타날 수도 있음을 알 수 있다.

2. 조건부 정액 보조금(비대응 보조금)

이제 앞의 경우와는 달리 중앙정부가 '조건부 정액 보조금'을 지급하는 경우 나타나는 효과를 〈그림 14-4〉를 통해 살펴보자. 즉, 중앙정부가 공공재 단위로 BB' (민간재 단위로 AA')에 해당하는 정액 보조금을 지급하면서 관할 지방정부에게 특정 공공재 *X*의 공급에만 이 자금을 사용하라는 조건을 부과한다고 하자. 이 경우는 중앙정부가 보조에 따른 대응비 지출을 요구하지 않는다는 뜻에서 '비대응 보조금'으로 분류된다.

이 경우 초기의 예산선 *AB*는 AMB'으로 변한다. 그것은 이 보조금이 *X*재를 *AM*만큼 반드시 구입할 것을 요구하고 있지만, 이러한 조건으로 인해 이 최저 수준을 넘어서는 범위에서 공공재의 단위당 상대 가격을 변화시키지는 않기 때문이다. 그래서 MB'선의 기울기는 이 지역의 초기 예산 제약 하의 기울기와 같게 나타난다. 정률 보조금인 경우와는 달리 정액의 조건부 보조금인 경우는 공공재와 민간재 사이의 선택 조건, 즉 상대 가격 비율을 변화시키지 않는다. 해당 지역은 주어진 상대 가격 체계에서 그 자신의 소득(보조금 부분을 제외하고)을 자유롭게 처분할 수 있다. 단지 이 보조금의 조건은 해당 지역이 정액의 보조금 *AM*만큼은

그림 14-4 정액 보조금의 경제적 효과 I

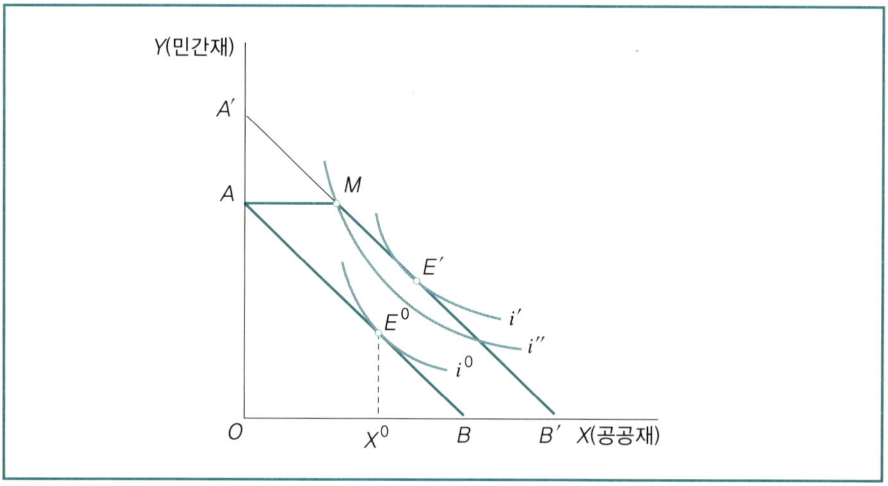

반드시 공공재 공급에 사용해야 한다는 것이다. 수혜 지방정부가 따라야 하는 조건은 오로지 공공재를 최소한 *AM* 이상 공급하라는 것뿐이다. 따라서 공공재가 *AM* 이상 공급되는 상황에서는 보조금의 일부를 주민에 대한 조세 삭감을 통해 민간재 수요 증가에 사용하게 할 수도 있는 것이다. 말하자면, 공공재 공급에 *AM* 이상 사용하기만 하면 해당 지역의 사회 무차별 곡선에 따라 이 비대응 보조금은 공공재와 민간재 증가 모두에 일정 부분씩 사용될 수도 있음을 알 수 있다.[4)]

이제 이렇게 변화된 상황에서 지역 주민의 사회적 무차별 곡선이 〈그림 14-4〉와 같이 나타나는 경우 지역 주민의 만족을 극대화시키는 지역의 새로운 균형점은 E'에서 나타나며, 새로운 만족 수준 i'을 달성할 것이다. 이러한 균형점은 앞에서 이미 살펴본 동액의 보조금을 일반 보조금으로 지급하는 경우와 동일하게 나타난다. 즉, 두 경우 모두 보조금을 받는 지역은 주어진 상대 가격 비율에서 자신의 선호를 가장 잘 만족시키는 재화 조합을 자유롭게 선택함으로써 동일한

4 이처럼 공공재 공급이 *AM* 이상인 경우에는 정액의 보조금은 일부 공공재 공급 증가에 사용되고 일부는 세금을 줄여 주는 데 쓰여서 민간재 공급 증가에 사용될 수 있음을 알 수 있다. 이 경우도 조건이 주어진 보조금은 전부 해당 공공재 공급에 쓰인 것으로 보고 기존에 해당 지방정부가 공공재 공급에 사용하던 것을 민간재 수요 증가를 위해 세금을 삭감해 주는 데 사용한 것으로 보면 마찬가지의 이해가 가능하다.

그림 14-5 정액 보조금의 경제적 효과 II

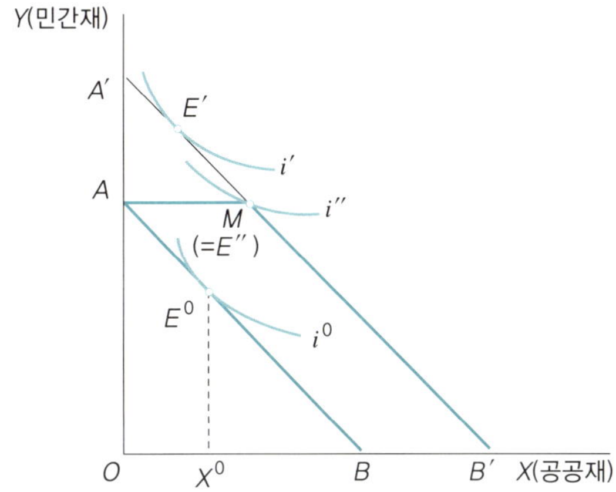

자료: 우명동(2001), p. 204.

균형점을 얻고 있다.

이에 비해 지역 주민의 사회 무차별 곡선이 〈그림 14-5〉와 같이 나타나면, 이 지역의 새로운 균형점은 점 *M*에서 이른바 불완전 균형(corner solution)을 이루게 되어 i'' 의 만족 수준을 얻을 것이다. 이러한 균형점에서의 만족 수준은 동액의 보조금을 일반 보조금으로 지급하는 경우에 나타나는 균형점 E' 에서의 만족 수준 i'보다 낮은 수준으로 나타난다. 이 경우에는 앞의 경우와는 달리 동액의 일반 보조금을 받는 지역은 주어진 상대 가격 비율 하에서 자신의 선호를 가장 잘 만족시키는 재화의 조합을 자유롭게 선택할 수 있지만, 동액의 특정 보조금을 받는 지역은 의무적으로 공공재를 *AM*만큼은 소비해야 하기 때문에 자유롭게 자신의 선호를 가장 잘 만족시키는 재화 조합을 선택할 수 없다. 그래서 전자의 경우보다 덜 만족스러운 점 $M(=E'')$을 새로운 균형으로 택할 수밖에 없다.

제3절 끈끈이 효과

지역 주민들의 소득이 늘어나면 일부는 민간재 수요를 늘리며 다른 일부는 지방세를 납부하여 지역 공공재에 대한 자신들의 수요에 부응하게 지방정부가 지역 공공재를 더 공급하는 데 사용하게 할 것이다. 또한 지방정부의 재원이 늘어나도 그 중 일부는 지역 공공재 공급을 늘리는 데 사용하지만, 다른 일부는 지역 주민들의 세금을 줄여 주어 민간재 수요를 늘리는 데 사용하게 할 것이다.

그런데 경험적 관찰에 의하면, 일반적으로 두 경우 해당 지역의 공공재 공급 수준에 차이가 나는데, 구체적으로 지방정부의 재원이 늘어나는 경우가 지역 주민의 소득이 늘어나는 경우에 비해 해당 지역 공공재 공급이 더 늘어나는 경향을 보이는 것으로 나타나고 있다. 이러한 현상을 경제학들은 흔히 '끈끈이 효과'(flypaper effect)라 부른다. 이러한 현상은 중앙정부가 지방정부에 조건 없는 일반 보조금을 지급하는 경우와 지역 주민에게 소득 보조 형태로 지원을 해주는 경우 지역 공공재 공급 수준에 어떠한 차이를 보이는가 하는 문제와 관련하여 정책적으로 주는 의미가 크다 할 것이다. 이하에서 이 효과의 개념과 이러한 현상이 나타나는 근거와 그 의미를 검토해 보고자 한다.

1. 개념과 의의

(1) 신고전파적 견해

전통적인 신고전파적 견해에 의하면 중앙정부가 지방정부에 일반 보조금을 지급해 주든, 같은 금액을 지역 주민에게 소득 보조 형태로 지급해 주든 지역의 공공재와 민간재 사이의 자원 배분에 미치는 효과는 완전히 동일하게 나타나는 것으로 이해되고 있다. 보조금의 효과에 대한 이러한 이해는 전통적인 신고전파 경제학자들이 지방의 관리와 정치가들이 주민(투표자)의 선호에 따라 중립적으로 행동한다는 가정 하에서 유도되어 나온 것이다. 사회 구성원들의 선호가 이처럼 정치적 과정에 왜곡됨이 없이 반영되는 것으로 이해하는 경우 한 사회의 집합적 선호는 중위 투표자의 선호에 의해서 결정되는 것으로 나타난다. 이러한 사실을 공공선택론에서는 '중위 투표자 정리'라 일컫는바, 이 정리는 투표자의 선호가 단봉형인 경우 다수결 투표 제도에 의하면 중위 투표자의 선호가 사회적 선호로 결정된다는 사실을 의미한다.[5] 이것이 사실일 경우 정당이나 정부는 중위 투표자가 선호하는 대안을 만들거나 시행하려 노력하게 될 것이다.

구체적으로 이러한 신고전파적 견해에 의하면, 지역 주민들의 소득이 1만 원 늘어나는 경우와 지방정부에로의 보조금이 1만 원 늘어난 경우 지역 공공 서비스 공급에 주는 효과는 완전히 동일하게 나타난다. 왜냐하면 두 경우 모두 중위 투표자에게 주는 영향이 같기 때문이다. 〈그림 14-1〉에 의하면, 지역 사회의 주민들의 소득이 늘어나는 경우와 동일한 만큼의 중앙정부로부터 일반 보조금이 지방정부에 주어지는 경우, 두 경우 모두 초기 예산선이 동일한 만큼 바깥쪽으로 이동시키는 것으로 나타난다. 이렇게 예산이 동일한 변화를 보이면 공공 서비스 공급에 주는 영향도 동일하게 나타나기 마련이다.

결국 전통적인 신고전파적 설명에서는 지역 내의 민간재와 공공재 사이의 자원 배분은 주민의 선호에 의해서만 영향을 받는 것으로 보며, 그리하여 지역 주민의 소득이 증가된 경우나 지방정부가 보조를 더 받는 경우 자원 배분상 차이가 없는 것으로 파악한다.

(2) 현실과의 괴리와 '끈끈이 효과'

그러나 현실에서는 위와 같은 예상과는 달리, 주민에 대한 소득 보조 형태로 관할 지역 주민의 소득이 1만 원 늘어난 경우에 비해 해당 지역을 관할하는 지방정부에 1만 원의 보조금을 지급하는 경우 공공 지출이 보다 더 크게 늘어나는 것으로 나타나고 있다. 가령 중앙정부가 지역 주민에게 1만 원의 소득 보조를 해주는 경우,[6] 지역 주민들은 세금을 1,000원 더 납부하여 지방정부가 공공재 공급을

5 여기서 투표자의 선호가 단봉형(single-peaked preference)이라는 것은 투표자들의 선호가 자의적이지 않고 일관되게 나타나는 경우를 상정한다는 것을 의미하는바, '중위 투표자 정리'에 대한 보다 구체적인 내용에 대해서는 재정학 또는 공공선택론 교재의 해당 부분을 참고할 수 있다.

6 다른 요인에 의해 지역 주민의 소득이 외생적으로 1만 원이 늘어나는 경우를 상정해도 마찬가지이다.

늘리는 데 1,000원 더 사용하고 나머지 9,000원은 민간재 수요를 늘리는 데 사용하게 되는 데 비해, 같은 금액을 지방정부에 보조금으로 이전시켜 주면 지방정부는 공공 지출을 늘려 공공재 공급을 늘리는 데 4,000원을 사용하고 나머지 6,000원은 지방세를 줄여 주어 민간재 수요를 늘리는 데 사용하게 된다는 것이다. 이렇게 중앙정부가 지방정부에 보조금을 주면 지역 주민의 부담을 줄여 주는 데 쓰기보다는 오히려 지방정부의 지출을 늘리는 데 사용하는 경향이 더 강하게 나타난다. 이러한 현상을 '끈끈이 효과'라 일컫는바, 이는 중앙정부가 지방정부에 보조금을 이전시켜 주면 그 보조금이 민간인에 대한 조세 삭감을 위한 용도로 떨어져 나가기보다는 지방정부 스스로의 지출에 묶이는 현상이 마치 파리가 끈끈이에 붙어서 떨어지지 않는 현상과 유사하다는 데서 붙여진 이름이다.

이제 이하에서 왜 이러한 현상이 일어나게 되었는지에 대한 다양한 설명들을 살펴보고자 한다.

2. 근거

같은 금액의 일반 보조금을 늘려 주는 경우와 민간인들의 소득을 늘려 주는 경우 지방정부 지출 수준에 미치는 영향이 같을까? 다르다면 왜 다를까? 앞에서 설명한 바와 같이 경험적 결과가 일반 보조금을 늘려 주는 경우에 지방정부 지출 수준을 더 늘리는 것으로 나타나면서 정부 간 재정 관계 문제를 다루는 연구자들에게 많은 관심을 불러모으고 있다. 그 근거는 크게 관료의 자기 이익 극대화 행동의 결과로 설명하는 견해와 재정 환상에 의한 설명으로 나누어지며, 또 다른 견해로는 통계적 작업이 잘못된 데 기인하거나 결과들에 대한 잘못된 해석에 기인한다는 입장 등이 있다.

(1) 공공선택론자들에 의한 설명

일반적으로 공공선택론자들은 정부의 유기적 성원으로서 정부 관료나 의회들도 민간 경제 주체와 마찬가지로 자기 이익 극대화 동기에 따라 의사 결정을 하는 것으로 파악하고 있다. 구체적으로 중앙정부나 지방정부 관료들은 모두 예산 극대화를 통해 자신의 이익 극대화를 추구하며, 의회의 의원들도 득표수 극대화를 통해 자기 이익 극대화를 추구하는 것으로 전제하고 있다. 아울러 이익 집단도 집단의 성격상 자기 집단의 이익 극대화를 추구하는데, 정치가나 관료의 자기 이익 극대화 욕구와 맞물려 이익 집단도 자기 이익 극대화를 이루어 낼 수 있는 것으로 보고 있다.

이러한 가정 위에서 문제를 바라보는 공공선택론자들에 의하면 '끈끈이 효과' 도 투표자들의 잘못된 인식의 결과라기보다는 오히려 정치 과정의 경제적 성격으로부터 발생하는 것으로 이해하는 입장을 취하게 된다. 앞에서 신고전학파 논자들이 중앙정부가 지방정부에 보조금을 줄 때나 지역 주민에게 소득을 보조해 주는 경우 공공 지출에 주는 효과가 동일한 것으로 본 데는 공공 선택 과정에서 '중위 투표자 정리' 가 적용되는 것으로 보았기 때문에 가능했던 설명이었다. 그러나 현실의 공공 선택 과정에서 중위 투표자 정리는 적용되기 어렵다. 그것은 현실적으로는 투표자의 '합리적 무지 현상'(rational ignorance)[7]으로 인해 투표자들이 자신의 선호를 정확히 나타내려 하지 않을 뿐 아니라 정당이나 후보자로서는 중위 투표자가 누구인지도 알 수 없는 현실에서는, 정당이나 후보자들이 득표수 극대화에 몰두할 수 있기 때문이다.

이렇게 공공선택론자들의 가정대로 지방 정치 과정을 담당하고 있는 지방의회나 지방 관료들이 모두 예산 규모 극대화를 추구하는 성질이 있고 현실적으로 그것이 가능하다면, 이들이 투표자들의 선택 조합을 통제함으로써 투표자들로 하여금 자기들이 원하는 수준의 조세를 납부하게 할 수 있고, 또 한편으로는 보조금을 지출할 수 있다는 설명이 가능해진다. 중앙정부로부터 보조금을 수령하면 지방 관료들은 일단 자신들의 손에 들어온 보조금을 주민들의 조세를 삭감시켜 주기보다는 보다 많은 금액을 자신들의 이익 극대화를 위해 정부 지출을 증가

7 투표자들의 '합리적 무지 현상'이란 투표자는 자신의 투표 행위가 전체의 의사 결정에 미치는 영향이 미미하다는 사실을 인식하고 있으며, 나아가 투표 대상과 관련된 편익 내지 비용의 계산이 기술적으로 불가능하거나, 가능하더라도 편익 비용 파악을 위한 정보 획득 과정에 비용이 많이 소요되므로 오히려 투표 과정에서 요구되는 편익 · 비용을 엄밀하게 계산해서 투표하지 않는 것이 투표자로서는 오히려 더 합리적이라 판단하여 투표를 하려 하지 아니하거나 다른 누군가가 제시한 정보에 의지하여 안이하게 투표하려 하는 현상을 일컫는다. 이러한 현상은 정당이나 관료 집단, 그리고 이익 집단의 행동에 강한 영향을 미치는 것으로 이해되고 있다.

시키는 데 사용할 수 있게 된다는 것이다.[8)] 사실상 예산 규모 극대화를 추구하는 관료로서는 지역 주민들에게 보조금의 규모에 대한 정확한 정보를 알려 줄 유인이 없다. 관료들은 보조금에 대한 정보를 은폐하면서 지역 주민들로 하여금 보다 높은 공공 지출을 수용하도록 유도하는 경향을 보인다. 그것은 투표자들의 합리적 무지로 인해 투표자들은 지역 사회의 진정한 예산 제약을 모르거나 자신들이 조세를 납부할 때만큼 지방정부의 보조금 사용에 대해서는 크게 관심을 기울이지 않고 있기 때문이다. 물론 투표자는 합리적 무지 상태에 놓여 있더라도 경쟁자에 의한 정책 대결이 가능한 상태에서는 어느 한쪽이 일방적으로 자기 이익 극대화에 성공하기 어려울 수도 있다. 결국 지방 관료들이 독점적 권한을 가질 수 있다거나 여론을 조작할 수 있는 힘이 강할수록 공공재에 대한 지출 촉진 효과가 크게 나타날 것이다.[9)]

한편, 공공선택론자들에 의하면 위와 같은 지방 정치가들이나 관료들의 자기 이익 극대화 과정은 이익 집단들의 압력에 의해 더욱 강화될 수도 있는 것으로 설명되고 있다. 이러한 견해는 지방 관료들이 자신들의 이익 극대화 과정에서 일반 투표자들보다는 특수 이익 집단의 압력에 민감하다는 사실에 바탕을 두고 있다. 물론 이러한 현상은 흔히 일반 투표자들이 합리적으로 무지하기 때문에 나타나는 현상이다. 바로 이러한 투표자의 합리적 무지 현상으로 인해서 이익 집단은 자신들에게 이익이 되는 일정한 공공 서비스의 확장을 위해서 자신들의 압력에 민감한 지방 정치가나 관료들에게 압력을 가함으로써 그러한 서비스의 공급을 유도할 수 있다. 이러한 압력을 받아서 자기 이익 극대화를 추구하는 지방 정치가들은 중앙정부로부터의 보조금으로 지역 사회 전반에 편익이 확산되는 전반적인 지방세 수준의 감면보다는 특수 공공 서비스의 확장을 추진하게 되는 경향을 나타내게 된다고 본다.

결국 지방 관료나 의원들이 모두 압력 집단과 더불어 자기 이익 극대화에 몰두하는 성향이 있는 것으로 보는 사람들이 보기로는 '끈끈이 효과'가 현실적으

8 같은 맥락에서 중앙정부가 지역 주민에게 소득 보조를 해주는 경우에는 주민들이 자신들의 선호에 따라 민간재에 대한 선호를 더욱 늘린다고 본다.
9 이 경우에는 이미 지방정부는 중위 투표자의 선호를 벗어나고 있는 것으로 볼 수 있다.

로 존재하며 그 수준도 상당한 것으로 보게 될 것이다. 이에 비해 각 지역의 정치 담당자들 사이에서도 지역 사회 문제나 경제적 성과를 두고 지역들 사이에 현실적으로나 잠재적으로 경쟁이 작용하고 있다고 믿는 논자들의 경우에 이와 같은 '끈끈이 효과'는 존재하지 않거나, 있더라도 미미하게 나타나는 것으로 보게 되는 경향을 갖는다 할 것이다.

그러나 다른 한편, 경험적으로 관찰되는 '끈끈이 효과'는 자기 이익 극대화를 추구하는 지방 관리들의 탐욕 때문에 나타나는 것이 아니라, 위험과 불확실성으로 인한 지방 관리들의 신중한 대처의 결과로 나타나는 것으로 파악하기도 한다. 말하자면, 미래의 보조금 수준과 그 유형이 불확실하기 때문에 지방정부 관리들이 당해 연도에 받은 보조금으로 선뜻 지역 주민들의 조세 부담을 경감해 주기를 꺼리게 된다는 것이다. 왜냐하면 보조금이 주어졌다고 곧바로 조세 부담을 경감해 주게 되면 그 후에 보조금이 지속적으로 지급되지 않을 경우 지역 주민의 조세 수준 변동폭이 커질 것이며, 그렇게 되면 지역 주민들은 매우 불만스럽게 생각할 것이기 때문이다. 이렇게 볼 때 보조금이 지급되는 경우 신중한 지방정부 관료들은 그것을 지방정부의 공공 서비스 증가에 사용하는 것이 오히려 지역 주민의 이해에 보다 잘 부응하는 것으로 판단하게 된다는 것이다. 이 견해는 이처럼 지방재정에서 확실성과 안정성을 유지하고자 하는 지방 관리들의 내재된 요구가 '끈끈이 효과'를 부분적으로 설명하며, 바로 이러한 정치적 가정이 보다 현실적일 것이라고 파악한다.

(2) '재정 환상'에 의한 설명

다른 한편, 지역 주민들이 일정한 형태의 '재정 환상'(fiscal illusion)에 빠져 있거나, 아니면 예산 극대화를 추구하는 독점적 정부 관리들이 그러한 재정 환상을 부추김으로써 지방정부 지출을 부추기는 현상이 나타나는 것으로 보는 견해가 있다. '재정 환상'이란 "납세자가 재정상의 편익과 부담을 정확하게 인식하지 못하는 현상"을 일컫는바, 이 개념으로 끈끈이 효과를 설명한다는 것은 중앙정부가 일반 보조를 내려주는데도 납세자들이 그 사실을 정확하게 인식하지 못함으로써 일반 보조의 경우 늘어날 수 있는 지출 수준을 능가하게 만든다는 설명이다.

원래 중앙정부로부터 지방정부에 이전되는 일반 보조금은 일정 금액 정액으로 보조됨으로써 가격 효과 면에서 소위 소득 효과만 나타나게 되어 있다. 그런데 지역 주민들은 그러한 보조금이 지역 주민들이 지불해야 하는 공공재의 가격에 대해 보조를 해주는 것으로 생각하여 결국 공공재의 가격 비율이 줄어든 것으로 오인(착각)하는 경우 해당 공공재에 대한 수요를 더 늘리는 대체 효과까지 발생하게 되어 전반적으로 해당 공공재에 대한 수요가 더 늘어나게 된 것이라는 설명이다. 사실 관할 정부가 중앙정부로부터 예를 들어 주민 1인당 3,000원에 해당되는 보조를 받는 경우 기존에 1인당 1만 원에 해당되는 비용을 들여 공공재를 공급해 왔던 경우라면 이제 주민 1인당 7,000원만 지출하면 공공재를 공급할 수 있게 된다. 만약 주민들이 이와 같이 관할 정부의 공공재 공급을 위한 평균 비용이 절감된 것을 보고 마치 공공재의 가격이 인하된 것으로 인식한다면, 정액의 일반 보조금은 마치 정률의 특정 보조금이 주어진 경우와 같이 공공재 가격이 줄어든 것으로 생각할 수 있다는 것이다. 이러한 설명은 주민들이 관할 정부가 일반 보조금을 받음으로써 지역 공공재 공급의 평균 비용이 줄어든 것을 보고 마치 한계 비용이 줄어든 것으로 착각하여 공공재에 대한 수요를 더 늘리는 효과를 만들어 내게 된 것이라는 설명이다.[10] 결국 중앙정부의 일반 보조가 증가하는 경우 관할 지방정부의 지역 공공재 수요가 늘어나는 것은 주민들의 잘못된 인식, 즉 상대 가격의 변화가 아닌데도 불구하고 상대 가격이 변화한 것으로 인식한 데 기인한다는 것, 다시 말하면 일반 보조금을 받음으로써 평균 비용이 줄어든 것을 보고 마치 한계 비용이 줄어든 것으로 착각함으로써 일어나는 환상의 산물에 지나지 않는 것이라는 설명이다.[11]

다른 한편, 위와 같이 지역 주민들 자신에 의한 재정 환상이 없는 경우에도 예산 극대화를 추구하는 관료들이 투표자의 재정 환상을 유발하거나, 아니면 주민들 스스로 재정 환상이 존재하는 경우에도 관료들이 그 정도를 더욱 부추길 수도 있다. 구체적으로 관료들이 자신의 예산 극대화 과정에서 투표자들에게 잘못

10 신고전파적 가격 결정 원리에 의하면, 가격 수준의 변화는 '한계 비용'의 변화를 통해서 일어나지 '평균 비용'의 변화를 통해서 일어나는 것이 아님은 주지하는 바와 같다.

11 지방정부에 주어진 보조금은 정액(즉, 불변의 상수)이기 때문에 결코 한계 비용은 줄어들지 않음을 유념할 필요가 있다.

된 정보를 제공하거나 투표자들이 제대로 의사결정을 할 수 있는 충분한 정보를 제공해 주지 않음으로써 그들을 잘못 인도하는 경우도 있을 수 있다.

(3) 다른 견해

또 다른 견해로는 끈끈이 효과는 분석상의 오류 내지 통계적 오류에서 기인한 것이라고 보는 입장이 있다. 대표적인 설명 예로 보조금 연구자들이 보조금을 정액의 일반 보조금과 정률의 특정 보조금으로 나누어 그 효과를 파악하는 과정에서 분류상 오류를 범할 수 있다는 점을 들 수 있다. 현실적으로 정액의 일반 보조금이라 하더라도 지방정부가 마음대로 처분하여 지방세 감면과 지방 공공재 공급 증가를 소신껏 선택하게 하는 경우보다는 공공재 공급에 더 많이 활용할 것을 염두에 두고 보조를 하거나 사실상 그러한 지방정부에 더 많은 일반 보조금을 주는 경우가 있을 수 있다. 이 경우 명목상으로는 일반보조라 하더라도 사실상은 공공재 공급을 유도하는 정률 보조금의 성격을 띠고 있는 것으로 볼 수 있다. 그렇지 않아도 후술하는 '일반 보조금의 특정 보조금화' 현상이 일반화되고 있는데,[12] 중앙정부의 위와 같은 의지가 더해지는 경우 이러한 현상은 더 심해지게 될 것이다. 말하자면, 명목상으로는 일반 보조금이 지급되었다 하더라도 내용적으로는 공공재 공급에 사용될 것을 전제로, 또 심지어 특정 공공재 공급에 사용되어야 할 것을 전제로 지급되는 경우가 있을 수 있다는 것이다. 사실이 이러하다면 정액의 일반 보조금이 지급되었더라도 사실상은 정률 보조금이 지급된 경우나 마찬가지이기 때문에 공공 지출 촉진 효과가 크게 나타나는 것은 당연한 현상으로 볼 수 있다. 사실이 이러한데도 불구하고 연구자들이 정액의 일반 보조금이 지급되었는데, 공공 지출 촉진 효과가 정률의 특정 보조금이 지급된 경우와 같이 나타나고 있는 현상이 이상하다고 여기면서 거기에 '끈끈이 효과'라는 이름까지 붙여서 그 원인을 찾아나서는 것은 분석상의 오류라는 것이다.

12 다음 절에서 설명하고 있는 '일반 보조금의 특정 보조금화' 현상에 대한 설명 부분을 참고하기 바란다.

(4) 종합 평가

이처럼 많은 연구가들이 그 동안 끈끈이 효과에 대한 논리적 근거를 찾고 있지만, 어떠한 이론도 포괄적이고 확정적인 설명 논리를 찾지 못하고 있다. 그러한 연구들은 부분적인 근거만 제시하고 있으며, 그 규모 및 심지어 그 효과의 존재에 대해서조차도 풀리지 않는 문제로 남아 있다.

이처럼 비록 지금까지 제시된 어떠한 이론도 비정상적인 끈끈이 효과를 명쾌하게 설명하지는 못했지만, 그러한 이론들은 보조금과 관련해서 전통적인 이론들이 설명하지 못하는 영역이 무엇인지는 확실하게 보여 주고 있다. 특히, 전통적 이론들이 제도적 구조와 지방 관료들의 행동과 관련된 영역을 설명하지 못하고 있다는 점은 확실하게 시사하고 있다. 만약 제도적 요인들이 보조금의 자극 효과에서 중요한 역할을 수행한다는 사실이 받아들여진다면 다양한 정부 간 보조금을 설명하기 위해서는 서로 다른 모형을 만들어 낼 필요가 있을 것이다. 말하자면, 총소득, 보조금 그리고 지출에 관한 자료들에 대한 계량경제학적 검증을 넘어설 필요가 있으며, 지방정부의 행정 및 의사 결정 구조에 사실상 무엇이 일어나고 있는지를 관찰해야 할 필요가 있다 할 것이다.

일반적으로 보조금은 개인들이 아니라 지역 사회를 구성하는 사람들의 집단에게 주어진다. 그런데 전통적인 모형은 모든 주민들의 선호 관계가 투표 과정에 일관되게 표명된다는 것을 전제로 한 개인주의적인 중위 투표자 모형에 바탕을 두고 유도된 것이기 때문에, 이질적인 주민 집단으로 형성된 현실의 지역 사회의 집단적 의사 결정 과정에 대해서는 설명할 수 없다. 이러한 점을 고려해 볼 때, 보다 포괄적인 모형이 구상되어 집단적 의사 결정 과정을 지탱하는 정치적 과정과 행정적 과정들에 대해 설명이 가능해져야 할 것이다.

제4절 평가와 전망

1. 보조금에 대한 비판적 평가

먼저 일반 보조금은 전통적인 견해에 따르면 용도가 지정되지 않은 상태에서 이전되는 보조금으로서 지방정부가 자율적으로 사용할 수 있는 자주재원이기 때문에 지방자치의 물적 기초를 형성하는 데 긍정적인 역할을 하는 것으로 평가되고 있다. 자체재원과 더불어 자주재원으로서 일반 보조금을 지원해 줌으로써 지방자치의 발전에 기여할 수 있다는 소위 '일반재원주의'가 주장되는 것도 바로 이러한 맥락에서 기인하는 것으로 파악된다.

그러나 비판적 논자들은 일반 보조금이 일견 지방정부의 자주재원으로 보이기는 하나, 현실적으로는 그 산정과 배분의 주체가 주로 중앙정부이며 그 과정에 지방정부는 의사를 반영시킬 수 있는 통로가 보장되지 않고 있어서, 지방자치를 위한 일반 재원이라기보다는 오히려 중앙정부의 정책적 의지를 지방정부에 반영시키기 위한 수단으로의 성격이 강한 것으로 보고 있다. 이러한 견해는 현실적으로 일반 보조금 산정 시 그 금액의 보정 과정에서 중앙정부가 특정 공공사업의 시행 여부 내지는 그 정도 등을 감안하려는 경향을 보이고 있는 것을 그 근거로 들고 있다. 이러한 견해를 취하는 논자들은 진정한 지방자치 발전에 기여하기 위해서는 지방세 등의 자체재원이 중심이 되어야 한다는 소위 '자체재원주의'를 주장하게 된다.

특정 보조금에 대해서도 전통적인 견해에서는 주로 특정 지방정부 정책의 확산 효과를 보정함으로써 자원 배분의 효율성을 제고시키는 역할을 하는 것으로 파악하고 있다. 그러나 비판적 논자들은 특정 보조금은 중앙정부가 지방정부에 일정한 사업을 수행하게 하기 위해 그 용도를 특정지어서 지방정부에 배분하는 자금이라는 점에 유념하면서 지방정부의 재정 자주권을 침해할 수 있는 재원으로 파악하고 있다. 구체적으로 특정 보조금 산정 및 배분 시 그 보조 대상, 보조

기준, 보조율, 보조 단가 등의 조작을 통해서 지방재정 운영의 방향을 중앙정부가 원하는 방향으로 유도함으로써 지역 주도적인 지역 경제 발전을 저해하는 측면이 강하다는 점을 강조하는 입장을 보이고 있다.

더구나 특정 보조금은 흔히 대응 보조금의 형태로 지원되는데, 이러한 특정 보조금이 늘어나면서 수혜 지방정부로서는 늘어나는 대응비 지출을 위해 상술한 일반 보조금까지 지방정부가 마음대로 처분하지 못하고 특정 공공재 공급에 사용해야 하는 소위 '일반 보조금의 특정 보조금화' 경향을 보이고 있다. 비판적인 논자들은 이 경우 특히 그러한 특정 사업이 지방정부의 의지가 반영된 사업이 아닌 경우 이와 같은 특정 보조금의 증가는 일반 보조금까지를 포함하여 지방재정 운영의 자율성을 전반적으로 제약함으로써 지역 주도의 지역 경제 발전의 구상을 어렵게 할 수 있다는 점에 관심을 기울이고 있다.

2. 민주적 운용을 위한 전망

그러나 비판적 논자들이라 해서 보조금 제도를 무조건 배제하는 입장을 취하는 것은 아니라는 점을 유념할 필요가 있다. 이들도 현대 자본주의 하에서 세원의 중앙 집권화와 세출의 지방 분권화 현상이 필연적으로 나타나는 상황에서 '전국적 최저 생활 수준'을 보장하고 나아가 지역 자체에 의한 지역 경제의 자립적 발전을 보장하기 위해서는 일반 보조금, 특정 보조금 등 보조금 제도의 활용이 반드시 필요하다는 점을 수용한다.

단지 이들은 일반 보조금이나 특정 보조금을 포함해서 보조금의 지급 조건, 그 규모 등을 결정하는 과정에서 중앙정부와 지방정부가 대등한 입장에서 심의해서 의결하고 집행에 옮겨 가는 민주주의적인 '정부 간 재정 관계 조정 메커니즘'을 갖출 것을 요구하고 있다는 점이 다른 점임을 유념할 필요가 있다.[13] 예를 들어, 특정 보조금을 지급하는 경우 용도를 지정하더라도 그 용도가 중앙정부가 일방적으로 결정할 것이 아니라 해당 특정 보조금이 지역 주민이 가지고 있는 잠

13 이 부분에 대한 보다 자세한 내용은 제6부 제16장의 내용을 참고할 것.

재적 능력, 지역 자원이 가지고 있는 특성, 지역 자원들 사이의 상관성 등을 고려하여 지역 중심적인 지역 경제의 활성화에 기여할 수 있는 내용인지 여부를 확인하는 것이 중요하다는 입장을 취하고 있다. 일반 보조금을 지급하는 경우에도 일반 보조금 산정 방식을 결정할 때 중앙정부가 일방적으로 정해서는 일반 보조금이 갖는 지방정부의 자주재원으로서의 역할을 제대로 수행할 수 없는 경우가 발생할 수 있다는 사실에 주의를 기울이는 견해를 보이고 있다. 그러기 위해서는 중앙정부와 지방정부 사이에 협력적인 정부 간 관계 조정 메커니즘을 갖추는 것이 긴요하다는 점을 강조하고 있다.

제6부

지방재정 건전성과 지속 가능성

지금까지 우리는 지방재정 활동의 두 축인 지방세출과 지방세입의 규모와 구조에 내재된 주요한 내용을 다루어 왔다. 이제 이하에서는 그와 같은 지방세출 활동과 지방세입 활동의 결과 나타나는 지방재정 운영의 건전성 여부와 관련된 제 개념과 요인, 나아가 불건전한 재정 운영의 극복에 대한 전망을 개관해 보고자 한다.

그런데 제1부에서 지방재정 활동은 지역 경제 활동을 지원함으로써 지역 주민들의 삶의 질을 제고시키는 데 그 근본적인 뜻이 있음을 밝힌 바 있다. 이제 이하에서는 같은 맥락에서 건전한 지방재정 운영을 통하여 지역 주민의 삶의 질을 제고시킬 수 있는 큰 틀을 개관해 보고자 한다.

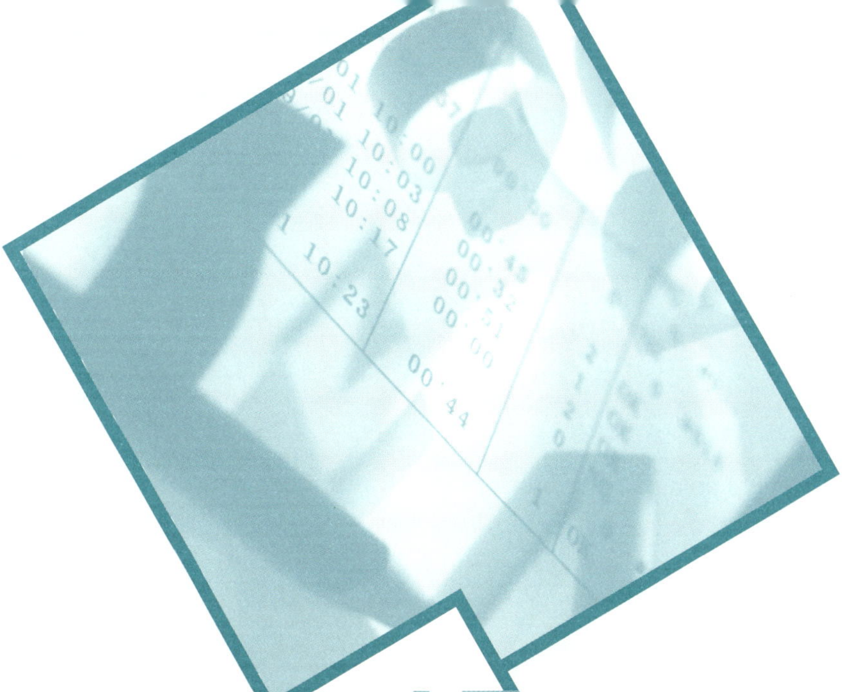

Chapter 15

지방재정 건전성 개념과 결정 요인

15

지방재정 건전성 개념과 결정 요인

지방재정의 건전성은 지방 재정력의 정도에 의해 가늠할 수 있다. 이런 맥락에서 본 장에서는 먼저 지방 재정력 개념에 비추어 지방재정 건전성의 개념과 성격을 파악한다.

이어서 지방재정 건전성을 결정짓는 요인을 도입부에서 살펴본 지방재정의 성격과 관련지어서 파악한다. 구체적으로 본 장에서는 지방재정 건전성 여부를 지방정부 자체 요인과 지방정부와 중앙정부 및 지역 사회와의 관계 요인으로 나누어 검토한다.

제 1 절 지방 재정력과 지방재정 건전성 개념

'지방재정 건전성'이라 하면 "지방재정 운영의 건전한 정도", 다시 말하면 "지방재정 운영 과정에서 재정 수지가 장기적으로 균형을 유지하면서 지속적으로 운영되는 상태"를 의미하는 것으로 정의될 수 있다. 이러한 지방재정 운영의 건전성 여부는 지표상으로는 지방재정 상태, 좀더 구체적으로 지방 재정력의 정도에 의해 가늠될 수 있을 것이나, 지방 재정력의 개념 자체가 다양하게 정의될 수 있어서 한마디로 규정짓기가 어렵다 할 것이다. 이하에서는 먼저 지방 재정력의 개념과 지방재정 건전성과의 관계를 설명한다.

1. 지방 재정력 개념의 다양성

일반적으로 '지방 재정력'이라 하면 "특정 지방정부가 재정 기능을 수행할 수 있는 능력"을 의미하는 것으로 정의할 수 있으나, 구체적으로 그 개념은 아주 다양하게 사용된다. 우선 이와 같은 지방정부의 재정 상태를 나타내는 개별적인 개념들로는 '조세 부담 능력', '재정 수요', '징세 노력', '재정 성과' 등의 개념이 제시되고 있으며, 종합적으로는 "재정 수요 대비 조세 부담 능력 비율"로 '재정력' 개념을 정의하는 것이 일반적이다.[1)]

(1) 개별적 개념

지방정부의 재정 상태 내지 재정적 능력을 나타내는 개념으로서 자주 활용되는 것으로는 '조세 부담 능력', '재정 수요', '징세 노력', '재정 성과' 등을 들 수 있다.

1) 조세 부담 능력

먼저 '조세 부담 능력'(taxable capacity)이란 "특정 지방정부의 주어진 과세 표준과 표준적인 세율 수준으로 징수할 수 있는 조세의 크기", 즉 '표준적인 조세 수입의 크기'를 나타내며, 아래 산식으로 나타낼 수 있다.

$C_j = t_s B_j$.

여기서, $C_j = j$지방정부의 조세 부담 능력

$B_j = j$지방정부의 과세 표준

t_s=표준적인 세율 수준

위 산식에서는 단순화를 위해 하나의 세율과 과세 표준만을 상정하고 있다. 그러나 실제로는 다양한 과세 표준을 혼합해서 사용할 필요가 있으며, 아울러 표

1 이하 내용은 R. A. Musgrave and P. B. Musgrave(1989), pp. 479-483; 우명동(2001), pp. 224-228을 참조하기 바란다.

준적인 세율 수준도 과세 표준별로 서로 다르게 적용되어야 할 것이다.

2) 재정 수요

다음으로 '재정 수요'(fiscal need)란 "특정 지방정부의 주민에게 표준적인 지방 공공 서비스를 제공하는 데 요구되는 지출 수준", 즉 '표준적인 지출 수준'을 가리키며, 이 크기는 아래와 같이 나타낼 수 있다.

$N_j = n_s Z_j$.

여기서, N_j=j지방정부의 재정 수요

Z_j=j지방정부의 특정 공공 서비스 수혜 대상 인구

n_s=표준적인 공공 서비스 수준 제공에 소요되는 인구 1인당 비용

이 산식에서도 단순화를 위해 하나의 공공 서비스만을 고려하고 있다. 그러나 현실에서는 지역에 따라 다양한 서비스가 요구될 것이므로 이들을 종합적으로 고려하여야 할 것이다. 나아가 표준적인 서비스 수준을 정의하는 문제, 표준적인 서비스 공급 비용의 지역적 차별성의 문제 등을 더불어 고려하여야 할 것이다.

3) 징세 노력

한편, '징세 노력'(tax effort)은 "지방정부의 주어진 과세 표준 하에서 표준 세율로 징수할 수 있는 세액에 대해 해당 지방정부의 실제 세율 하에서 징수할 수 있는 실제 세액의 비율"로 나타낸다. 이 비율은 아래 식으로 나타낼 수 있다.

$E_j = \frac{t_j B_j}{t_s B_j}$.

여기서, E_j=j지방정부의 징세 노력

t_j=j지방정부의 실제 세율

$t_j B_j$=j지방정부의 실제 조세 수입

$t_s B_j$=j지방정부의 표준적 조세 수입(=조세 부담 능력)

이 산식에서 실제 조세 수입은 특정 지방정부 과세 표준에 실제 세율을 적용하여 계산한 조세 수입을 나타낸다. 이 경우도 표준적인 조세 수입을 계산할 때처럼 하나의 과세 표준과 세율을 상정하고 있어서 다양한 과세 표준과 세율을 어떻게 종합할 것인지의 문제가 남아 있다.

4) 재정 성과

마지막으로 '재정 성과'는 "해당 지방정부 주민들에게 표준적인 서비스를 공급할 때 요구되는 지출 수준에 대해 해당 지방정부가 실제로 제공하는 서비스 공급에 소요되는 실제 지출 수준이 차지하는 비율"로 나타낸다. 이 비율은 아래 산식으로 나타낼 수 있다.

$$M_j = \frac{n_j Z_j}{n_s Z_j}.$$

여기서, M_j=j지방정부의 재정 성과

n_j=j지방정부의 서비스 수준 제공에 소요되는 인구 1인당 비용

$n_j Z_j$=j지방정부의 실제 지출 수준

$n_s Z_j$=j지방정부의 표준적 지출 수준(=재정 수요)

이 재정 성과 지표의 산정 과정에서도 재정 수요 측정 과정에서와 같은 표준적인 서비스 수준과 표준적인 서비스 공급 비용의 지역적 차이 문제가 그대로 내재되어 있다. 아울러 실제 지출 수준이 갖는 의미도 지방마다 다르다는 점까지 고려하면 지방재정 상태를 비교하는 데 이 개념을 사용하기 위해서는 고려해야 할 사항들이 많다는 점을 유념할 필요가 있다.

(2) 종합적 개념

앞에서 제시한 각종 개념들은 지방재정의 상태를 나타내 주는 주요한 개념들인 것임에는 틀림이 없으나 각 개념들이 지방정부 재정 상태를 서로 다른 측면에서 나타내 주고 있어서 종합적인 재정 상태를 나타내 주지 못하는 문제를 안고

있다. 그래서 지방정부가 주어진 재정 기능을 수행할 수 있는 능력을 종합적으로 나타내 줄 수 있는 개념을 찾아볼 필요가 있는데, 이러한 요구를 반영한 것으로 "재정 수요 대비 조세 부담 능력 비율"을 구하여 해당 지방정부의 재정적 능력을 측정하고자 하는 개념이 있다. 흔히 일컫는 '재정력'(fiscal capacity) 개념이 이에 해당하는바, 구체적으로 "특정 지방정부가 주민들에게 표준적인 수준의 지방 공공서비스를 제공하는 데 요구되는 지출 수준을 해당 지방정부에 분포되어 있는 과세 표준을 가지고 표준적인 세율을 적용하여 징수할 수 있는 조세 수준으로 충당할 수 있는 비율"로 정의된다. 이 개념을 수식으로 나타내면 다음과 같다.

$$P_j = \frac{C_j}{N_j} = \frac{t_s B_j}{n_s Z_j}.$$

여기서, P_j=j지방정부의 재정력

$$= \frac{\text{조세 부담 능력(표준적인 조세 수입)}}{\text{재정 수요(표준적인 지출 수준)}}$$

위 식에서 평균적인 재정 능력을 1이라 할 때, 이 크기가 1보다 크면 해당 지방정부의 재정 능력이 상대적으로 강하다는 사실을 나타내며, 1보다 작다는 것은 재정 능력이 상대적으로 약하다는 것을 나타낸다. 구체적으로 말하면 어떤 지방정부가 표준적인 세율 수준으로 그 지역에 주어진 과세 표준을 가지고 더 높은 조세 수입을 징수할 수 있어서 조세 부담 능력이 높게 나타날수록 재정력은 높게 나타나며, 한편으로 표준적인 서비스를 공급하는 데 그 지역의 수혜 인구가 적거나 표준적인 서비스 공급 비용이 낮아서 재정 수요가 낮게 나타날수록 재정력은 높게 나타난다.[2)]

이렇게 지방정부의 재정 상태를 나타내는 종합적인 개념으로 "재정 수요 대비 조세 부담 능력 비율"이 제시되고 있으나, 앞에서 각 개념의 설명 과정에서 기술한 바와 같이 특정 지방정부의 총괄적인 재정 수요 수준의 측정이 어려울 뿐만 아니라 설령 측정이 가능하더라도 표준적인 서비스 수준을 정의하는 문제, 표준

2 이와는 달리 "징세 노력 대비 재정 성과 비율"로 재정력을 정의하기도 하는바(즉, 재정력=$\frac{\text{재정 성과}}{\text{징세 노력}}$), 이 개념은 동일한 징세 노력으로 실제로 얼마나 많은 공공 서비스를 제공할 수 있는지에 초점을 맞추는 개념이라는 점에서 위의 재정력 개념과 차별성을 보인다.

적인 서비스 공급 비용의 지역적 차별성 문제 등의 문제가 해결되지 않은 상태로 남아 있으며, 조세 부담 능력 측정에서 다양한 과세 표준을 혼합하는 데 따르는 문제가 남아 있다. 따라서 위와 같은 재정력 개념을 정의함에 있어서는 위와 같은 문제점을 염두에 두고 단지 지방정부들 사이의 상대적인 격차를 개략적으로 파악하는 선에 머무를 수밖에 없다는 사실을 유념할 필요가 있다.

2. 지방 재정력 지표와 지방재정 건전성

(1) 지방 재정력 지표의 다양성

위에서 본 바와 같이 한 지방정부의 재정적 능력은 다양하게 정의될 뿐만 아니라 그 과정에서 적지 않는 문제점이 내재되어 있음을 보았다. 이와 같은 재정력 개념의 다양성과 재정력 정의 과정에 내재되어 있는 문제점들로 인해 현실적으로 지방정부의 재정 상태를 측정하기 위한 지표들도 매우 다양하게 제시되고 있는 실정이다. 구체적으로는 세입 측의 상태에 초점을 맞추고 제시되는 지표들과 세출 측의 상태에 초점을 맞추는 지표들로 나누어지고 있으며, 이들 양측의 상태를 종합한 지표들도 마찬가지로 여러 가지로 제시되기도 한다.

먼저 세입 측의 재정적 능력을 나타내 주는 지표들로는 '1인당 지방세 부담액', '총세입 중 일반재원 비율', '총세입 중 지방채 세입 비율', '징세 노력 지수' 등이 흔히 제시되고 있으며, 세출 측의 재정 능력을 알려 주는 지표로는 '1인당 세출 규모', '투자적 경비 비율' 등이 자주 활용되고 있다. 이러한 개별 지표들로 지방정부의 재정 능력을 측정하는 경우 지표별 특성에 맞게 다양한 방법으로 재정력을 측정할 수 있다는 장점이 있다. 그러나 이렇게 하는 경우 지방정부의 재정 상태를 파악하기 위해서 서로 다른 측면에서 많은 지표들을 따로 측정하고 평가함에 따르는 문제점이 있을 수 있다. 서로 다른 측면에서 서로 다른 평가들이 나올 수 있기 때문이다.

이러한 문제점을 극복하는 방안으로 먼저 단순하게 양측을 결합한 '기능 대비 재원 비율', '재정 수지 비율', '재정력 지수' 등의 지표들이 활용되기도 한다.[3] 그러나 이와 같은 단순한 종합 지표 대신에 각 개별 지표들의 상대적 중요성을 고려하여 가중치를 주어 이들을 부분적으로 또는 포괄적으로 종합하여 하나의 종합 지표를 만들어 활용하자는 주장이 제기되기도 한다. 예를 들어, 세입 측과 세출 측의 대표적인 지표를 택해 각각에 가중치를 50%씩 정해서 합산하여 특정 지방정부의 종합적인 재정 능력 지표로 활용하는 방안이 이에 해당된다. 이 방법은 세입 측의 상태와 세출 측의 상태를 동시에 감안하면서 비교적 간단하게 지방재정 상태를 측정할 수 있게 해주는 것으로 볼 수 있다. 그러나 이 경우 세입 측과 세출 측 그리고 양측 개별 지표의 상대적 중요성을 결정하기가 논리적으로나 현실적으로 어렵기 때문에 실행에는 어려움이 뒤따른다는 점을 유념할 필요가 있다.

(2) 재정력과 지방재정 건전성

앞에서 재정력의 개념과 재정력 측정을 위한 지표의 다양성에 대해 기술하였다. 그러나 종합적으로 보면 지방정부의 재정 능력은 지출 수준을 조세 수준으로 대처할 수 있는 능력을 의미하는 것으로 볼 수 있다. 이러한 지방 재정력의 개념에 비추어 보면 지방재정 건전성이란 지출 수준을 조세 수준으로 대처할 수 있어 재정 적자 없이 해당 지방정부에 주어진 재정 기능을 원활히 수행할 수 있는 상태를 의미하는 것으로 정의될 수 있다. 이러한 맥락에서 보면 특정 지방정부가 주어진 기능을 수행하는 과정에 요구되는 지출 수준을 조세 수입으로 충당하지 못하여 재정 적자가 나타나면 지방정부의 재정 운영이 불건전하다고 할 수 있을 것이다.

그러나 설령 지방재정 운영 과정에서 재정 적자가 나타나더라도 그것이 일시적이고 지엽적인 현상이거나 또는 관할 지방정부가 주체적으로 통제 가능한 요인에 의해 나타나는 현상이라면 굳이 해당 지방정부의 재정 운영이 불건전하다고 말할 필요는 없을 것이다. 문제는 해당 지방정부의 재정 운영 과정에 나타난 재정 적자가 일시적이고 지엽적인 현상이 아니라 지속적으로 누적되는 경향을 보인다면 지방재정 운영을 불건전한 것으로 간주하여 그 현상적인 이유와 나

3 현실에서 사용되고 있는 '재정력 지수'와 본문에서 제시하고 있는 '재정력'의 정의 내용과는 다소간 차이가 있음을 유의할 필요가 있다. 아울러 흔히 현실에서 사용되고 있는 '재정 자립도' 내지 '재정 자주도' 등의 개념도 종합적인 재정 상태를 나타내 주는 지표의 일종으로 평가되기도 한다.

아가 보다 본질적인 이유를 해명하여 보다 적극적으로 대처할 필요가 있을 것이다.

이러한 재정 운영의 불건전한 상태는 불건전한 정도에 따라 재정 압박(fiscal stress), 재정 위기(fiscal crisis), 재정 파산(bankruptcy) 등의 개념으로 세분하여 논의되는 경우도 있다.[4] 그 구분은 주로 재정 적자의 규모라든가 지속성 등을 기준으로 구분되는 것으로 알려져 있다. 그러나 여기서는 이러한 구분의 문제는 전문적인 문헌에 맡기고 지방재정 운영 과정에서 재정 적자가 지속적으로 나타나서 지방재정 운영이 불안정하고 불건전하게 되는 요인을 체계적으로 검토하는 데 초점을 맞추고자 한다. 뿐만 아니라 지방재정 건전성 악화 요인을 다루는 지방재정 위기 관련 설명 모형에도 정치적 모형, 사회 경제적 모형, 정부 간 재정 관계 모형, 관료주의 팽창 모형, 내부 관리 모형 등 다양한 내용들이 제시되고 있다.[5] 그러나 본서에서는 이러한 모형들을 일일이 소개하는 대신에 재정 수지 적자 현상을 낳게 한 원인을 제1부에서 서술한 지방재정의 성격과 관련지어서 해명하는 데 초점을 맞추고 있다.

제2절 지방재정 건전성을 결정짓는 제 요인

지방재정의 건전성은 현상적으로는 재정 적자 여부로 나타나날 것인바, 이제 그와 같은 지방재정의 건전성 여부를 결정짓는 요인을 검토해 보고자 한다. 현상적으로는 수입을 능가하는 지출이 이루어질 때 지방재정 운영이 불건전한 것으로 평가되겠지만, 문제는 왜 그러한 현상이 나타나게 되는지 여부를 확인하는 것이 중요하다.

이와 같이 지방재정 건전성 여부를 결정짓는 요인을 확인하기 위해서는 무

4 조기현 · 신두섭(2008), 서정섭(2010), 조임곤(2013) 등 참고.
5 윤영진(1999), 조기현 · 신두섭(2008), 권형신 외(2006) 등 참고.

엇보다 도입부에서 논의한 지방재정 행위의 성격을 고려해 가면서 검토해 볼 필요가 있다. 그것은 지방재정 건전성은 바로 지방재정 운영의 성과와 관련된 것이기 때문이다. 우리는 앞에서 지방재정 행위의 성격을 규명하는 자리에서 지방재정 행위는 지방정부의 행위로서 무엇보다 중앙정부와의 관계 속에서 행해지며, 나아가 지역 사회와의 관계 속에서 행해지는 행위라는 사실을 밝힌 바 있다. 이제 여기서는 바로 이러한 맥락에서 지방재정 건전성 여부를 지방정부 자체 요인과 중앙정부 및 지역 사회와의 관계의 관점에서 검토해 보고자 한다.

1. 지방정부 자체 요인

지방재정은 지방정부의 재정 활동이기 때문에 지방재정 운영 면에서의 건전성을 확인하기 위해서는 지방정부 활동 자체에서 그 원인을 찾는 것이 우선되어야 할 것이다. 먼저 세출 활동 면에서 지방정부의 지출에 관한 의사 결정 과정과 집행 과정에서 무계획적이고 낭비적인 요인으로 인한 비효율적인 지출이 있으면 지방재정 건전성을 약화시킬 수 있다. 지방자치가 실시되는 나라에서 주민의 생활이나 지역의 산업 활동에 편의를 제공하기 위해 지출 활동을 해나가는 것은 당연한 일이겠으나, 만약 지방정부나 의회가 자신들의 정치적 이해에 따라 스스로의 권력을 강화시키는 데 초점을 맞추는 경우 비효율적인 세출 활동이 늘어날 수 있다. 뿐만 아니라 조세 또는 세외 수입 징수 과정에서 세원이 탈루되거나 체납 세원에 대한 징세 노력이 소홀할 경우에도 지방재정 건전성이 훼손될 수 있다. 현실적으로 세출 증대에 상응하는 조세 부담 능력이나 징세 노력이 뒷받침이 안 되는 경우가 많기 때문에 지방정부 활동의 결과는 재정 적자를 누적시킴으로써 지방재정 운영의 건전성을 해치는 경향이 나타난다.

이처럼 지방정부의 재정 운영상의 비효율성은 지방정부 관료의 전문적인 역량의 부족이나 정치적 성향 등에 의해서 나타날 수 있다. 그러나 이러한 비효율성은 중앙정부와의 관계 면에서 지방정부로서 재정의 효율적인 운영을 위한 유인이 결여되어 있거나, 지역 사회와의 관계에서 주민에 의한 통제 장치가 결여되어 나타나기도 한다는 점도 유념할 필요가 있다. 이에 대해서는 이하에서 차례대로 살펴보도록 한다.

2. 중앙정부와의 관계 요인

지방재정은 지방정부의 행위이며 지방정부의 위상은 중앙정부와의 관계 속에서 형성된다. 말하자면, 지방재정 행위는 지방정부 독자적으로 행해지는 것이 아니라 중앙정부와 지방정부와의 관계 속에서 현실적으로 그 모습을 드러내는 성질을 갖고 있다. 따라서 지방재정 건전성 여부를 논하기 위해서는 지방재정 운영 자체 요인 못지않게, 또는 더욱 중요하게 중앙재정과의 관계 속에서 그 요인을 찾아볼 필요가 있다. 이것이 흔히 일컫는 '정부 간 재정 관계'의 입장에서 지방재정 건전성 여부를 검토해야 하는 이유이다.

구체적으로 무엇보다 지방재정 수요의 배경으로서 지방정부의 기능이 중앙정부와의 관계에서 어떻게 배분되어 있는지 여부에 의해서 크게 영향을 받게 된다. 예를 들어, 경기 활성화 기능이 중앙정부에게 다 맡겨져 있는지 아니면 지역 산업 활동 지원 기능의 형태로 지방정부와 나누어 수행되고 있는지 등이 지방재정 수요에 크게 영향을 미칠 것이다. 뿐만 아니라 소득 재분배 기능을 전적으로 중앙정부가 수행하고 있는지 지방정부와 나누어 수행하고 있는지도 지방재정 수요에 영향을 미칠 것임은 물론이다. 구체적으로 사회 보험의 한 형태로서 지역 주민의 건강 보험이라든가 지방정부 공무원들의 공적 연금 등이 중앙정부 차원에서 전국 단위로 운영되기도 하고 지방정부 차원에서 지역 단위로 운영되기도 하는바, 이러한 사회 보험이 지방정부 차원에서 운영되고 있는 경우에는 공적 연금 재정 구조가 지방재정 건전성 문제에 크게 영향을 미치게 됨은 물론이다.

다른 한편, 지역의 경제 활동 내지 그 경제적 성과가 지방정부의 세수 규모나 구조에 얼마나 어떻게 반영되도록 정부 간 재정 관계 틀이 짜여져 있는지 여부가 큰 영향을 미칠 것이다. 예를 들어, 지방정부의 세출 활동 결과 지역 경제 활동의 성과가 제고된 경우에도 그 성과가 지방정부 조세 수입의 증가로 이어지는 세원 배분 구조가 갖추어져 있지 못하면 지방정부 재정 지출과 조세 수입의 연계가 약화되어 재정 위기 현상을 부추길 수 있게 된다. 말하자면, 지방정부의 재정 수요는 급격하게 늘어나는데 정부 간 세원 배분은 전통적인 재산 과세 체계에 머물러 있는지, 아니면 그와 같은 사회 경제적 여건의 변화를 반영하여 보다 신축적이고 탄력성이 큰 소득 과세 체계나 소비 과세 체계를 수용한 새로운 세원 배분 체계를 택하고 있는지에 따라 지방재정 건전성 문제는 다른 양상을 띠게 될 것이다. 그런가 하면 지방정부의 경우 중앙정부로부터의 이전재원이 주요한 수입원의 하나로 기능한다는 점을 고려하면, 그 나라의 국세 수입의 증감이 안정적이지 못한 경우 이전재원의 불안정한 이전으로 인해 지방재정의 안정성을 해칠 수 있다는 점도 유념해 둘 필요가 있다.

이와 같이 지방정부의 재정 건전성 문제는 중앙재정과의 관계 속에서 고찰하여야 한다. 그러나 단순히 그러한 외형적인 정부 간 재정 관계 자체만 보아서는 지방재정의 불건전성 요인을 제대로 파악할 수 없다. 더욱 중요한 것은 제도적으로 주어진 그러한 재정 관계 틀 내에서 과세 표준이나 세율의 결정권이라든가 비과세 · 감면에 대한 결정권 등 지방세 운영 면에서 지방정부가 중앙정부로부터 자율성을 갖지 못하는 경우 위기적 상황에서 그만큼 자율적인 대응이 어려워지게 된다. 아울러 사회 전반의 정치 권력 구조의 집권성 여부가 지방재정 운영에 제약을 가할 수 있다는 점도 유념할 필요가 있다. 말하자면, 지방정부의 재정 운영이 집권적인 중앙정부의 일방적인 정책적 요인에 의해 좌우될 가능성이 있으며, 그러한 경우 지방정부가 재정 자금을 사용함에 있어서 지역 사회 입장에서 경제적 효율성을 제고시키기 위한 유인이 제대로 작동되지 않아 결국 지방재정은 지방정부의 의지에 관계없이 적자 상태에 놓일 수 있게 된다.

한마디로 지방재정 건전성은 정부 간 재정 관계 틀 속에서 지방정부의 위상에 따라 크게 영향을 받는다 할 것이다. 경우에 따라서는 지방정부가 전혀 수동적인 입장에 놓이기도 하며 때로는 중앙정부와 협력하는 틀을 갖추기도 하고, 더 나아가서는 지역 스스로 주도권을 갖고 능동적으로 대처해 나가기도 한다. 전자의 경우 정부 간 재정 관계라는 제도적 요인에 의해 지출 수요가 발생해서 누적되고, 마찬가지 요인에 의해 수입 압박이 발생하여 궁극적으로 세출과 세입의 괴리가 나타날 가능성이 상존한다. 그럼에도 불구하고 지방정부로서는 그러한 현상에 전혀 대응할 수 없게 되며, 이러한 상황에서 재정 적자가 누적된다면 이는

가히 위기적 현상이라 할 수 있을 것이다. 그렇지 않고 지방정부가 중앙정부로부터 상대적으로 큰 자율성을 갖고 능동적으로 운영되는 구조로 되어 있는 경우에는 지방재정 건전성 여부는 지방정부 자체의 재정 운영의 건전성 여부에 더 크게 의존할 것임은 물론이다.

3. 지역 사회(주민)와의 관계 요인

한편, 지방정부의 재정 운영은 지역 사회의 특성에 의해 크게 영향을 받는다는 사실을 고려할 필요가 있다. 무엇보다 특정 지역 사회의 자연적 · 산업적 요인 또는 인구 통계학적 요인 등 여러 요인으로 인해 관할 지방정부에 지속적인 재정 수요 팽창 요인이 있는 경우 지방재정 운영에 부담이 크게 나타날 수 있다. 나아가 세입 면에서 세수가 늘어나기 힘든 자연적 · 산업적 취약성이 있는 경우에도 해당 지방정부의 재정 운영은 어려움에 직면하기 십상이다. 뿐만 아니라 지역 내 산업들 사이의 유기적 관련성이 취약한 경우 대외적인 경제적 충격이 주어지는 경우 지역 경제가 받는 충격이 더욱 커져 결국 해당 지방정부의 세수가 감소하여 재정 건전성에 부정적 영향을 크게 줄 수 있다.

뿐만 아니라 지방정부나 지방의회가 지역의 특정 세력 관계로부터 자유롭지 못한 경우 지역 공공 서비스 전달 과정이나 산업 촉진 활동이 왜곡될 여지가 있다. 말하자면, 지방정부 관료와 지방의회에 의해 운영되는 지방재정 활동이 지역 특수 계층의 이해에 연계되어 그들에 의한 '지대 추구'(rent seeking)의 장으로 활용될 경우 지역 사회의 산업이나 지역 경제 활동 전반에 부정적 영향을 줌으로써 지방재정 적자의 경향을 심화시킬 수 있다. 이러한 현상이 흔히 '지역 포획'(local capture) 현상으로 일컬어지는 것으로서, 구체적으로 "지역의 유지 내지 토호 세력들이 지방정부의 관료 또는 의회와 밀접한 관련을 맺으면서 지방정부의 공공 서비스 공급 과정을 통해서 지역의 인적 · 물적 자원에 대한 장악력을 확대해 가는 현상"을 일컫는다. 이러한 지역 포획 현상의 규모나 내용은 지역 주민, 지역의 유지 내지 토호 세력, 나아가 지방정부 관료나 의회와 같은 지방재정 활동 이해관계자들의 사회 경제적 세력 관계에 의해 크게 영향을 받기 마련이다. 이러한 현상은 특히 지방정부의 사회적 자본에 대한 투자 활동 과정에서 크게 나타나는바, 그것은 사회적 자본에 대한 투자 활동이 규모도 클 뿐 아니라 지역 사회의 지역 공공 서비스 공급 능력에 지속적이고도 광범위한 영향을 미치기 때문에 그러한 현상이 지방재정 활동의 성과에 전반적으로 부정적 영향을 미쳐 궁극적으로 지방재정 적자의 경향을 심화시키는 데 기여하는 것으로 인식되고 있다.[6)]

이와 관련하여 이렇게 지방재정 활동이 지역 포획 현상에 빠져 지역이 가지고 있는 인적, 자연적, 산업적 제 자산의 선순환 활동이 확보되지 못하게 되면 지역 주도의 지역 경제 발전을 확립하기가 어려워지게 되어 궁극적으로 지방재정 적자를 구조화하는 경향성을 보이게 된다. 이러한 관점은 지역의 차별적 특성의 활성화를 중시하는 제도론적 경제학자들을 비롯한 소위 '내생적 지역 발전론자'들에 의한 지역 클러스터(regional cluster) 내지 지역 혁신 체제(regional innovation system)의 가치와 맞닿아 있는 견해로서 지역 경제 발전에 중요한 의미를 가진다는 사실을 더불어 유념해 둘 필요가 있다.[7)]

4. 정부 간 재정 관계 조정 메커니즘 요인

전술한 바와 같이 정부 간 재정 관계는 서로 다른 단계의 정부들 사이의 기능 배분, 그리고 그러한 기능 배분에 기초하여 재원 및 지출 기능 배분을 다루는 중요한 틀의 구실을 한다. 그러나 이와 같은 정부 간 재정 관계 틀 자체 못지않게 이러한 재정 관계 틀이 어떻게 만들어지고 운영되고 변화되어 가는가, 말하자면 '정부 간 재정 관계 조정 메커니즘'이 어떻게 되어 있는가에 따라 그 과정에서 지방정부 또는 지역 사회의 의사 반영 정도가 달라지게 된다. 그렇게 되면 결국 지방정부의 지역 경제 발전 정책 나아가 지방재정 운영 방식이 달라지게 되는 것은

6 이처럼 '지역 포획' 현상이 지방재정 활동의 성과와 관련해서 중요한 의미를 지니고 있는 현상이기 때문에 많은 연구자들에 의해 그 규모와 내용에 대한 연구 활동이 이어지고 있는바, 이들에 대한 보다 자세한 내용은 Bardhan and Mookherjee(2000; 2005; 2012), Darmawan and Klasen(2013), Alatas et al.(2013) 등을 참고할 수 있다.

7 '내생적 지역 발전'의 개념은 본서 pp. 26-27 참고. 아울러 상술한 지역 클러스터 내지 지역 혁신 체제와 관련된 제도론자들의 보다 자세한 논의에 대해서는 우명동(2005), pp. 2014-216; 우명동(2008), pp. 156-158 등을 참고.

물론이다.

나라에 따라 정부 간 재정 관계 조정 기구는 다양하게 운용되고 있다. 중앙정부의 여러 부서 중 하나의 부서가 지방재정 문제를 관할하는 경우도 있고, 또는 중앙정부 각 부처가 각각의 업무 관할 영역 내에서 다양한 채널을 통해 운영되기도 한다. 어떤 경우는 지방정부 협의체가 중앙정부와의 협의 과정을 통해서 결정되는 경우도 있다. 그러나 지방정부를 관할하는 하나의 부서에서 관할하는 경우는 분권화된 지방정부들에 대한 집권적 · 계층 질서적 지배력을 행사할 가능성이 있어 지방정부 내지 지역 사회의 여건을 고려에 넣기가 부적절한 것으로 평가된다. 그리고 다양한 채널로 운영하는 경우는 지방정부로서는 중앙정부의 관할 파트너가 분명하지 않고 경우에 따라서는 중첩적인 경우가 있어서 분권적 가치를 실현시키는 데 부적절한 측면이 있다는 평가를 받는다. 마지막의 지방정부 협의체에 의한 조정 방식은 지방정부들이 모여서 구성된 협의체가 중앙정부와의 관계에서 정부 간 재정 관계에 관한 문제를 심의 · 의결하는 공식적 역할을 수행해 나가는 방식이다. 이 경우 만약 이러한 지방정부 협의체가 중앙정부 파트너와 정책을 분석하고 결정해 나감에 있어서 전문적인 능력을 갖고 있지 못하거나 지방정부 협의체 자체가 모든 지방정부들을 대표해서 발언할 수 있는 대표성을 충분히 갖고 있지 못하다면 지방재정 운영의 건전성 확보에 긍정적으로 기여하기 어려울 것이다.[8)]

어느 경우이든 정부 간 재정 관계 조정 메커니즘에 지방정부나 지역 사회의 의사가 반영되는 메커니즘이 결여되어 있으면 그러한 과정을 통해 만들어지는 정부 간 재정 관계 틀이 지역 사회에 대한 책임성을 결여하기 쉽다. 그렇게 되면 종국적으로는 지방재정 운영과 지역 사회의 연계성을 약화시켜 재정 건전성을 훼손시킬 수 있게 된다는 점을 유념할 필요가 있다.

8 이에 대한 보다 자세한 내용과 여러 나라들의 사례에 대해서는 Jamie Boex and Jorge Martinez-Vázquez(2004)를 참고.

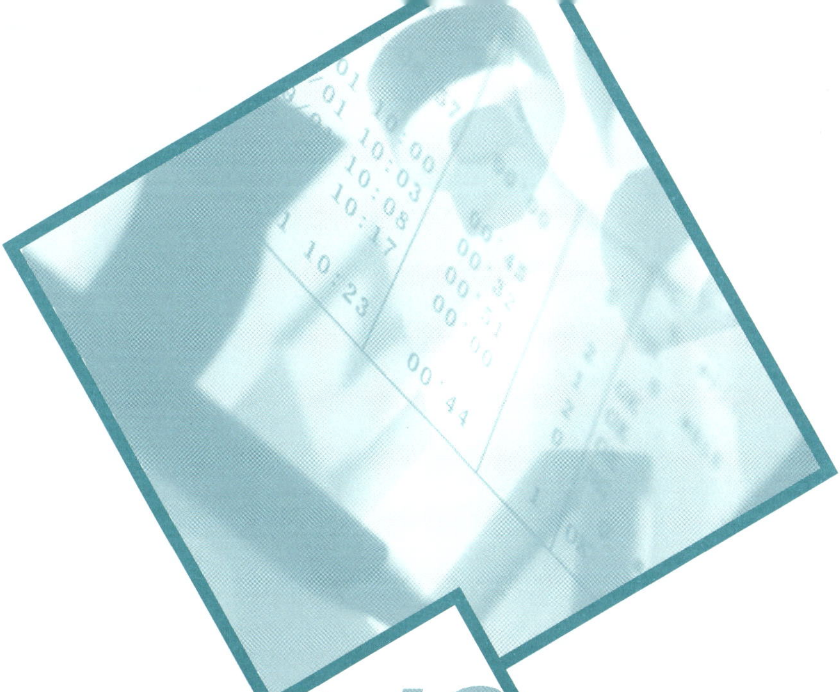

Chapter 16

지방재정 건전성과 지속 가능성에 대한 전망

제1절 지방재정 관리 관점

제2절 지방정부와 지역 사회 자율성 관점

16

지방재정 건전성과 지속 가능성에 대한 전망

본 장에서는 앞에서 살펴본 지방재정 건전성 결정 요인에 바탕을 두고 재정 위기 상황에 대한 대응 전략과 극복에 대한 비전을 제시해 보고자 한다. 크게 지방재정 관리의 관점과 지방정부와 지역 사회의 자율성의 관점으로 나누어 제시한다.

먼저 지방재정은 어디까지나 지방정부의 행위이기 때문에 지방정부 자체 노력이 중요하다는 사실의 지적과 더불어 보다 많은 부분을 지방재정의 건전한 운영을 유도하기 위해 중앙정부 차원에서 행해지는 재정 관리의 다양한 측면을 개괄적으로 제시하고, 이러한 관점에 대한 비판적 견해를 소개하였다. 나아가 중앙정부와의 관계와 지역 사회와의 관계를 고려해 가면서 지방정부의 자율성과 지역 사회의 자율성의 관점에서 대응 전략과 재정 위기 극복에 대한 전망을 제시하였다.

제1절 지방재정 관리 관점

1. 지방재정 운영의 비효율과 지방재정 관리

지방재정은 지방정부의 재정 활동이기 때문에 지방재정 운영 과정에서 적자가 누적되면서 재정 위기적 징후가 나타나게 되면 지방정부 스스로 적자 요인을 찾아서 극복하고자 하는 의지를 강화시켜 나갈 필요가 있음은 물론이다. 무엇보다 지방세출의 낭비적 요인을 줄여서 세출의 효율성을 제고시킬 뿐 아니라, 아울러 지방세원의 발굴, 지방세 징수율 강화 등을 통해 징세 노력을 강화시키는 방향으로 나가야 한다는 데는 이의가 있을 수 없다.

그러나 지방정부 스스로 그러한 위기적 상황을 극복하고자 하는 의지가 결여되어 있거나 노력이 부족하다고 판단되면 중앙정부가 지방재정 운영의 건전성을 제고시키기 위하여 관리자적 입장에서 지방재정 운영을 규제하기 위한 다양한 조치를 강구하기도 한다. 이러한 취지에서 흔히 지방재정의 효율적인 운영을 유도하거나 평가하는 것을 목적으로 '지방재정 관리 제도'가 활용되고 있는바, 여기에도 크게 '사전적 지방재정 관리 제도'와 '사후적 지방재정 관리 제도'로 나누어진다. 경우에 따라서는 같은 맥락에서 지방재정 지표에 대한 '상시 감독 체제'를 구축하기도 한다.

(1) 사전적 지방재정 관리 제도

먼저 '사전적 지방재정 관리 제도'는 지방정부의 재정 활동이 개시되기 전에 재정 사업의 타당성을 미리 분석하고 평가하여 해당 사업 내용을 예산 편성에 반영할지 여부를 결정하게 함으로써 궁극적으로 재정의 효율성을 제고시키고자 하는 제도를 일컫는다. 대표적으로 '중기 지방재정 계획'과 '재정 투융자 심사 제도' 등이 활용되고 있다.

이 중에서 '중기 지방재정 계획'은 예산 편성 단계에서 사전에 투자 사업의 중장기 사업 계획을 수립하고, 거기에 기초하여 당해 연도의 예산을 편성하게 함으로써 지방정부의 계획적인 재정 운용을 유도하여 재원 배분의 효율성을 제고시키고자 하는 제도이다. 한편, '지방재정 투융자 심사 제도'는 지방정부가 재정 투융자 사업에 관한 예산을 편성하고자 하는 경우 그 사업의 필요성 및 사업 계획의 타당성 등에 대한 심사를 거치게 함으로써 중복 투자와 낭비적인 투자를 규제하여 지방재정을 계획적이고 효율적으로 운영하게 하고자 하는 제도이다. 이밖에도 예산 편성 운용의 틀을 제시한다든가 지방채 발행 한도나 절차 등을 규제함으로써 사전적으로 지방재정 운영을 관리하기도 한다.

그러나 중기 지방재정 계획이나 지방재정 투융자 심사 과정에서 동일한 사업이라 하더라도 지역적인 차별성으로 인해 비용과 편익의 산정 과정에 차이가 있을 수 있다는 점 등을 고려해 볼 때 실제 실행 과정에서는 적지 않은 문제점이 노정될 수 있음을 유념할 필요가 있다. 아울러 예산 편성 운용 틀을 제시하거나 지방채 발행 한도 내지 절차 등을 규제할 경우 지방의 자율성을 훼손할 우려가 있다는 점도 더불어 유념해 둘 필요가 있다.

(2) 사후적 지방재정 관리 제도

'사후적인 지방재정 관리 제도'는 지방정부의 재정 활동의 결과 나타나는 성과를 분석하여 재정 운영상 나타나는 문제점을 도출하여 제시함으로써 지방재정의 건전성 내지 효율성을 제고시키고자 하는 제도를 일컫는다. 대표적으로 '지방재정 분석'과 '지방재정 진단' 등이 활용되고 있다.

먼저 '지방재정 분석 제도'는 세출 활동이 마무리된 후에 재정 운영 결과 나타나는 성과를 평가하는 제도로서, 일정한 양적 지표를 선정 · 분석해서 서로 다른 단계 또는 같은 단계의 지방정부들과의 상대적 위상을 파악 · 제시하는 데 초점을 맞추고 있다. 한편, '지방재정 진단 제도'는 분석 결과 상대적 위상이 미흡한 지방정부에 대해서 추가적인 분석을 통해 앞으로 재정 활동의 효율성 제고를 위한 노력을 촉구하는 제도를 일컫는다. 분석과 진단 과정에서 제도의 실효성을 높이기 위해 우수한 단체에 대해서는 유인을 제시하고 미흡한 단체에 대해서는 일정한 페널티를 부과하기도 한다.

그러나 이러한 분석 및 진단 제도는 중앙정부 위주의 통제를 강화시켜 지방정부의 자율적인 재정 관리 능력을 오히려 약화시키는 결과를 가져올 수 있다는 비판을 받기도 한다. 아울러 이러한 제도는 지방정부들이 갖는 자연적 · 산업적 특성의 차별성을 담아 내지 못하는 경우 오히려 지방재정 운영을 위축시킬 우려가 있다는 점도 유념해 둘 필요가 있다.

2. 지방재정 운영의 비효율성에 대한 재인식

전술한 지방재정 관리 측면에서 제시된 여러 규제 방안들은 지방재정 운영이 비효율적이라는 판단에서 제시되는 것으로 평가된다. 그러나 여기서 유념할 것은 지방재정 운영의 비효율성을 단순히 양적이면서 표준적이고 평균적인 효율성 개념에 입각해서 논하는 것은 적절하지 않다는 점이다. 지역 사회마다 부존자원의 특성이 서로 다를 뿐만 아니라, 부존자원의 분포와 관련된 지역 사회의 세력 분포 또한 균일하지 않다는 점을 고려하면, 지방재정의 효율성은 신고전파 경제학적 접근과 같이 효율성을 단순히 표준적이며 평균적인 잣대로 측정하고 평가하는 것은 경계할 필요가 있다. 말하자면, 지방재정의 효율성은 지역마다의 특성에 근거를 두고 평가하여야 한다는 사실을 유념할 필요가 있을 것이다.

예를 들어, 지방 축제의 경우 축제의 특성이 지역 내의 제 자원과 산업들의 관련성을 제고시키는 것이 확실한 경우 이를 단순한 잣대로 비효율이라 비난해서는 안 될 것이다. 오히려 그것이 지역 사회 자원들을 가동시키는 방향으로 작용하여 전반적으로 지역 생산 활동을 부추기고 지역 일자리 창출로까지 이어질 수 있는지 여부를 확인하는 것이 더 중요한 것이다. 이러한 사실은 지방 축제에만 국한된 것이 아니다. 지역 일자리 창출의 경우도 마찬가지이다. 단순히 일회성 전시성 일자리 창출이 아니라, 그 지역의 자연적 · 산업적 특성, 나아가 주민들의 생활 관행 등에 맞는 일자리 창출을 지원하는 데 지출하느냐 아니면 단순히 일회적인 소모적 경비 지출 증가에 멈추는 것인가에 대한 판단이 보다 더 중요한 것이다. 지방채의 경우도 같은 논리가 적용될 수 있다. 그것이 단순한 세입 보전용이 아니라 사업성을 갖고 있는지, 나아가 지방채 재원이 해당 지역 내 기업 내지 산업들 사이의 상호 관련성을 제고시킴으로써 그 지역에 분포되어 있는 제 자원의 가동력을 높이는 데 쓰이는지에 따라 지방재정 운영의 효율성 여부에 대한 판단이 달라져야 하는 것이다.

요컨대, 지방재정 건전성과 관련하여 지방재정 운영의 비효율성을 지적하고 그에 대한 극복 대안을 제시하는 경우에도, 지방재정 운영의 비효율성 여부를 단순히 획일적인 총량적 개념에 바탕을 두고 접근할 것이 아니라 그러한 지방재정 활동이 지역 주민이나 지역 사회의 자원들 사이의 상호 관련성을 제고시킴으로써 선순환적 산업 활동을 촉진시키고자 하는 계기가 마련되어 있는지 여부를 점검해 볼 필요가 있는 것이다. 그러나 이것은 온전히 지방정부 차원에서만 대응해 나갈 수 있는 성질의 것이 아님을 인식할 필요가 있다. 전술한 지방재정 관리 제도도 이와 같은 맥락에서 그것이 갖는 의미를 재고할 필요가 있음을 유념하여야 할 것이다.

제2절 지방정부와 지역 사회 자율성 관점

1. 지방재정 활동에 대한 자율성 제고

(1) 지방정부의 자율성 제고

전술한 요인 분석을 고려해 볼 때 지방정부 재정 운영이 건전하게 이루어지기 위해서는 무엇보다 지방정부가 정부 간 재정 관계 면에서 중앙정부로부터 자율성을 갖고 재정 운영을 해나가는 것이 중요하다. 그러기 위해서 무엇보다 지방정부에 부여된 기능에 상응하는 세원이 배분될 필요가 있다. 뿐만 아니라 지방정부로의 세원 배분 과정에서 지방세원과 지역 경제 활동의 성과가 유기적으로 긴밀하게 연계될 수 있게 하는 것이 중요하다는 사실을 유념할 필요가 있다. 이는 지방재정 활동과 지역 경제의 선순환 메커니즘을 만들어 가는 데 중요한 역할을 하게 될 것이기 때문이다.

그러나 이렇게 기능 배분에 부응하여 지방세입의 비중을 높여 주면 외형적으로 지방의 자율성은 신장되겠지만, 그렇다고 지방정부가 지역 주도의 지역 경제 발전을 지원하여 지속 가능한 지방재정 체계를 갖추어 나갈 수 있다고 보기는 이르다. 더 중요한 것은 주어진 기능 배분과 세원 배분의 틀 내에서 실제로 지방정부가 재정을 운영해 나가는 과정에 '자율성'이 주어져서 지방정부가 '책임성'

을 갖고 재정 활동을 수행해 나갈 수 있어야 한다. 구체적으로 과세 표준이나 세율 결정권, 그리고 지방세 비과세 · 감면 제도 등 지방세 운영에서 중앙정부로부터 자율성을 확보해 나갈 필요가 있다. 나아가 지방정부가 재정 면에서 자율성을 갖고 지역 주도의 지역 경제 발전을 지원할 수 있기 위해서는 '조세법률주의'의 가치를 지키면서도 임의세 제도, 법외세 제도, 탄력세율 제도 등 지방세의 운영 면에서 자율성을 제고시키기 위한 다양한 조치가 구체화될 필요가 있다. 한편, 자체재원이 아닌 이전재원의 경우에도 설령 그것이 중앙정부로부터 주어진 것이라 하더라도 그 사용에 있어서는 지방정부가 상대적인 자율성을 확보하는 것이 지방정부에 의한 지역 주도의 지역 경제 발전에 기여할 것으로 판단된다. 더 나아가 같은 맥락에서 지방에 주어진 예산의 운용 과정도 중앙정부로부터의 자율성을 제고시키는 방향으로 나갈 필요가 있다.

아울러 전술한 바와 같이 중앙정부의 정책적 요인에 의해 지방재정 적자가 누적되는 경향을 보이는 경우가 있다는 사실을 고려해 볼 때, 지방정부의 재정 운영이 중앙정부의 정책적 영향으로부터 상대적인 자율성을 확보할 필요가 있을 것이다. 이러한 점을 고려해 보더라도 지방재정 운영 과정에서 지방정부가 중앙정부에 대한 책임성으로부터 벗어나서 재정 운영상 자율성을 강화할 수 있는 정부 간 재정 관계의 구축이 긴요한 것으로 판단된다.

(2) 지역 사회의 자율성 제고

지방재정 운영상 건전성을 제고시키기 위해서는 상술한 바와 같이 재정 운영 면에서 지방정부가 중앙정부로부터 자율성을 확보하는 것이 중요하다. 그러나 보다 본질적으로는 지방재정 과정에 지역 사회 내지 지역 주민의 의지가 반영될 수 있는 메커니즘을 갖추는 것이 중요하다.

이와 관련하여 앞 장에서 지적한 '지역 포획' 현상은 지방재정 활동이 지역의 유지 내지 토호 세력들에 의해 장악되어 지역 주민에 의해 통제되는 메커니즘이 제대로 작동하지 못한 데 기인한 것이었다. 이런 맥락에서 보면 지역 포획 현상을 최소화하거나 근절시킴으로써 지방재정의 성과가 지역 경제 발전과 선순환되어 궁극적으로 지방재정이 건전하게 운영되기 위해서는 지방재정 운영 과정이 지역 주민에 의해 규제받는 틀을 갖추는 것이 긴요하다는 사실을 인식할 필요가 있다. 그것은 지방재정 활동이 지역 사회 내지 지역 주민으로부터 자율 규제되는 메커니즘을 갖추게 될 때, 한편으로 지방재정 활동이 지역의 특권 세력들의 이해로부터 벗어날 뿐만 아니라, 또 한편으로는 그 힘이 바탕이 되어 오히려 중앙정부 정책으로부터도 상대적으로 더 자유로워질 수 있기 때문이다. 그 결과 지방정부 재정 운용의 효율성이 제고되고 나아가 재정의 건전성을 촉진시키는 동력을 제공하게 될 것이다. 뿐만 아니라 점점 더 심화되고 있는 세계화 소용돌이 속에 외국의 경제 상황으로부터 상대적으로 안전해질 수 있는 국가 시스템의 구축이라는 측면에도 기여하게 될 것이다.

이런 맥락에서 보면 무엇보다 우선은 주어진 정부 간 재정 관계 틀 내에서 지역 사회의 자율성을 강화할 필요가 있다. 말하자면, 주어진 정부 간 재정 관계 틀 내에서 지방정부에 배분된 재원이나 예산(지출) 규모를 운영해 나감에 있어서 지역 사회 내지 지역 주민의 의사가 수렴될 수 있는 통로를 갖추는 것이 중요한 의미를 가질 것으로 판단된다. 그러기 위해서는 차별적인 주민의 욕구, 다양하게 분포된 제 자산의 이해관계가 수렴될 수 있는 다양한 형태의 '주민 참여 제도'가 뒷받침되어야 한다. 물론 주민 참여 제도라 해서 모든 지역이 동일한 형태일 필요는 없다. 해당 지역의 특성에 맞는 제도를 강구하여 지역 사회나 지역 주민들의 의사가 재정 운영 과정에 투영될 수 있도록 함으로써 지방재정의 운영이 '대지역 사회 책임성'을 확보할 수 있도록 하는 것이 지방재정의 보다 효율적인 운영을 위해 긴요하다 하겠다.

한편, 세입 측면에서도 지방세 자율성 제고를 위한 탄력세율 제도라든가 지방세 감면 제도 운영 과정 등에서도 관련 정보가 주민에게 공지되고 이들 제도의 활용에 대한 다양한 주민들의 의견이 수렴될 수 있는 창구가 마련될 필요가 있는 것으로 판단된다. 이러한 맥락에서 보면 지방채 발행과 관련해서도 지역 주민의 의사가 수렴될 수 있는 제도적인 장치를 고려할 필요가 있다. 구체적으로 지방채 발행과 관련해서 지역 선거를 거치는 등의 방법을 통해 지방채 발행 과정에서부터 지역 사회의 책임성을 제고시켜 나갈 필요가 있다. 그것은 본질적으로는 지방채 발행의 원인 자체가 지역 사회의 의지를 반영해서 지역 사회의 책임으로 조절

될 수 있게 할 필요가 있다는 점 때문에 나타나는 요구인 것이다.

2. 정부 간 재정 관계 조정 메커니즘에서의 자율성 제고

우리는 앞에서 정부 간 재정 관계 틀 자체 못지않게 그 틀이 어떠한 과정을 거쳐 정해지고 변해 왔는가 또는 변해 가는가 하는 문제, 즉 정부 간 재정 관계 틀의 조정 메커니즘이 지방재정 운영 및 그 건전성 여부에 중요한 의미를 갖는다는 사실을 지적한 바 있다. 그것은 '정부 간 재정 관계 조정 메커니즘'이 지속 가능한 지역 경제 발전의 틀을 구축하고 나아가 지방재정 운영의 건전성을 확보하고자 하는 경우 중요한 의미를 지니기 때문이다.

먼저 중앙정부와의 사이에서 지방정부의 기능 배분 및 재원 배분 틀을 결정하는 과정에 지방재정 운영 주체로서 지방정부의 의사가 반영되는 통로가 있는지 여부가 지방재정의 운영에 중요한 의미를 갖는다. 설령 지방정부에 자체적인 재정적 권한이 지방정부가 요구하는 만큼 배분되어 있지 못한 경우에도, 상대적으로 더 많은 권한을 가지고 있는 중앙정부가 지방정부들 사이의 재정력을 조정하는 과정에서 지방정부의 의사를 반영하는 통로가 마련되어 있으면 지방재정 운영 과정에 지방정부의 의사가 반영될 가능성이 커질 것이다. 나아가 이러한 운영 과정에서뿐만 아니라 정부 간 재정 관계 틀을 새롭게 만들고 변경시켜 가는 과정에서 지역 주민 내지 지역 사회의 의사가 반영되는 통로가 있는지 여부가 더욱 중요한 역할을 한다는 사실을 유념할 필요가 있다. 그것은 이러한 조정 과정에 지역 사회의 참여 메커니즘이 결여되어 있을 경우 정부 간 재정 관계 틀이 지역 사회에 대한 책임성을 결여하여 지방재정 운영과 지역 사회의 연계성을 약화시킬 우려가 있기 때문이다.

물론 어떤 특정한 메커니즘도 유일하게 분권에 기여한다고 단정적으로 말하기는 어렵다. 단지 어떤 경우에도 지방정부와 지역 사회의 참여가 보장되는 것이 지역 사회가 지속 가능한 지역 경제 발전의 틀을 만들고 나아가 지방재정 운영의 건전성을 확보해 나가는 데 크게 기여할 수 있을 것이라는 점을 인식할 필요가 있다는 점이다. 이렇게 볼 때 지방정부, 나아가 지역 사회의 의사가 반영될 수 있는 정부 간 재정조정 메커니즘을 갖출 때 이러한 기구가 지역 사회 제 자원의 활성화에 기여할 뿐만 아니라 지역 사회의 동의를 얻어 사회 통합에도 기여하게 될 것이라는 점을 인식하는 것이 중요하다.[1)]

3. 지방재정 정책의 실천 가능성과 지역 경제 발전의 선도 역할 재인식

도입부에서 설명한 것처럼 지방재정 행위는 중앙정부와의 관계뿐만 아니라 지역 경제의 규모나 구조에 의해 제약을 받으면서 존재한다. 그런데 중앙정부와의 사이에 존재하는 각종 제도적 틀이나 지역 경제 활동은 오랜 사회적 · 역사적 배경 위에서 특정 사회가 갖는 인적, 물적 제 자원의 특성이 체화되어 나타나는 현상이다. 바로 이러한 점으로 인해 지역 경제 상태 변화나 그를 지원하기 위한 지방재정 정책 내지 정부 간 재정 관계 틀에 대한 어떠한 변화 욕구도 특정 사회에 내재되어 있는 역사적인 '경로의존성'으로 인해 다양한 저항을 수반하게 되어 있다. 바로 이러한 점 때문에 지방재정 건전성 제고를 위해 어떠한 개혁 전략을 추진하는 경우에도 점진적이고 단계적으로 추진해 나가는 것이 매우 중요한 의미를 갖는다. 이러한 사실은 정부 간 세원 배분 문제를 단순히 경제적 가치에만 바탕을 두고 다룰 것이 아니라 지방재정 문제에 내포되어 있는 중앙정부와 지방정부의 역학 관계를 고려하여 새로운 제도의 창설이나 변경 내용이 현실에서 무리 없이 안착될 수 있도록 그 '실천 가능성'(feasibility)을 고려하는 것이 중요하다는 사실을 말해 주는 것으로 볼 수 있다.[2)]

한편, 위와 같은 주장은 재정 행위가 민간 경제를 포함한 사회 현상의 반영이라는 측면을 강조한 것이나, 다른 한편으로는 재정 행위는 해당 지역의 경제 행위 내지 사회 행위를 일정한 방향으로 '선도'하는 역할을 수행한다는 점도 유념할 필요가 있다. 이러한 점을 고려하면, 새로운 제도의 창설이나 변경이 현재의

1 우리나라와 네덜란드의 비교 분석을 통해 이러한 취지의 정부 간 재정 관계 조정 기구의 중요성을 밝히고 있는 문헌으로는 우명동(2012) 참고.

2 이와 관련하여 전통적인 재정연방주의론자인 오츠(W. E. Oates)가 한 논문에서 재정 관련 제도들은 단순히 "효율성 문제를 해결하는 차원이 아니라 정치적 문제를 해결하는 차원에서 행해진다"고 지적한 것은 유념할 필요가 있다고 판단된다(W. E. Oates, 2008, p. 330R).

긴박한 사회 상태를 반영한 것이라면, 중앙정부와 지방정부 사이의 왜곡된 현행 세력 관계를 사회적 공감대를 바탕으로 해서 바람직하다고 판단되는 다른 방향으로 유도하는 역할을 수행할 필요가 있다. 이러한 맥락에서 보면, 일부 기득권 세력들의 반발을 염려하여 바람직한 대안이 있는데도 보류하는 우를 범해서는 안 된다고 판단된다. 단지, 정책 결정권자 입장에서 그러한 판단이 섰더라도 실행을 위한 최종 판단과 실행을 위해서는 관련 당사자들을 이해시키고 공감대를 확산시켜 가는 절차가 필요하다는 사실을 인식하는 것이 중요하다.

4. 종합 평가와 전망

무릇 지방재정 문제를 다루는 경우 지방재정은 그 스스로 독자적으로 존재하는 것이 아니라 중앙재정과의 관계 속에서 그 모습을 달리한다는 점과 보다 본질적으로 지역 경제와의 관계 속에서 존재한다는 점을 인식하는 것이 중요하다. 이러한 맥락에서 보면 중앙재정과의 관계와 지역 경제와의 관계 속에서 지방재정 건전성을 확보할 수 있는 구조적인 틀을 갖추고 있는가를 점검하는 것이 무엇보다 중요하다는 사실을 알 수 있다.

장기적으로 지방재정 건전성을 확립해 가기 위해서는 무엇보다 정부 간 기능 배분에 상응하는 재원 배분이 주어지는 재정 관계를 설정하려는 노력이 필요하다. 나아가 주어진 정부 간 재정 관계 틀의 운영에서 지방정부의 자율성 내지 책임성을 제고시킬 수 있는 메커니즘을 갖추는 것이 중요하다. 그러나 지방재정이 갖는 지역 사회와의 긴밀한 관련성을 고려할 때 더욱 중요한 것은, 지역 사회 내지 지역 주민에 대한 책임성을 제고시킴으로써 지방재정의 운영이 지역 사회에 의해 자율 규제되는 메커니즘을 구축해 나가는 것이 긴요하다. 같은 맥락에서 한 걸음 더 나아가 보면 지방재정을 결정짓는 정부 간 재정 관계 틀의 성립 · 변화 과정에 지방정부와 지역 사회 내지 지역 주민의 의사가 반영될 수 있는 제도적 장치를 확대시켜 가는 것이 중요한 의미를 가질 것으로 판단된다. 요컨대, 지방정부의 재정 운영이 중앙정부로부터 자율성을 갖고, 나아가 지역 사회에 의해 규제되는 틀을 갖추어 운영될 때 비로소 지역 주도의 지역 경제 발전 체제를 구축해 내는 데 기여하게 될 것이다. 뿐만 아니라 그러한 틀이 주어질 때 지역 경제와 지방재정이 상호 선순환 메커니즘을 갖추게 되어 지방재정 운영의 건전성이 확보될 것이다.

그러나 아무리 지향점이 아름답다 하더라도, 그것이 현실의 생활 속에 스며들지 못하면 정책으로서의 현실적 의의가 크지 않을 뿐 아니라 심지어 혼란을 더 가중시키기도 한다는 점을 유념해 둘 필요가 있다. 분권에 대한 의지가 결여되어서도 안 되지만, 그러한 의지가 있더라도 의지 자체에 매몰되어 개혁의 실천 가능성을 고려하지 않고 시행되는 정책은 현실 속에서 구체화될 수 없다는 사실을 인식하는 것도 매우 중요하다.

참고문헌

강윤호 · 민기 · 전상경, 『현대지방재정론』, 제4판, 박영사, 2015.

국회예산정책처, 『국가재정법: 이해와 실제』, 2012.

권형신 · 이상용 · 이재성, 『한국의 지방재정: 이론과 실무』, 해남, 2001(2006).

김홍환, 「조세경쟁의 현황분석과 정책적 대안 모색: 지자체 공채매입률 경쟁을 중심으로」, 『한국지방재정논집』, 18(3), 2013.

______, 「한국의 중앙정부와 지방정부 간 재정관계 분석: 재정통제와 자율재원 분석을 중심으로」, 『한국지방재정논집』, 17(1), 2012.

민　기, 「지방정부의 재정건전성 강화를 위한 임대형 민간투자사업 관리방안」, 『한국지방재정논집』, 18(1), 2013.

박　경, 「지역균형정책인가 신성장정책인가?」, 『경제발전연구』, 11(1), 한국경제발전학회, 2005.

박병희, 「지방재정분석 종합점수와 재정지표 간 관계 분석」, 『한국지방재정논집』, 8(2), 한국지방재정학회, 2007.

박병희 · 박완규 · 임병인, 「지방재정투융자심사제도의 문제점과 개선방안 모색」, 『재정정책논집』, 13(4), 한국재정정책학회, 2011.

박진도, 「지방분권과 지방재정개혁: 농촌지역 기초자치단체의 관점에서」, 『사회경제평론』, 제28호, 2007.

서정섭, 「지방재정 위기관리 제도의 현황과 한계」, 『지방재정과 지방세』, 통권 34호, 한국지방재정공제회, 2010.

서정섭 · 김태영, 「지역개발기금제도의 합리적 운영방안」, 『한국지방재정논집』, 7(1), 2002.

손희준 · 강인재 외, 『지방재정론』, 대영문화사, 2009(2011).

심정근,「민선자치단체장 시대의 도시재정」,『도시문제』, 30(314), 행정공제회, 1995.

심정근 외,『지방재정학』, 박영사, 1997.

심정근 편저,『도시재정의 제 문제』, 서울시립대학교출판부, 1987.

안창남,『프랑스의 지방세제도』, 한국지방세연구원, 2013.

염명배,「지방분권화 시대의 지방재정자율성 및 책임성에 관한 논의」,『한국지방재정논집』, 8(2), 한국지방재정학회, 2003.

우명동,『지방재정론』, 해남, 2001.

______,『국가론 – 재정이론 차별성의 근원』, 해남, 2005.

______,『재정학』, 해남, 2007.

______,「참여정부 재정분권정책의 성격에 관한 소고: 재정분권의 '현상'과 '본질'을 중심으로」,『한국지방재정논집』, 제13권 제1호, 2008.

______,「우리나라 지방재정조정제도 변천과정상의 특성분석」,『재정정책논집』, 10(2), 2008.

______,「재정연방주의론과 한국의 정부 간 재정관계에 관한 소고」,『재정정책논집』, 제11집 제2호, 한국재정정책학회, 2009, pp. 93-128.

______,「지방재정건전성 문제에 대한 재인식」,『재정정책논집』, 12(3), 2010.

______,「지역고용창출 지원기능과 정부 간 재정관계에 대한 연구」,『한국지방재정논집』, 16(1), 2011.

______,「재정분권의 현상과 본질: 한국과 네덜란드의 정부 간 재정관계 조정메커니즘을 중심으로」,『한국지방재정논집』, 17(3), 2012.

______,「지속가능 지역경제발전과 지방재정(제13장)」, 권용우 외,『우리국토 좋은 국토: 국토관리의 패러다임』, 사회평론, 2014.

우명동 · 강병구,「우리나라 조세재정정책의 평가와 개혁방향 모색」,『재정정책논집』, 9(2), 2007.

유태현,「지속 가능한 대안적 지방세입 체계의 모색」,『민주사회와 정책연구』, 통권 26권, 민주사회정책연구원, 2014.

______,「신세원 발굴을 통한 지방세입 확충방안 연구」,『재정정책논집』, 17(2),

한국재정정책학회, 2015.

윤영진,「우리나라 지방자치단체의 재정위기와 대응방안」, 1999년도 한국지방자치학회 하계학술세미나, 1999.

이삼주,「고령화에 따른 지방재정 관리제도 개편방안」,『지방재정』, 2015권 6호, 한국지방재정공제회, 2015.

______,「지방재정사업 효율성 제고 방안」,『지방재정과 지방세』, 제32권, 한국지방재정공제회, 2010.

이용숙,「지역혁신체제론의 비판적 검토」,『동향과 전망』, 59호, 한국사회과학연구소, 2003.

이재원,「사회서비스 투자를 위한 지방재정의 역할 강화 방안: 중앙 · 지방정부간 복지재정관계를 중심으로」, 한국지방재정논집, 16(2), 2011.

______,「사회복지분야 국고보조사업에서 국고보조율의 현황 및 운영 특성, 그리고 개편과제」,『한국지방재정논집』, 20(2), 한국지방재정학회, 2015.

이재은,「분권화시대 지방재정연구의 과제와 방법」,『지방재정연구』, 한국지방재정학회, 1997.

______,「한국의 정부 간 재정관계의 역사적 특질」,『한국지방재정논집』, 7(2), 2002.

______, "지방분권형 재정체계에 적합한 지방세제 개혁방향,"「한국지방재정논집」, 11(2), 한국지방재정학회, 2006.

이창균,「정부 간 재정관계 속에서 자치단체의 재정자율성 강화방안」,『한국지방재정논집』, 15(2), 한국지방재정학회, 2010.

임성일,『지방자치 선진화를 위한 지방재정 건전성 강화방안』, 한국지방행정연구원, 2011.

조기현 · 신두섭,『지방재정관리제도 운용실태와 개선방안 -지방재정위기 대응방안을 중심으로』, 한국지방행정연구원, 2008.

조임곤,『중기지방재정계획제도 개선 방안』, 한국조세연구원, 2013.

주만수,「우리나라 지방세제에 대한 평가와 발전방향: 2010-2014년 지방세제 개편을 중심으로」,『한국지방재정논집』, 19(1), 한국지방재정학회, 2014.

______,「지방정부의 재정력격차와 재정력역전 분석: 재정자립도와 재정자주도 활용」,『경제학연구』, 62(3), 한국경제학회, 2014.

주재복,『미국의 정부간 관계와 지방정부의 협력적 거버넌스』, 연구자료집, 한국지방행정연구원, 2013.

최병호,「재정분권의 이론과 적정한 지방재정의 구조모색」,『한국지방재정논집』, 12(1), 한국지방재정학회, 2007.

칼 폴라니 지음, 홍기빈 옮김,『전 세계적 자본주의인가 지역적 계획경제인가 외』, 책세상, 2009(2002).

히라시마 아키히데,「일본 지방자치단체 과세자주권」,『건전성과 책임성 강화를 위한 지방세제 개편방안』(참고자료집), 한국지방세연구원 국제컴퍼런스, 한국지방세연구원, 2012.

宮本憲一,『都市經濟論: 共同生活條件の政治經濟學』, 經濟學全集 21, 筑摩書房, 1980.

______,『環境經濟學 新版』, 岩波書店, 2007.

______,『都市政策の思想と現實』, 立命館大學叢書・政策科學1, 有斐閣, 1999.

宮本憲一・鶴田廣巳,『セミナー現代地方財政I』, 勁草書房, 2006.

______,『セミナー現代地方財政II』, 勁草書房, 2008.

宮脇 淳,『創造的政策としての地方分權』, 岩波書店, 2010.

內山 昭,『分權的地方財源システム』, 法律文化社, 2009.

神野直彦・井手英策 編,『希望の構想: 分權 社會保障 財政改革のトータルプラン』, 岩波書店, 2009.

日本地方財政學會 編,『地方財政の破綻と再生』, 勁草書房, 2009.

林 宏昭,『分權社會の地方財政』, 中央經濟社, 2007.

林 宜嗣,『新・地方分權の經濟學』, 日本評論社, 2006.

______,『地方財政』(新版), 有斐閣ブックス, 2008.

佐藤 進,『地方財政總論』, 改訂版, 稅務經理協會, 1993.

佐藤 進・林 健九 編,『地方財政讀本』, 第4版, 東洋經濟新報社, 1994.

中藤康俊,『地方分權時代の地域政策』, 古今書院, 2007.

池上惇・重森曉・植田和弘,『地方財政論』, 有斐閣ブックス, 1990.

貝塚啓明,『分權化時代の地方財政』, 中央經濟社, 2008.

Alatas, Vivi, Abhijit Banerjee, Rema Hanna, Benjamin A. Olken, Ririn Purnamasari, and Matthew Wai-Poi, "Does Elite Capture Matter? Local Elites and Targeted Welfare Programs in Indonesia," Working Paper 18798, National Bureau of Economic Research, February 2013.

Amin, Ash, "An Institutionalist Perspective on Regional Economic Development," *International Journal of Urban and Regional Research*, 23, 1999.

Bahl, Roy W. and Johannes F. Linn, *Urban Public Finance in Developing Countries*, Oxford Univ. Press, 1992.

Bailey, S. J., *Strategic Public Finance*, Palgrave Macmillan, 2004.

Bardhan, Pranab, "Decentralization of Governance and Development," *Journal of Economic Perspectives*, 16(4), Fall 2002.

Bardhan, Pranab and Dilip Mookherjee, "Capture and Governance at Local and National Levels," *The American Economic Review*, 90(2), Papers and Proceedings of the One Hundred Twelfth Annual Meeting of the American Economic Association, 2000.

______, "Decentralization, Corruption And Government Accountability: An Overview," For *Handbook of Economic Corruption* edited by Susan Rose-Ackerman, Edward Elgar Revised, June 20, 2005.

______, "Political Clientelism and Capture: Theory and Evidence from West Bengal, India," August 21, 2012(http://eml.berkeley.edu/~webfac/bardhan/papers/clientcapaug2012.pdf).

Boex, Jamie and Jorge Martinez-Vázquez, "Developing the Institutional Framework for Intergovernmental Fiscal Relations in Decentralizing LDTCs," Working Paper 04-02, International Studies Program, Andrew Young School of Policy Studies, 2004.

Bowen, H., *Toward Social Economy*, Rinehart & Col, 1948.

Buchanan, J. M., "Federalism and Fiscal Equity," *American Economic Review*, 40(4), September 1950.

Buchanan, J. M. and R. A. Musgrave, *Public Finance and Public Choice: Two Contrasting Visions of the State*, The MIT Press, 1999(우명동 · 오병기 옮김, 『국가성격논쟁: 재정론과 공공선택론』, 해남, 2003).

Carroll, M. C. and J. R. Stanfield, "Sustainable Regional Economic Development," *Journal of Economic Issues*, 35(2), 2001.

Clement, Keith, Malin Hansen, and Karin Bradley, *Sustainable Regional Development: Learning from Nordic Experience*, Nordregio, 2003.

Darmawan, Rivayani and Stephan Klasen, "Elite Capture in Urban Development: Evidence from Indonesia," *Poverty, Equity and Growth-Discussion Papers* 145, Courant Research Centre, 2013.

Fisher, Ronald, *State and Local Public Finance*, 4th edition, Routledge, 2015.

Galbraith, J. K., *The Affluent Society*, The Riverside Press Cambridge, 1958.

Gough, Ian, *The Political Economy of the Welfare State*, Macmillan, 1979(김연명 · 이승욱 옮김, 『복지국가의 정치경제학』, 한울, 1990).

Greenwood, D. T. and R. P. F. Holt, *Local Economic Development in the 21st Century: Quality of Life and Sustainability*, M. E. Sharpe, 2010.

Helmsing, A. H. J., "Decentralisation, Enablement, and Local Governance in Low-Income Countries," *Environment and Planning C: Government and Policy*, 20(3), 2002.

Helmsing, A. H. J., "Place prosperity: between openness and control - Perspectives and practices of local economic development," International Forum on Regional Development 2010, COEX International Seoul, Nov. 22-25, 2010.

IMF, "Fiscal Decentralisation and Governance: A Cross-Country Analysis," Working Paper, WP/01/71, 2001.

Jackson, Tony, "Mainstreaming sustainability in local economic development practice," *Local Economy*, 22(1), 2007.

Kapp, K.W., "Environmental Disruption: General Issues and Methodological Problems," *Social Science Information*, 9(4), International Social Science Council, 1970.

______, *The Social Costs of Business Enterprise*, Spokesman, 1978.

Kaul, Inge and Pedro Conceicâo, eds., *The New Public Finance: responding to global changes*, Oxford Univ. Press, 2006.

Lindahl, E., "Just Taxation – A Positive Solution," 1919, R. A. Musgrave and A. T. Peacock, eds., *Classic in the Theory of Public Finance*, St. Martin's Press, 1967.

Musgrave, R. A., *The Theory of Public Finance*, McGraw-Hill Book Company, Inc., 1959.

______, *Fiscal Systems*, Yale University Press, 1969.

______, "Who should tax, where, and what?," McClure C., ed., *Tax Assignment in Federal Countries*, Canberra: Australian National University, 1983.

Musgrave, R. A. and P. B. Musgrave, *Public Finance in Theory and Practice*, McGraw-Hill Book Company, 1989.

Myrdal, G., "Institutional Economics," *Journal of Economic Issues*, 12(4), 1978.

Oates, W. E., *Fiscal Federalism*, Harcourt Brace Jovanovich Inc., 1972.

______, "An Essay on Fiscal Federalism," *Journal of Economic Literature*, Vol. 37, No. 3, 1999.

______, "On the Evolution of Fiscal Federalism: Theory and Institutions," *National Tax Journal*, 61(2), 2008.

O'Connor, James, *The Fiscal Crisis of the State*, St. Martin's Press, 1973(우명동, 『현대 국가의 재정위기』, 이론과 실천, 1990).

OECD, "The interface between subnational and national levels of government(Ch. 8)," *Better Regulation in Europe: The Netherlands*, 2010.

Peacock, A. T. and J. Wiseman, *The Growth of Public Expenditure in the United Kingdom*, George Allen & Unwin, Ltd., 1967.

Polanyi, Karl, *The Great Transformation*, Beacon Press, 1957(홍기빈 옮김, 『거대한

전환』, 길, 2009).

Qian, Yingyi and Barry R. Weingast, "Federalism as a Commitment to Preserving Market Incentives," *Journal of Economic Perspectives*, 11(4), 1997.

Rowey, Kent, "Public-Private Partnerships Could Be a Lifeline for Cities," *The New York Times*, July 15, 2013(http://dealbook.nytimes.com/2013/07/15/public-private-partnerships-could-be-a-lifeline-for-cities/?_php=true&_type=blogs&src=xps&_r=0).

Samuelson, P. A., "The Pure Theory of Public Expenditure," *Review of Economics and Statistics*, 36, 1954.

______, "Pure Theory of Public Expenditure and Taxation," J. Margolis and H. Guitton, eds., *Public Economics*, St. Martin's Press, 1969.

Shah, Anwar, "Institutional Arrangements for Intergovernmental Fiscal Transfers and a Framework for Evaluation," Robin Boadway and Anwar Shah, eds., *Intergovernmental Fiscal Transfer: Principles and Practice*, The World Bank, 2007.

Smith, A., *An Inquiry into the Nature and Causes of the Wealth of Nations*, E. Cannan, ed., Random House, Inc., 1776(1937).

Swartz, Thomas R. and John E. Peck, "The Changing Face of Fiscal Federalism," *Challenge*, November-December 1990.

Tanzi, Vito, *Taxation in an Integrating World*, The Brookings Institution, 1995.

Tiebout, C. M., "A Pure Theory of Local Expenditures," *Journal of Political Economy*, 64, Oct. 1956.

Veblen, T. B., *The Theory of Leisure Class*, Macmillan Company, 1899(1919).

Voorhees, William, "Basic Economics of Fiscal Decentralization," Donijo Robbins, ed., *Handbook of Public Sector Economics*, Taylor & Francis, 2005.

Wallace, Sally, ed., *State and Local Fiscal Policy: Thinking Outside the Box?*, Edward Elgar Publishing Ltd., 2010.

Weingast, B. R., "Second Generation Fiscal Federlism: Implications for Decentralized

Democratic Governance and Economic Development," Paper presented at the Annual Meeting of the American Political Science Association, Philadelphia, 2006.

______, "Second generation fiscal federalism: The implications of fiscal incentives," *Journal of Urban Economics*, 65, 2009.

찾아보기

[ㅂ]

[ㅅ]

[ㅇ]

[ㅈ]

[ㅊ]

[ㅋ]

[ㅌ]

[ㅍ]

[ㅎ]